Miscellaneous Musings

博雅文丛

历史的人证

李乔 著

中央编译出版社

图书在版编目(CIP)数据

历史的人证 / 李乔著. —北京：中央编译出版社，2016.6
ISBN 978-7-5117-3005-3

I.①历… II.①李… III.①中国历史－文集 IV.①K207-53

中国版本图书馆 CIP 数据核字 (2016) 第 094513 号

历史的人证

出 版 人：葛海彦
出版统筹：董　巍
责任编辑：王媛媛
责任印制：尹　珺
出版发行：中央编译出版社
地　　址：北京西城区车公庄大街乙5号鸿儒大厦B座 (100044)
电　　话：(010) 52612345（总编室）　　(010) 52612363（编辑室）
　　　　　(010) 52612316（发行部）　　(010) 52612317（网络销售）
　　　　　(010) 52612346（馆配部）　　(010) 55626985（读者服务部）
传　　真：(010) 66515838
经　　销：全国新华书店
印　　刷：山东鸿君杰文化发展有限公司
开　　本：880 毫米 × 1230 毫米　1/32
字　　数：209 千字
印　　张：10.75
版　　次：2016 年 6 月第 1 版第 1 次印刷
定　　价：42.00 元

网　　址：www.cctphome.com　　　邮　箱：cctp@cctphome.com
新浪微博：@中央编译出版社　　　　微　信：中央编译出版社 (ID：cctphome)
淘宝店铺：中央编译出版社直销店 (http://shop108367160.taobao.com) (010)52612349

本社常年法律顾问：北京嘉润律师事务所律师　李敬伟　问小牛
凡有印装质量问题，本社负责调换，电话：010-55626985

目 录

学魂（代序） 1

"坑儒"史料考辨
——兼谈王立群"修改历史教科书"之议不可取 001

哭倒长城骂倒秦
——从孟姜女故事看中国老百姓眼里的秦始皇 017

略窥宋金时代的留发不留头 029

写入青史总断肠 032

八旗雄兵是怎样没落的
——八旗生计问题解析 047

论明清以来的同乡会馆及其社会历史背景 068

论中国历史上的流氓文化 085

刺青：刻进肌肤的"水浒气" 103

天国遗恨说洪杨 114

沈三白师爷生涯考略
——《浮生六记》发隐 122

烈日秋霜
——鲁迅与绍兴师爷 146

燕京乡土入法眼，红尘万丈梦华图
　　——谈《清代北京竹枝词》　180
历史的人证
　　——文史资料随感录　200
看《少帅》，说张学良　236
师法北方之强、燕赵之风　251
一个卓然特出的杂学家
　　——谈邓云乡和他的著述　258
考据谈屑　276
说《易水歌》　286
"有则改之，无则加勉"探源　292
"新闻总入《夷坚志》"
　　——故纸堆里觅"新闻"之一　297
《红楼梦》里的"新闻"
　　——故纸堆里觅"新闻"之二　300
"冰弦玉轸播新闻"
　　——故纸堆里觅"新闻"之三　305
一个"贩卖新闻"的人物
　　——故纸堆里觅"新闻"之四　309
从庙宇的分布看历史　313
做"中国人"，不做"乡曲人"　320
"日寇给狼牙山五壮士鞠躬"之说可信　326
后记　335

学魂（代序）

鲁迅先生说过，中国人的国魂中，有民魂、官魂、匪魂，唯有民魂值得发扬。我想，对于中国学人来说，还应该发扬一个魂——学魂。在学人品质中，最高尚、最精粹的东西，便是学魂。崇尚独立，坚持真理，不畏压力，是学魂最重要的表现。

清代思想家颜习斋说："立言，但论是非，不论异同。是，则一二人之见，不可易也；非，则虽千万人所同，不随声也。"学者的使命是探求真理，是真理，则虽然只是一二人的见解，也要坚持，不可更易；不是真理，即便众口一词，铺天盖地，也不去附和。这就叫有学魂。

清代思想家孙奇逢说："天下事只论有愧无愧，不论有祸无祸。"这种只怕愧，不怕祸的操守和气概，更是有学魂的表现。"在齐太史简，在晋董狐笔"，文天祥把这些"只论有愧无愧，不论有祸无祸"的史官写进了《正气歌》。

鲁迅先生的独立精神最强，骨头最硬，一生反封建，反奴气，反卑劣的国民性。鲁迅文章的字里行间，闪烁着他的学魂的刚劲和异彩。

陈寅恪先生说："没有自由思想，没有独立精神，即不能发扬真理，即不能研究学术……一切都是小事，惟此是大事。"这是陈氏学魂的经典自述。晚年的陈先生目盲膑足，却发愤撰著《柳如是别传》，其立意就在表彰和弘扬我中华民族的"独立之精神，自由之思想"。

颜习斋、孙奇逢、鲁迅、陈寅恪，他们的学魂，是中华民族宝贵学魂的典范。相信这学魂会永远游荡在天地间而不散去，永远感召和教育后来的学人。

"坑儒"史料考辨
——兼谈王立群"修改历史教科书"之议不可取

引 言

焚书坑儒是发生在秦始皇时代的重要历史事件。细言之,焚书与坑儒是先后两件事,但因其有内在联系,史家往往合而言之。在焚书坑儒的当时,并无"焚书坑儒"一语。记录焚书坑儒事件最早、最权威的史料司马迁的《史记》中,也没有"焚书坑儒"一语。大约是西汉经学家孔安国在《尚书序》中最早使用了"焚书坑儒"一语:"及秦始皇灭先代典籍,焚书坑儒,天下学士逃难解散,我先人用藏其家书于屋壁"。由此,后世史学家便多用"焚书坑儒"一语来概括相应的历史事件,史著和教科书上便有了"史称焚书坑儒"的说法。

在《史记》中,对焚书坑儒事件做了全面记述的是《秦始皇本纪》,《儒林列传》《淮南衡山列传》也有零星记载。《汉书》的《儒林传》、东汉王符的《潜夫论·贤难》、东汉王充的《论衡·语增》也有零星记载,但基本是抄录《史记》的《秦始皇本纪》和《儒林列传》《淮南衡山列传》的内容。秦汉以后，关于焚书坑儒事件的记述和评论，基本根据的都是上述记载，如《资治通鉴》关于焚书坑儒的记述，就主要抄自《史记·秦始皇本纪》。

从史料看，秦始皇不一定只坑过一次儒，不一定只是《史记·秦始皇本纪》所记的那次。但究竟坑过几次，历来有不同的说法。东汉学者卫宏在《诏定古文尚书序》中记录了一次与《史记·秦始皇本纪》的记载不同的另一个坑儒事件，见于《史记·儒林列传》张守节"正义"。但是，一般所说的坑儒，都是指《史记·秦始皇本纪》所记的那次。

王立群先生的"坑儒一家言"

千百年来，人们对于焚书坑儒史实的了解，基本是清楚的，因为史书的记载基本是明确的。但由于人们对史料的解读不同等原因，对于焚书坑儒的看法常常发生歧异，产生学术上的争论。这是正常的现象。关于焚书坑儒历史真相的争论，比较起来，人们对焚书的争论少一些，对坑儒的争论多一些。但是，主流史学界对于焚书坑儒的基本史实，历来是有共识的。所以，焚书坑儒历来被作为铁案写入历史教科书，也写入了许多工具书。

但是，最近这一铁案似乎发生了一点问题。"风乍起，吹皱一池春水"，央视《百家讲坛》主讲人王立群先生，在其新著

《王立群读〈史记〉之秦始皇》中提出了与历来主流观点不同的见解,认为对"焚书坑儒"这一史称要修改,应改为"焚诗书,坑术士",理由是《史记》和《汉书》的《儒林传》,王符的《潜夫论》所记载的都是"焚诗书,坑术士",这个记载说明秦始皇坑的不是儒,而是"术士"。对于史汉所称的"术士",王先生又简单地解释为主要是"精通方术""寻求仙药的方术之士",即神仙家或江湖术士一类人物。王先生又说,把"坑术士"说成"坑儒",是汉代以后的儒生有意对史实的放大和夸张。进而王先生提出,希望修改历史教科书,把"焚书坑儒"改为"焚诗书,坑术士"。此即王立群的"坑儒一家言"。王先生的看法,北京日报、北京晚报、中国青年报等多家报纸和多家网站都作了报道。王立群是我非常尊敬的学者和老师,但他的看法我不能苟同,"师如荒谬,不妨叛之",本着鲁迅先生之教,下面我略陈一些不同看法。

实际上,关于坑儒对象的争论,自古就有。王立群的见解,只是沿袭了一些古人的看法,并非自创。欲知这些古人的见解,可读史学家陈登原先生的《国史旧闻》卷第十二"阬儒"一节。

与《国史旧闻》所录的一些古人见解及王立群的见解不同的是,自古以来,主流史学界特别是近现代一些著名史学大家,都是肯定"焚书坑儒"这个说法的,都认为秦始皇所坑的就是儒,或认为既有儒也有方士。对于何者为儒,他们的理解都是,儒就是读书人,主要是读孔孟之书的儒生。例如,东汉哲学家王充在《论衡·语增》里说："言烧燔诗书，坑杀儒士，实也。"明言秦始皇坑的是儒生。再举近现代一些肯定"焚书坑儒"之说的学者及其著作。如顾颉刚的《秦汉的方士和儒生》第三章《神仙说与方士》，郭沫若的《十批判书·吕不韦与秦王政的批判》，吕思勉的《白话本国史》之《中古史》第一章《秦始皇帝的政策》，范文澜的《中国通史》第二编第一章第一节，翦伯赞的《中国史纲》第四章第一节，邓之诚的《中华两千年史》卷一《秦始皇之政治》，张荫麟的《中国史纲》第七章《秦始皇与秦帝国》，冯友兰的《中国哲学史新编》第三册第一节"过秦"，钱钟书的《管锥编》之《史记会注考证·秦始皇本纪》。作为历史家的毛泽东也认为秦始皇坑的是儒生，是知识分子。摆出这些名家的观点，并不是因为他们的学术（或政治）地位高而要对他们搞"凡是"，而是因为他们都是学问深厚、立论严谨的学问家，都稔熟"焚书坑儒"的史料，所以，对他们的观点应当有足够的重视。

坑儒史料之辨析

我认为，历史真相并不像王立群先生所说的那样。那么真相究竟如何？我想，只有正确理解文献史料的原意才能了解历史真相。所以，辨析和解读坑儒史料便是最重要的工作。

在坑儒史料中，提到不少与被坑对象有关的人物称谓，如"诸生"等等；人们对其含义的理解不同，我认为是造成争议的关键原因。所以，必须正确解读这些称谓的含义。下面，就以辨析这些称谓为主线，看一看秦始皇坑的究竟是些什么人。

关于坑儒事件的最重要、最权威的史料，是《史记·秦始皇本纪》中的一段记载，录之如下：

(秦始皇)三十五年……侯生、卢生相与谋曰："始皇为人，天性刚戾自用，起诸侯，并天下，意得欲从，以为自古莫及己。专任狱吏，狱吏得亲幸。博士虽七十人，特备员弗用。丞相诸大臣皆受成事，倚辨於上。上乐以刑杀为威，天下畏罪持禄，莫敢尽忠。上不闻过而日骄，下慑伏谩欺以取容。秦法，不得兼方，不验，辄死。然候星气者至三百人，皆良士，畏忌讳谀，不敢端言其过。天下之事无小大皆决於上，上至以衡石量书，日夜有呈，不中呈不得休息。贪於权势至如此，未可为求仙药。"於是乃亡去。始皇闻亡，乃大怒曰："吾前收天下书不中用者尽去之。悉召文学方术士甚众，欲以兴太平，方士欲练以求奇药。今闻韩众去不报，徐市等费以巨万计，终不得药，徒奸利相告日闻。卢生等吾尊赐之甚厚，今乃诽谤我，以重吾不德也。诸生在咸阳者，吾使人廉问，或为訞言以乱黔首。"於是使御史悉案问诸生，诸生传相告引，乃自除犯禁者四百六十馀人，皆阬之咸阳，使天下知之，以惩后。益发谪徙边。始皇长子扶苏谏曰："天下初定，远方黔首未集，诸生皆诵法孔子，今上皆重法绳之，臣恐天下不安。唯上察之。"始皇怒，使扶苏北监蒙恬於上郡。

这段史料的主要内容有以下几点：1. 侯生、卢生不满秦始皇，批评他性格刚戾，亲幸狱吏，冷落博士，乐于刑杀，贪于权势，认为不值得为他求药，逃走了。2. 秦始皇怒，说"我用了许多文学方术之士，是为了兴太平，求奇药。现在无效验，他们反而说我坏话。在咸阳的诸生，有的人竟妖言惑众，扰乱民心"。3. 秦始皇命御史审问诸生，诸生互相告发，秦始皇便把他认为犯禁的诸生四百六十余人坑杀（活埋）在咸阳。4. 秦始皇的长子扶苏曾劝父亲不宜用坑杀之法惩治读孔子之书的诸生，秦始皇怒，派扶苏去北方上郡监督蒙恬的军队。以上，就是"坑儒"事件的基本过程。

这段史料提到了"诸生""博士""文学方术士""方士"等几个称谓。其中明言的坑杀对象是"诸生"；另几个称谓所指的人中，从史料行文的逻辑看，也有被坑杀者。下面就对这些称谓的含义做些考辨。

其一，关于"诸生"的辨析。

1. 从语词角度看。诸，诸位、众多之意，生指读书人、儒生。《辞海》释"生"字云："旧称读书人"。所举书例为《史记·屈原贾生列传》："每诏令议下，诸老先生不能言，贾生尽为之对……诸生于是乃以为能不及也。"此言贾谊富有高才，许多饱学的老先生不能回答的问题，贾谊都能答出，让这些老先生叹服。

《辞源》对"诸生"的释义是"众儒生",所举书例是《史记·曹相国世家》,其文有云:"参尽召长老诸生,问所以安集百姓,如齐故俗。诸儒以百数,言人人殊,参未知所定。"此言曹参把有名望的士绅儒者召来问计,问如何按齐地的旧俗安抚和管理好老百姓,参会的儒生有几百人,各有各说,曹参无所适从。

《辞海》对"诸生"的释义是:"谓许多儒生。"所举书例是《汉书·叔孙通传》:"臣愿征鲁诸生,与臣弟子共起朝仪。"此言汉朝建立后,叔孙通征请鲁地的儒生,与他们共商制定朝仪的大计。《辞海》的"叔孙通"条,更明确说他"与儒生共立朝仪"。

《辞源》《辞海》所引三篇传记中的史事,与《秦始皇本纪》所记坑儒史事相距不远,《屈原贾生列传》《曹相国世家》又与《秦始皇本纪》同在《史记》一书之中,所以,这三篇传记与《秦始皇本纪》所用的同一语词,含义应该是相同的。因之,《秦始皇本纪》所说的"诸生"与三篇传记中所说的"诸生",应是同一种人,即都是读书人、儒生。

2. 从扶苏的谏言看。《秦始皇本纪》记秦始皇之子扶苏进谏秦始皇:

> 始皇长子扶苏谏曰:"天下初定,远方黔首未集,诸生皆诵法孔子,今上皆重法绳之,臣恐天下不安。唯上察之。"始皇怒,使扶苏北监蒙恬於上郡。

说诸生"皆诵法孔子",意为他们皆读孔子之书,按孔子的榜样行事。此所言"诸生"无疑就是读书人、儒生。一般认为,扶苏进谏的时间是在坑杀事件发生之后,因为《史记》记事的顺序是进谏在后;但张荫麟先生认为进谏在先,坑儒在后。张先生的话有道理,人已被坑了,进谏还有何用。

3. 从李斯驳淳于越之语及淳于越的身份看。有关史实见《秦始皇本纪》,因原文过长,不具引。淳于越是博士,焚书之前,他曾面谏秦始皇应该"师古",即以夏商周三代为师,说"事不师古而能长久者,非所闻也"。对此,李斯驳斥说,夏商周三代其实也并"不相袭",意思是三代自身也并不"师古"。又说:"今陛下创大业,建万世之功,固非愚儒所知。"这里用了"愚儒"一词,是指淳于越。又说:"今诸生不师今而学古,以非当世,惑乱黔首(老百姓)"。这里的"诸生",显然是指以淳于越为代表的一类"愚儒",亦即指读书人、儒生。这条材料,可以作为"诸生"指读书人、儒生的旁证。又,淳于越是侯生、卢生责备秦始皇"备员弗用"的七十名博士之一。这些博士是干什么的?《辞源》释文:"六国时有博士,秦汉相承,诸子、诗赋、术数、方技,都立博士。"《辞海》释文:"秦及汉初,博士所掌为古今史事待问及书籍典守。"博士无疑都是读书人,是儒。淳于越被讥为"愚儒",因为他是儒。如此看来,博士应为诸生的一部分。淳于越的"师古"谏言被秦始皇否定,七十名博士又"备员弗用",他们因之心生怨恨,发些所谓"惑乱黔首"的"妖言"完全是可能的，故而也就可能被坑杀。所以，被坑杀的"诸生"里很可能有一些博士。

4. 从东汉卫宏《诏定古文尚书序》所记的坑儒史料看。文云：

> 秦既焚书，恐天下不从所改更法，而诏诸生，到者拜为郎，前后七百人，乃密种瓜于骊山陵谷中温处，瓜实成，诏博士诸生说之，人言不同，乃令就视，为伏机。诸生贤儒皆至焉，方相难不决，因发机，从上填之以土，皆压，终乃无声。

所言被坑者为"博士诸生""诸生贤儒"，亦即读书人、儒生。虽然此书与《秦始皇本纪》所记内容不同，可能是另一次坑儒；但秦至两汉时期语词的变化不大，故所记的被坑者之称谓也可作为旁证参考。

综合以上几方面的分析，可以确认，"诸生"即读书人、儒生；坑"诸生"即坑读书人、儒生。有的学者说，"诸生"也应包括方士，理由是侯生、卢生皆有"生"字。从前引《秦始皇本纪》的上下文看，此说也有道理。但我认为，"诸生"主要应指读书人、儒生。

其二，关于"文学方术士"的辨析。

据《秦始皇本纪》，秦始皇坑杀"诸生"前，发怒说了一番话，其中有这样一句："悉召文学方术士甚众，欲以兴太平，方士欲练以求奇药。"其中的"文学方术士",应为一复合词,是将文学之士和方术之士合在一起说的。此处之"文学"一词,《史记》研究家韩兆琦《史记笺证》释义:"文学——这里即指各种知识、学问。"可知"文学方术士"中的"文学"即文学之士,即有知识和学问的读书人、儒生。"文学方术士"是秦始皇召来"兴太平","求奇药"的,但他们得罪了秦始皇,于是其中的四百余人被坑杀。从这条材料看,被坑者中应既有读书人、儒生,也有方术之士。

其三,关于"方士"的辨析。

侯生、卢生都是方士。关于秦汉时的方士,顾颉刚《秦汉的方士和儒生》是重要著作,可参。兹再举《辞源》释义:"方士:方术之士。指古代求仙、炼丹,自言能长生不死的人。起源于战国齐、燕滨海地区,至秦汉以后渐盛。《史记秦始皇纪》三五年:'悉召文学方术士甚众,欲以兴太平,方士欲练以求奇药。'后泛称医、卜、星、相之流为方士。"所举的书例正是《秦始皇本纪》里的话。

大约汉代以后,医、卜、星、相之术被称为方伎或方技,拥有其术的人也称为"方士"。《北齐书》、新旧《唐书》《明史》中皆有《方技传》。此种"方士",与秦始皇时代那种求仙炼丹,自言能长生不死的方术之士有一定承袭关系,但又有很多不同。

《秦始皇本纪》所记的方士侯生、卢生,从其言行看,其身上的儒气是很重的。他们批评秦始皇亲幸狱吏,冷落博士,乐于刑杀，贪于权势，完全是儒生口吻，是用儒家观念来批评实行法家之道的秦始皇。这透露出一个信息：当时的一些方士已有儒家化的倾向，或者说他们的某些观点与儒生合流了。如果换一种眼光看，方士其实也可以算一种"另类"读书人，所谓"术业有专攻"，他们大抵也是要读专业书的，估计是读一些含有类似后世道教内容的书（先有神仙家，后有其衍生物：道教。参看顾颉刚《道教宗旨》一文），他们多少有点像商周时代的巫祝（既是史官，又负责迷信占卜，是那时的知识界）。但是，方士毕竟与一般意义的读书人特别是与读孔孟之书的儒生不同，所以要单独列出，被称为方士。

其四，关于"术士"的辨析。

此辨析很重要。因为王立群的主张，特别建立在《史记·儒林列传》《汉书·儒林传》和王符《潜夫论·贤难》三篇史料所记录的"阬术士"一语之上。

关于"坑术士"，史汉的记载基本相同，录《史记·儒林列传》：

> 及至秦之季世，焚诗书，阬术士，六艺从此缺焉。陈涉之王也，而鲁诸儒持孔氏之礼器往归陈王。于是孔甲为陈涉博士，卒与涉俱死。

《潜夫论·贤难》的记载是：

> 此亡秦之所以诛偶语而坑术士也。

何谓"术士"？今人说起"术士"来，往往多理解为方术之士、江湖术士，但这与秦汉时的"术士"一词的含义相差颇远。《辞源》对"术士"的释义是：一、指儒生。书例是《史记·儒林列传》："及至秦之季世，焚诗书，阬术士，六艺从此缺焉。"二、指有技艺的人。书例是宋代《西湖老人繁胜录》："御街应市两岸术士，有三百余人设肆。……"这两个释义之外，《辞源》又补充解释了一句："俗又称巫祝占卜之流为术士。"这近于今人习惯上理解的江湖术士。

《史记·儒林列传》所记"阬术士"的"术士"，明显地是指儒生。因为，其一，文中说的很清楚，"焚诗书，阬术士"的恶果是"六艺从此缺焉"；"六艺"即儒家经典，烧了儒典，坑杀了传承儒典的儒生，六艺也就残缺不全了。其二，这篇传记是专为儒士做的，所记的都是儒林之事，文中说完了"阬术士"，紧接着又说鲁地"诸儒持孔氏之礼器往归陈王"等等，"术士"与"诸儒"是前后相接叙述的，说的都是一类人，即"术士""诸儒"都在儒林之中。

还有一篇史料与上述三篇的记载类似，王立群没有提到，即《史记·淮南衡山列传》中的记载。兹录如下：

> （伍被）曰："昔秦绝圣人之道，杀术士，燔诗书，弃礼义，尚诈力，任刑罚……"

"杀术士"，被认为是"绝圣人之道"的表现之一，此"术士"当然指的是儒生。细酌引文的前后关系，也可体味出此"术士"是指儒生。

何以史汉的儒林传及《潜夫论》只用了"焚诗书，坑术士"六个字来述及焚书坑儒？我认为是为了行文的简括。因为含有这六个字的篇章，并不是专门记述焚书坑儒事件的，而只是将其作为历史背景提及，故无须像《秦始皇本纪》那样详述。实际上，理解了"术士"在秦汉时的含义以后，我反倒觉得"坑术士"三字更突出了所坑者是儒，或主要是儒。

钱钟书先生在《管锥编》之《史记会注考证·秦始皇本纪》一节里，曾答辩过类似王立群提出的观点，他写道：

> 其"究极"而辨者，乃在坑儒，谓所坑乃"方技之流"，非"吾儒中人"，盖未省"术士"指方士亦可指儒生，如《汉书·儒林传》明曰："及至秦始皇，兼天下，燔诗、书，杀术士"，王符《潜夫论·贤难》亦曰："此亡秦之所以诛偶语而坑术士也。"

钱钟书认为，虽然"术士"可指方士也可指儒生，但被秦始皇坑杀者应主要是儒生，即所谓"吾儒中人"。

以"术士"指方伎之士，即《辞源》所说的"俗又称巫祝占卜之流为术士"，我认为应晚出于"术士"指儒生之初始义。

韩兆琦先生是研究《史记》的大家，他也认为"术士"指儒生。他将"及至秦之季世，焚诗书，阬术士，六艺从此缺焉"

这句话翻译为："到了秦朝的晚期，焚毁《诗》《书》，坑杀儒士，儒家的六艺从此就残缺不全了。"（韩兆琦主译《史记》，中华书局2008年版，第2353页）明确将"阬术士"译为"坑杀儒士"。

通过以上四个方面的辨析，可以做出如下归纳和结论："诸生"和"术士"是史料明言的被坑者；"文学方术士"中应包括被坑者。被坑者有两类人：读书人、儒生；方士。我认为，前者应当是多数。

何以前者为多数？理由是：一、史料辨析的结果是，"诸生"主要指读书人、儒生；二、扶苏谏言中只提到"诸生"；三、是缘于"诸生传相告引"，即读书人互相揭发，才查出"犯禁者四百六十馀人"的；四、从秦始皇所说的"诸生在咸阳者，吾使人廉问，或为訞言以乱黔首"及李斯所说的"今诸生不师今而学古，以非当世，惑乱黔首"这两条材料看，能够搅乱"黔首"即老百姓之心的"妖言"，恐怕主要是儒生才能造得出，他们所造的那些非议当世、反对刑杀的"妖言"恐怕也是最合"黔首"之心的，这才让秦始皇产生"惑乱黔首"的担忧。而方士们那些求仙炼丹的话，恐怕不足以被秦始皇视为能搅乱"黔首"之心的"妖言"。五、王充在《论衡·语增》中说："言烧燔诗书，坑杀儒士，实也。"又说："燔诗书，起自淳于越之谏；坑儒士，起自诸生为妖言。"只言坑的是儒士，并将坑儒与同类性质的焚书对举。

总之，"坑儒"的历史真相，应该就是这样的。所以，王立群先生的"坑儒一家言"不可取,"焚书坑儒"的"史称"不能改,不能改叫"焚诗书,坑术士"。尽管"坑术士"也是司马迁说过的,意思也是坑儒,但因容易引人误解,故不可用它代替"坑儒"一词。更何况"焚书坑儒"一语,不但正确,而且相沿甚久,历史认可,世人熟知,完全不应该废弃。

至于教科书,就更不应该修改。学术争鸣事小,修改教科书事大,岂可轻言之!还有各类收有"焚书坑儒"辞条的工具书也都不能修改。不修改是正确的,修改是错误的。

当然,通过考辨,我们也对"焚书坑儒"的"儒"字,有了进一步的认识:"儒",在这里是概而言之;这里的"儒",除了主要指读书人、儒生之外,也应该包括一些方士。

发生争论之原因的分析

关于"坑儒"的争论,自古及今没有停止过,今后也还会有。何以如此?我分析,主要有以下几方面原因。第一,坑儒事件本身有一定复杂性,牵涉的人员比较杂。反映到《史记·秦始皇本纪》等文献中,就是被坑者与疑似被坑者及相关者的称谓比较杂。第二,古今语词含义的变化,给人们正确理解古文献造成障碍,人们常常"以今解古",用晚出之义代替初始义。第三,由于事件的起因与方士得罪了秦始皇有很大关系,所以容易误解为秦始皇一生方士的气就坑杀了他们。吕思勉在《白话本国史》

里说："'坑儒'的事情，虽然是方士引起来，然而他（秦始皇）坐诸生的罪名，是'惑乱黔首'，正和'焚书'是一样的思想。"这才说清了事件之起因与结果之间的正确关系。第四，对秦始皇的好恶倾向不同，影响到对史料的解读。例如，秦始皇确有大功，能引起人好感，所以对秦始皇有好感的学者便偏好把史料往有利于秦始皇的方面去解读。反之亦然。

对于学术争论，毛泽东有句名言："笔墨官司，有比无好"。这是他在提倡百家争鸣。百家争鸣，应当提倡民主与科学的精神。民主，就是百家之间要互相尊重对方的发言权，和谐地讨论问题；科学，就是要遵守学术研究和学术争论的规范。梁启超在《清代学术概论》中曾罗列过多条清代朴学关于考据的"家法"（规矩），这些"家法"的核心理念是"实事求是"四个字。今天我们百家争鸣，这些朴学"家法"，特别是"实事求是"的考据理念，还是适用的，是值得我们继承和发扬的。我们应当比他们做得更好。

（刊于《北京日报·理论周刊》，2009年5月18日）

哭倒长城骂倒秦
——从孟姜女故事看中国老百姓眼里的秦始皇

不应忽视老百姓对秦始皇的看法

评价秦始皇，从古以来，聚讼纷纭，于今未息。论者中，有的说他功劳盖世，有的说他暴虐无道，有的主张对他要少骂，有的主张对他要少赞，各执一词，各有其理。

但这当中有个现象，人们习焉不察，就是人们所熟知的古今那些评秦的文章、言论，大都出自史家、文人或政治家，而几乎没有普通老百姓的看法。

是老百姓没有看法吗？或是虽有看法却没有表达过吗？还是老百姓根本就不会臧否人物，不配有看法？我看都不是。是我们没有认真留意过，也没有重视过他们的看法。

在旧时代，老百姓对于国家政治和历史的看法及评说，是写不进正史典章的，他们都是靠口耳相传表达自己的看法，或是将看法寓托于传说、故事、戏文、鼓词等浅俗的文艺中。老百姓的评说，没有"春秋笔法"那样的微言大义，也不像"臣光曰"

那样正襟危坐，而多是一种发于生活感受的天籁样的言辞。他们对于秦始皇的看法，就是这样。

孟姜女哭长城的故事，是最典型的例子。

这个著名故事，最近被国家公布为非物质文化遗产，这是国家对它的人文价值的高度肯定。民国年间，大史学家顾颉刚先生曾下过很大工夫来研究这个故事，写过几篇长篇论文，把孟姜女故事的源流和迁播情况考证得清清楚楚。但他这项研究的本意，却是为他的"古史辨"，为他提出"层累地造成的古史说"服务的，用他自己的话说，就是"为研究古史方法举一旁证的例"。所以，顾先生并没有顾及和评说过这个故事中所包含的反秦思想。

最近，出于想要了解"自古以来中国老百姓是怎样看待秦始皇的"这一目的，我重读了顾先生编著的《孟姜女故事研究集》。这本书，民国年间曾由国立中山大学语言历史研究所刊印过，1984年，上海古籍出版社重新出版了此书。在这本研究集里，顾先生除收了自己的若干篇研究论文以外，还收了当时许多位学界名家研究孟姜女故事的文章和通信，刘半农、魏建功、容庚、钟敬文、沈兼士、郭绍虞、钱南扬、郑鹤声等先生都有文章收在集子里。看似区区的一个小故事，竟受到这么多大学者的重视，仅此一点，也可以看出孟姜女故事的不简单。学者们研究这个故事的方法和路径，使我大长见识，而文章中提供的许多原始材料，又为我解决"老百姓是怎样看秦始皇的"这个问题提供了极大便利。

一个包含着老百姓反秦反暴政思想的故事

秦朝以降二千多年来，中国老百姓对于秦始皇就没有过好印象。孟姜女哭长城，主题便是反秦和鞭挞封建暴政的压迫。但这个主题的形成，却是逐渐的。在故事的早期，即《左传》《礼记·檀弓》和《孟子》的记载中，还没有也不可能有秦始皇这个人物，也没有秦长城，而只是讲了一个发生在春秋时代的杞梁之妻哭悼阵亡丈夫的简单故事。但汉唐以来，这个简单的故事"生命日渐扩大"（顾颉刚语），演变成了一个孟姜女哭倒秦长城的长篇大故事。对此巨变，南宋史学家郑樵说过一句感慨的话："杞梁之妻，于经传所言者不过数十言耳，彼则演成万千言。"（《通志·乐略》）其实，篇幅的由简到繁并不是最重要的，最重要的是内容发生了重大变化，这些变化主要有：杞梁的名字变为范杞梁、万喜良；杞梁妻变为孟姜女；路边哭夫变为哭城；所哭之城由最早的哭山东境内的杞城、莒城变为哭秦长城。有关哭秦长城的情节有：秦始皇命蒙恬催逼工匠筑长城，范杞梁筑城时被打死并被筑在城墙内；孟姜女千里寻夫，至城下大哭，城为之崩，夫尸显现，滴血认骨；孟姜女自尽。随着故事内容的变化，其迁播流布的范围也由最初的起源地山东，变为北方长城一线，而后又向全国猛烈扩张，终至成了一个覆盖全国,家喻户晓的著名故事。

何以春秋时发生的一件本来与秦始皇不搭杠的小事情,竟演变成了一个反秦色彩浓烈的大故事?我以为主要有两个原因。一是由于秦始皇的暴政长久地存留在当时和后代老百姓的印象中,积为一种反秦的社会心理,并代代相传;再一个就是历代老百姓从所受的暴政和苦役压迫的实际感受出发,托古言志,以骂秦始皇的方式来宣泄对压迫者的不满。总之,这个故事的政治批判倾向的酿成,根源于中国老百姓对秦始皇的坏印象,根源于老百姓恨暴政、恨专制的社会心理。正如顾颉刚先生所说,"从民众的感情与想象上酝酿着这件故事"。

唐代是孟姜女故事产生反秦的政治批判情节的关键时代。唐人贯休的《杞梁妻》一诗最早透露了这一变化。诗中道:"秦之无道兮四海枯,筑长城兮遮北胡。筑人筑土一万里,杞梁贞妇啼呜呜。……一号城崩塞色苦,再号杞梁骨出土。"此前的孟姜女故事中,是没有这种批判秦朝无道的情节的,那时孟姜女所哭的城也不是秦长城,而到了唐代,在此诗中,故事显然发生了质变,加入了反秦内容,我们所熟知的那个孟姜女哭倒秦长城的故事的基本格局已大体具备。顾先生这样评论说:"这首诗是这件故事的一个大关键。它是总结'春秋时死于战事的杞梁'的种种传说,而另开'秦时死于筑城的范郎'的种种传说的。"

为何唐朝的孟姜女故事会出现贬斥秦始皇的情节?顾先生的分析是,六朝隋唐间,战事频仍,徭役繁重,兵士终年劬劳于外，悲愤得很，就像《兵车行》里写的那样，而他们的妻子梦魂所系的，不是"玉门关""渔阳"，就是"马邑""龙堆"，总之是北部长城一线，于是便生出了"谁人是为了自己的野心而造成长城"的责问，于是便以"杞梁妻哭倒秦始皇的长城"的故事来宣泄自己心中的怨愤。

暴虐与荒淫：老百姓对秦始皇的印象

从孟姜女故事，可以看出中国老百姓对秦始皇及一切暴君的残酷和荒淫行为的批判。

贯休诗《杞梁妻》里，有"筑人""杞梁骨出土"几字，顾颉刚据此云："秦筑长城，连人筑在里头，杞梁也是被筑的一个。"看来，秦朝筑长城时要行"厌胜"巫术，即把人筑在城墙里以避邪求祥。孟姜女哭长城，就是要哭崩城墙，找到丈夫的骸骨。关于把人筑进长城，各地故事中的具体情节有所不同，桂林的故事说，范杞梁先是被秦将蒙恬腰斩，然后筑到长城里；湖南的故事说，秦始皇将范杞梁打死后，为了"使他永世不得翻身"，便把他筑在城墙里。老北京话里有一句歇后语："孟姜女的男人——填了馅了"，说的也是范杞良被筑在城墙里的事。这种筑人于城墙的巫术，真是惨无人道，听起来都叫人毛骨悚然。在历史上，秦筑长城时是否真的用过这种"筑人"巫术？我没有看到过有关史料，不敢妄揣，但可以肯定，老百姓在故事里加进这个情节，肯定是有相关的因由的。这个因由，就是老百姓对秦朝的暴虐统治，对秦始皇筑长城时残酷役使工匠的史事，有深刻的记忆和愤恨心理。"苦秦久矣"，恨秦久矣，才会有这样的故事情节。这个情节实质上是老百姓对秦始皇的暴虐统治的一种批判。

秦始皇筑长城时果真很暴虐吗？在正史中，如《史记·秦始皇本纪》里，虽然记载了秦始皇的为人"少恩而虎狼心"，也有零星的关于秦筑长城的记载，但并没有秦人残酷役使工匠筑长城的具体细节。但是，根据其他一些旁证材料，还是能推见出秦筑长城时役使工匠的残酷。《秦始皇本纪》的《集解》中有这样一条关于秦筑长城的材料："论决为髡钳，输边筑长城。昼日伺寇虏，夜暮筑长城。"可以看出，筑城工匠中是有大量的刑徒的，还可以依稀看出秦朝残酷役使这些工匠筑长城的情形。

古代一些诗人的作品和世代相传的民间记忆中，也保留了一些秦筑长城时残酷对待工匠的信息。晋人杨泉所著《物理论》中有这样有一段话："始皇使蒙恬筑长城，死者相属，民歌之曰：'生男慎勿举，生女哺用脯，不见长城下，尸骸相支柱。'其冤痛，若此矣。"试想，如果没有残酷的史，哪会产生这样悲苦的歌？真是一寸长城一寸血呀！又如唐代王翰诗云："回来饮马长城窟，长城道傍多白骨。问之耆老何代人，云是秦王筑城卒。黄昏塞北无人烟，鬼哭啾啾声沸天。无罪见诛功不赏，孤魂流落此城边。"所说的"耆老"的答话，显然是前代的"耆老"传下的，这种世代相传的口述，应该是具有一定的史料性的，在一定程度上反映了历史的真实。

还有一个可怕的民间传闻,也能反映出秦筑长城时役使工匠的残酷。清代《房县志》记载,北方丛林里曾生活着一种全身长毛的"毛人",其祖辈是逃避筑长城的劳役犯,他们见人就会问:"长城筑完乎?秦皇还在乎?"只要回答秦皇还在,"毛人"就吓得逃入丛林。这个传闻,不会是空穴来风,虽然只是一片史影,却包含着相当的真实性元素。可以想见,若不是秦始皇筑长城给老百姓的刺激太深,怎么会产生这种令人不寒而栗的传闻?

从秦朝刑罚的残酷性,也可以间接地推想出秦筑长城时对工匠的残酷虐待。秦朝的刑罚,是以"中国的马基雅弗里"韩非的理论为基础的,残酷得很,不光捕人杀人极随便,杀人的方式也酷烈无比,车裂、腰斩、釜烹、坑杀、夷族,闻之便令人胆裂。《汉书·刑法志》形容秦朝是"赭衣(囚衣)塞路,囹圄成市",筑长城的工匠,便多是刑徒。试想,在这种法制状态下,筑城的工匠又多是刑徒身份,那些监工的是素称"虎狼之师"的秦军士兵,能对这些工匠不残酷吗?有人曾考证,连同修筑阿房宫和骊山陵这两项工程在内,秦始皇共役使了百万刑徒,这些人大多有去无回,死在异乡,而那些筑长城的工匠,便大多埋骨在长城脚下。

孟姜女故事中,还有一些贬斥秦始皇荒淫的情节。如绥中县流传的故事说,范杞梁死后,"孟姜往觅夫骸,危坐城下号泣。长城崩颓,露夫骸骨。始皇闻而异之,厚葬其夫,欲纳为妃。孟姜触石而死"。(《孟姜女故事研究集·绥中县的孟姜祠》)所谓"欲纳为妃",实际就是秦始皇役死范杞梁还不算,还要霸占他的遗孀。

秦始皇果真是个荒淫的皇帝吗?且看郭老是怎么说的。他在《吕不韦与秦王政的批判》一文中写道:秦始皇是"一位纵欲主义者,大约因为不相信命,所以敢于极端享乐"。(郭沫若《十批判书》)又在《高渐离·附录·校后记之二》中写道:"秦始皇是一位通权变、好女色的雄猜天子,我看是没问题的。"郭老的判断,当然是以史料考据为基础的,所以应当是可靠的。由此可见,孟姜女故事所讲的秦始皇霸占孟姜女的情节,虽然历史上并无其事,但也并不是完全不着边际的胡编,而是有一定历史因由的合理想象。

从孟姜女故事中,还能看出中国老百姓在封建暴政重压之下难能可贵的反抗意识。除了孟姜女拒绝秦始皇"纳妃"而触石自尽的情节以外,《孟姜仙女宝卷》和唱本《孟姜女花幡记》还记有以下情节:范杞梁死后,孟姜女借秦始皇要纳自己为妃之机,向秦始皇提出了两个要求,一是秦皇必须亲自向杞梁祭奠焚帛,二是必须下旨杀掉筑城监工蒙恬,秦始皇照办后,孟姜女便毅然纵身从长城上跳入火堆自殉。这些故事情节,实际都反映了老百姓反抗暴君、反抗封建压迫的心理,同时也反映出他们对封建专制制度的无奈。

怎样看待老百姓的"秦始皇论"

"哭倒长城骂倒秦",这是我对孟姜女故事的核心内容和政治思想的概括。孟姜女故事其实并不像有的学者说的那样,只是一篇"哀情小说",实际上它更是一篇政治故事。它也并不只是单纯的征夫怨妇的牢骚话和贞妇的颂词,而是具有浓烈政治色彩和历史批判精神的作品。这个故事反映出老百姓的历史观,反映出老百姓心目中的秦朝史和秦始皇,也反映出了老百姓的政见。孟姜女故事,乃是中国老百姓的一篇心史。民族英雄文天祥曾给某地孟姜女庙题过一副对联:"秦皇安在哉,万里长城筑怨;姜女未亡也,千秋片石铭贞。"文天祥显然对孟姜女故事的政治内涵十分清楚,而他的政治倾向则与老百姓完全一致,也是贬斥秦始皇的。

"文革"时期,"四人帮"大搞评法批儒,把秦始皇捧上了天,孟姜女则几乎被打成"历史反革命"。"四人帮"何以不放过一个民间传说中的弱女子?因为孟姜女反秦始皇。孟姜女故事的政治倾向,"四人帮"是看得清清楚楚的。"四人帮"有个标准,谁反对秦始皇,谁就是儒家,就是反动的。于是,孟姜女便成了与儒家一伙的反动分子。如果按照"四人帮"的划线标准,那么给孟姜女庙题过对联的文天祥又该算是什么人呢?亿万中国老百姓是传诵孟姜女故事的主体,难道他们竟是反动分子吗?

也许有人觉得，评价秦始皇是个学术问题，老百姓哪里懂得？他们的"秦始皇论"是没有价值的。我看不一定。我想，老百姓当然不如学者看问题全面，也不如政治家站得高，但他们心里也自有一杆秤，他们往往从朴素的道理和自身的感受出发来评价古今统治者。他们在讲述孟姜女故事的时候，固然不懂得对秦始皇应该一分为二，应该看到秦始皇统一中国、设立郡县制等等的大功劳，但他们能通过自身的理解、祖辈的"口述"和社会舆论确认秦始皇是个暴君。这让我想到鲁迅的一段名言："诚然，老百姓虽然不读诗书，不明史法，不解在瑜中求瑕，屎里觅道，但能从大概上看，明黑白，辨是非，往往有决非清高通达的士大夫所可几及之处的。"（《且介亭杂文二集·"题未定"草六至九》）中国老百姓的"秦始皇论"，大抵如此。

一谈到孟姜女哭长城，自然要涉及对秦始皇筑长城的评价问题。现在人们说起长城，总是以"伟大"二字概括之，这当然是不错的，但这还不是具体的历史分析。秦始皇筑长城，是为防御北方胡人的，应该说，在那个冷兵器时代，长城还是多少起了一点防胡作用的，但作用并不大。相反，因筑长城而被役死的工匠却无法计数，正所谓"秦人半死长城下"。（王安石语）这也正是孟姜女故事发生的一个重要的历史缘由。鲁迅在《长城》一文中写道：长城，"从来不过徒然役死许多工人而已，胡人何尝挡得住。"这恐怕是更接近历史真相的评论。明朝一代，长城仍被作为防边患的屏障，但当时就有有识之士指出，长城对于防边患的作用甚小，修筑长城是"百劳而无一益"的下策。满洲人深知长城对于边患的无奈，所以占据中原后，便不再用筑长城的办法搞边防，而是改为怀柔远人的政策，结果大奏其功。

有人说，既然长城是人类的伟大工程，是中华民族的象征，那么秦始皇修筑了长城，自然秦始皇很伟大。这个推理其实很皮相。长城伟大跟秦始皇是否伟大其实是两码事。长城从建筑工程学上来说，是伟大的，从后人赋予它的"不屈之精神象征"来说，也是伟大的；但秦始皇用筑长城的办法防范胡人，就很难说是伟大的办法，实际只是一个利小弊大的平庸办法，而最大之弊便是文天祥所说的"筑怨"。至于秦始皇筑长城时的暴虐，就更不是什么伟大，而是对老百姓的犯罪。长城，其实是用工匠的血汗和白骨换来的，要说伟大，也是老百姓伟大。总之，从长城的伟大并不能引申出秦始皇的伟大，这就好像颐和园伟大并不代表西太后伟大一样。当然，秦始皇与西太后不一样，秦始皇对中华民族做出过重要贡献，而西太后则干了太多的祸国殃民的坏事，秦始皇筑长城与西太后建颐和园的目的也不一样，一个是为防胡，一个是为个人享乐。总之，终究不能用一项工程的伟大来证明工程下令者的伟大，因为这样的逻辑不能成立。

时下，我们对秦始皇是少骂一些，还是少赞一些？从历史学上来说，这不是个问题，只要把史实考证清楚，当赞处则赞，当骂处则骂就是了。在这里，求真求实是唯一的原则。但从当今社会的现实情况来看，我以为还是少赞些为好。因为，我以为，对秦始皇,除了要实事求是地说明他的功过以外,还应该特别认识到,秦始皇的那一套专制思想与我们所提倡和所要建设的"民主的文化"(张闻天、毛泽东都讲过这个命题)和民主政治,完全是背道而驰的。我们要建设先进文化,就必须与韩非、秦始皇的那一套专制主义政治文化彻底决裂。所以,我说对秦始皇要少赞。此外,还有一个原因,就是张君艺谋等大腕已经把秦始皇赞得可以了,秦始皇的头上已经戴上了"为国为民"的大"英雄"之类的桂冠,所以,也没必要再多赞了,否则,连秦始皇本人也会不好意思了。

(刊于《随笔》,2007年第6期;《炎黄春秋》,2008年第3期)

略窥宋金时代的留发不留头

满族入主中原之初,厉行汉人薙发(即剃发)政策,不是刀飞发落,就是刀飞头落,正所谓"留头不留发,留发不留头"。但人们鲜知,再往上倒数500年,宋金时代的女真族也曾实行过对汉人的薙发政策。

南宋人徐梦莘所撰《三朝北盟会编》卷一二三记:"时方金人欲剃南民顶发,人人怨愤,日思南归。又燕地汉儿苦其凌虐,心生离贰,或叛逃上山,或南渡投降。"这条史料所记时代,是南宋与占据中原的女真族金人政权对峙的时代。所记"南民""燕地汉儿",都是原来北宋政权下的汉人,北宋亡后,成了金朝之民。金人要对"南民"实行剃发政策,结果"南民"人人怨愤,不愿剃发,并欲逃到南宋以避之。张政烺先生在《宋江考》一文中引用过这条史料,并说,类似的材料还有很多,都证明了当时女真族对汉族的压迫。但是,上面所引的这段材料,只是说"欲剃南民顶发,"那么,究竟剃了没有呢?

南宋人李心传所撰《建炎以来系年要录》卷二八记:建炎三年九月,"金元帅府禁人汉服,又下令髡发,不如式者杀之。"

建炎，是南宋高宗年号。此时，金朝为太宗年间。这条材料说明，剃发令在南宋高宗年间亦即金太宗年间，在北中国就下达实施了。"不如式者杀之"，就是留发不留头。

这里又有一个问题：《三朝北盟会编》记的是"剃顶发"，《建炎以来系年要录》记的是"髡发"，两者是否一回事？是的。两者都是指按照女真人的统一发式剃发。髡，本是上古时代一种剃去头发的刑罚，如《楚辞》所记"接舆髡首"。《建炎以来系年要录》是汉人所撰史书，以"髡发"称剃发，当含有指剃发犹如髡发之刑之意。

女真人的"剃顶发"是什么模样呢？简单说，与清代满族人的剃发留辫差不多。但这里所说的，都是指男人。《三朝北盟会编》卷三记：女真"妇人辫发盘髻，男子辫发垂后，耳垂金环，留脑后发，以色丝系之，富者以珠玉为饰"。《大金国志》又记：金人"辫发垂肩，与契丹异。垂金环，留颅后发，系以色丝，富人用金玉饰。妇人辫发盘髻。"可以看出，女真族男人的发式有两个特点，一是"留颅后发"（"留脑后发"），二是梳辫子。具体说，就是剃掉头颅前部的头发，而用留下的脑后的头发梳辫子。这种发式，与满人的剃发留辫大体相同。满人剃发，先于额角两端，引一直线，再依此直线剃去线外之发，再将留在颅后的头发编成发辫。有人管这叫作"半剃半留"。留下线内之发，大体同于《三朝北盟会编》和《大金国志》所说的"留脑后发"和"留颅后发"。于此可知，满人基本继承了女真人的发式。满人不仅继承了女真人的发式，清廷还继承了女真政权压迫汉人的剃发政策，制造了以扬州十日、嘉定三屠为代表的无数血案。

上古以来，汉族一向束发，且有"身体发肤，受之父母，不敢毁伤"的儒家古训。这既是民族风习，也是民族心理，理应受到尊重。但女真人和满人政权都以血腥的暴力强迫汉族人改从自己的风俗，以求达到从根本上统治汉人的目的。这个根本，就是要通过消灭汉人的外在标识，泯灭汉人的民族意识。但结果呢，留了260多年的辫子还是被革命军的剪刀剪掉了，腐朽的清政权也被孙中山领导的辛亥革命推翻了。

有人说，岳飞已不能算是民族英雄了，袁崇焕、史可法也不算了，而秦桧和吴三桂，自然也就算不上汉奸了。但若是披览一下宋金时代和清初的血腥的剃发史，就会得出完全相反的结论，那就是：必须要维持历史的原判——民族英雄还是民族英雄，汉奸还是汉奸。

（刊于《历史档案》，2006年第2期）

写入青史总断肠

张献忠是明末农民起义领袖之一，自号八大王，与自号"闯将"的李自成齐名。但在我心里边，这双雄之中，李自成要比张献忠可爱可敬。我不喜欢张献忠，更说不上敬重，虽然他也是起义领袖。原因就是一个，他嗜杀。关于张献忠之嗜杀，史料上是明明白白记着的，虽然有的史料夸大其词，但要想根本上抹掉张献忠嗜杀之名，恐怕很难。因为毕竟有大量史料讲了实话，记录的是实情。但是，曾经盛行一种倾向：因为张献忠起自寒微，造反有理，便有论者以"两个凡是"的理论为之回护。这"两个凡是"就是：凡是起自寒微者，造反皆有理；凡是寒微者造反，即便是乱杀、乱施酷刑，也有理，可以原谅。这实际是一种左倾教条史观。

造反有理

必须要承认，张献忠确实造反有理。在这一点上，张献忠与李自成一样，都是造那个腐朽无道的朱明王朝的反的英雄。张献忠,肤施县(延安)人,造反以前他的经历,史料记载纷纭,大体说来,他自幼家贫,贩过枣子,干过铁匠,当过流丐,干过捕快,做过边兵,进过大狱,挨过刑杖,是一个生活在社会底层,有游民经历,又有衙门经历的身份复杂的人物。他造反有理,可以从两个方面来看。一是他所参加的农民造反是有理的。他汇入了这个造反的洪流,且成了造反领袖,所以他的造反便当然有理。明末农民造反,那是货真价实的逼上梁山,不得不反。明朝到了崇祯的时候,朝政真是腐败到了极点,皇帝昏庸,阉党横行,"官以财进,政以贿成",土地高度集中,以致"富者动连阡陌,贫者地鲜立锥",官府"催比钱粮,血流盈阶",加之连年天灾,草木枯焦,使得百姓无衣无食,饥寒交迫,以致易子而食,死亡枕籍。张献忠的家乡延安府,更是天灾人祸的重灾区,一切人间苦难都达到了极致。

有一段惊心动魄的历史记录,可以让我们看到明末农民起义不可能不发生,李自成、张献忠们不得不造反。这是见于计六奇《明季北略》卷五、雍正《陕西通志》卷八六、嘉庆《延安府志》卷七二的一段记载。三书文字略有不同,此录《陕西通志》的记载如下:

>……更可异者,童稚辈及独行者一出城外,更无踪影。后见门外之人炊人骨以为薪,煮人肉以为食,始知前之人皆为其所食。而食人之人亦不数日面目赤肿,内发燥热而死矣。于是,死者枕籍,臭气薰天。……小县如此,大县

可知；一处如此，他处可知。

> 官司束于功令之严，不得不严为催科。……则见在之民止有抱恨而逃，飘流异地，栖泊无依，恒产既亡，怀资易尽，梦断乡关之路，魂消沟壑之填，又安得不相率而为盗者乎！此处逃亡于彼，彼处复逃之于此，转相逃则转相为盗。此盗之所以遍秦中也。

明末老百姓所受的这种奇苦，真令人毛发倒竖，冷汗沾衣！文中所说的"盗"，有可能是李逵，也可能是李鬼，分不清了。反正老百姓被逼得不得不反了。这种造反，焉能没理？实乃顺乎天理，应乎人心，一场伟大革命也。对于历史发展，是有一定推动作用的。正是缘于此，张献忠可以称之为造反英雄。此张献忠造反有理之一方面。

第二方面，是从他造反的直接动因来看。张献忠造反前，当过延安府的"快手"即捕役，常常受到同事的欺侮，有不胜压抑之感，某日，他"拊髀叹曰：嗟，大丈夫安能久居人下耶！"（康熙六年《陕西通志》卷三十《杂记·盗贼附》）于是，决然舍掉捕快这个饭碗，参加到造反大军中去。从张献忠的造反动机看，他不像那些生活惨透了的饥民，是穷则思变，而是觉得自己地位卑微，大丈夫之志不得伸，是"卑（卑职、卑微）则思变"。他的大丈夫之志，固然不敌刘邦看到秦始皇车驾后所说的"大丈夫当如此"那样气派，但也表现了他渴望做人上人的鸿鹄之志。

为了自己不久居人下，为了奔更大的前程，他必须造反，必须领导那些饥民去造反！这便是张献忠自己算盘中的造反有理。

张献忠的确造反有理，那么，是否卑微者、社会下层人物造反皆有理？未必。比如，明清时期下层民众的造反活动，相当多的是秘密教门和秘密会党发动的，他们的造反就未必都有理。我的老师、研究中国秘密社会的专家秦宝琦先生，曾举过这样的例子："清代秘密教门的造反活动，都是在'末世论'（天盘三副说、龙华三会说和三期末劫说）的鼓动下发生的，其宗旨无非是为了推翻封建的世俗统治，建立以教主为首的封建神权统治。"诚哉斯言。秘密教门的确是造了封建官府的反，但造了反又要干什么？要建立神权的统治。虽然舍得一身剐，敢把皇帝拉下马，但拉下皇帝，却要扶上教主。皇帝毕竟是世俗的统治，这神权的统治，较之世俗统治，无疑是反动落后的。这就好比奴隶主反对地主，虽打击了地主，却是反动的、没理的。秘密教门怎么能推动历史发展呢？看不出来。没推动，这造反就没理。后来，秘密教门蜕变为一贯道、同善社，专门与人民政府作对，造人民政府的反，这其实是他们历史上的造反的延续，宗旨还是要建立他们那个教主统治的社会。这个事实说明，关于造反有理的那个第一个"凡是"——"凡是起自寒微者的造反皆有理"的理论，是站不住脚的。

张献忠的造反，与秘密教门的造反，当然截然不同。张献忠造反虽有个人目的——这一点可以忽略不计，因为旧式的农民领袖大抵如此；但他领导的农民造反却是天公地道，合乎人心、顺乎潮流的，所以是有理的。认定张献忠造反有理，当然并非是那个"凡是起自寒微者造反皆有理"的"凡是"理论在起作用，而是他的造反的确有理。

张献忠式剥皮

张献忠固然造反有理，但并不意味着他胡乱杀人、残酷暴虐也有理。那两个"凡是"的第二条——"凡是寒微者造反，即便是乱杀、乱施酷刑，也有理，可以原谅"的理论，更是站不住脚的。张献忠的残酷暴虐，不仅是违背天理，违背人性之常，而且是有罪的。

这要从鲁迅评论张献忠说起。鲁迅在《晨凉漫记》里说，张献忠看到李自成进了京，清兵进了关，自己只剩下没落一途，便开手杀，杀，杀人……鲁迅说，"他杀得没有平民了，就派许多较为心腹的人到兵们中间去，设法窃听，偶有怨言，即跃出执之，戮其全家（他的兵像是有家眷的，也许就是掳来的妇女）。以杀治兵，用兵来杀……"这是鲁迅看了《蜀碧》一类关于张献忠屠蜀的书，留下的印象。鲁迅是相信张献忠"嗜杀"的，并推测了张献忠嗜杀的原因。鲁迅还把张献忠剥人皮的方法，称为中国剥皮史上的一式——"张献忠式"，与朱元璋的"剥皮实草"和"孙可望式"并列。这"张献忠式"是怎么个剥法呢？清人彭遵泗《蜀碧》是这样写的：

> 又，剥皮者，从头至尻，一缕裂之，张于前，如鸟展翅，率逾日始绝。有即毙者，行刑之人坐死。

我曾写过一篇谈《蜀碧》的文章，引了这条材料，惊叹刽子手剥人皮，就像庖丁解牛，就像深通现代解剖学一样。现在再看这条材料，我又想到，干这剥皮刽子手的活儿也真不容易，剥了皮却又不能让被剥者马上死掉，否则自己就要被杀。清人李馥荣《滟滪囊》也记载了这一剥皮规矩："立剥皮惨刑，剥人未竟而气先绝，执刀者死。"前引《蜀碧》所说的"即毙"，即这里所说的皮还没剥完就先断气。这种连刽子手也可能受株连的剥皮规矩，是多么的残毒！

《蜀碧》是清代文人彭遵泗写的，按照有些史家的论史法，彭是封建文人，肯定要站在反动立场上说农民起义的坏话，所以，他的张献忠剥皮之说不可信。我也曾受此论影响，将信将疑。我曾在人民大会堂大厅看过电影《双雄会》，里面的张献忠与李自成一样，是多么伟岸的英雄，怎么能让我相信他会创造出"张献忠式"的剥皮？可鲁迅相信。其实，鲁迅才是最理性的，所以才说出那些虽冷峻却是尊重历史的话。试想，在清朝，哪本书不是文人写的？哪个文人不是所谓"封建文人"？如果他们是"封建文人"就是原罪，他们的书都不可信，那么，也就只有焚书坑儒一途了。

张献忠之剥皮法,也不只《蜀碧》及《滟滪囊》里记着,另一清人欧阳直的《蜀警录》里也记得分明:

> 献忠……又自创为小剥皮法,将人两背膊皮自背沟分剥,揭至两肩,反披于肩头上,不许亲戚人等与饭食,赶出郊外,严禁民间藏留,多有栖古墓,月余而后气绝者。

比较《蜀碧》所记,其不同者,一曰逾日气绝,一曰月余气绝,总之,这种剥皮法并不是让人立马死掉,而是慢慢痛苦地死掉,其宗旨就在于让受刑者不得好死。

《蜀警录》除记载了张献忠自创"小剥皮法"即鲁迅所说的"张献忠式"之外,还记录了张献忠继承朱元璋惩办叛逆、贪官时所用的"剥皮实草"法,杀戮明朝王公、官吏、乡绅及自己的属下将弁的情节。记云:

> 初,献贼入蜀王府,见端礼门楼上奉一像,……讯内监,云明初凉国公蓝玉蜀妃父也,为太祖疑忌,坐□谋反,剥其皮。传示各省,自滇回。蜀王奏留□□□楼,献忠遂效之。先施于蜀府宗室,次及□□文武官,又次及乡绅,又次及于本营将弁。由是剥皮之刑繁兴矣。凡所剥人皮,掺以石灰,以实稻草,植以竹竿,插立于王府前。街之两旁夹道累累,列千百人,遥望若送葬俑……

对这段记载中的"列千百人",我曾怀疑是否夸大,但又苦无反证，所以姑且大体信之。材料所记，真是令人毛骨悚然，剥了皮，又塞上稻草，弄成人形，还立起来展览，真是酷虐到了极点。从这段材料看，是明初重臣蓝玉的亲属被剥了皮，立了像，被张献忠看到了，于是张献忠便照方抓药，大兴起剥皮之风，先是施之于阶级敌人，尔后便扩大到属下将弁。此时，张献忠是按照"朱元璋式"来剥皮的，这是一种守旧的办法，后来，他别出心裁，自创出了"小剥皮法"，即前述的"张献忠式"。这"张献忠式"是鲁迅给他取的专利名称，别人是拿不走的了。

滥杀种种

张献忠之所以留下嗜杀滥杀的名声，我以为不单是指他杀人多，还在于他杀了很多不该杀的人——普通的无辜的老百姓，再有，就是他杀人的名堂多，花样多，残忍酷虐至极。

关于张献忠杀人的人数，史学界曾反复论辩。我的看法是，《明史·张献忠传》里说他"共杀男女六万万有奇"，肯定是不可信的，因为全中国那时也没有那么多人，这是历史人口统计学所证明了的；至于某些方志、笔记里所说张献忠杀人直杀得"流血若奔涛，声闻数里，锦江尽赤，河水不流"，只能看作是一种夸张或形容，是一种文人笔法，不可坐实，但却可从中看出，张献忠确实杀人不少。而究竟张献忠杀了多少人，今天纵然是使用什么样的号称科学的方法，恐怕也不可能弄清楚了。但总归可以下一个结论，张献忠杀人是杀得极多的。清朝初年，"湖广填四川"，大移民。原来的四川人都到哪儿去了？为啥快没了？战乱所致。清军、明军、农民军、民间反清力量，彼此间交错杀戮，直杀得一个四川盆地快成空盆儿了，需要用外地人来填。其中张献忠杀人太多，肯定是一个重要原因。但人们常常回避这一点。我看过几本移民史的书，对此大都语焉不详。我猜测，这大概也与"凡是"有关。

张献忠杀的人，很多很多确实该杀。那些喝老百姓血的王公贵族、贪官污吏、土豪劣绅，不杀不足以平民愤，况且革命不是绘画绣花，杀便杀了，谁让他该死。张献忠不仅是造反有理，杀这些人也有理。然而张献忠并没有及此而止，他的屠刀又砍向了很多很多无辜的老百姓。

例如，大顺二年十一月，他布下圈套，借口举行"特科"，命令各府县将生员一律起送成都，结果，到齐后"被歼无遗"，五千多人杀个精光。这就是有名的大慈悲寺屠戮士子事件，又叫青羊宫事件。康熙《四川成都府志》卷一○、清李馥荣《滟滪囊》等多种书籍记载了此事。这是继秦始皇焚书坑儒以后，又一起集体屠杀儒士的事件。秦始皇才坑了三四百人，张献忠则超过了秦始皇十多倍。张献忠还曾血洗成都，把整个成都杀得几乎无人居住。《圣教入川记》记载了外国传教士亲眼目睹的惨痛情况：

一六四五年十一月二十二日，张献忠下令除大西政权官员家属以外,成都"城内居民一律杀绝"。第二天,"各军人皆奉命认真严剿,毫不容情。……各军分队把守城门,余军驱百姓到南门就刑"。"被拘百姓无数集于南门外沙坝桥边。一见献忠到来,众皆跪伏地下,齐声悲哭求赦云:大王万岁!大王是我等之王,我等是你百姓,我等未犯国法,何故杀无辜百姓?何故畏惧百姓?我等无军器,亦不是兵,亦不是敌,乃是守法良民。乞大王救命,赦我众无辜小民,云云"。张献忠听了,"不独无哀怜之意,反而厉声痛骂百姓私通敌人。随即纵马跃入人中,任马乱跳乱蹄,并高声狂吼:该杀该死之反叛!随令军士急速动刑。冤乎痛哉,无罪百姓齐遭惨杀。……锦绣蓉城顿成旷野,无人居住,一片荒凉惨象,非笔舌所能形容"。"献忠剿洗成都后,旋即传令晓谕各乡场镇村庄之民,均可移居成都城内为京都居民。"(引自顾诚《明末农民战争史》第十四章《大西军在四川》,中国社会科学出版社1984年版)

这是一次真正的屠城,让人想到了屠嘉定,屠南京。中国历史上的屠城,或为内乱,或为外患,但老百姓在屠城时遭殃,则一也。但按照有些人的说法,张献忠的屠城只可叫作"过火行为",叫"扩大化"。但过火到如此程度,扩大到屠光全城,这不是反人民,与人民为敌又是什么?

张献忠不光杀人多,还杀出了花样,杀出了新名堂,其手段之残忍酷虐，令人不忍闻，闻之则会嗔目发指。"小剥皮法"已经说过了，这里再举几条新的材料。

> 杀人之名：割手足谓之匏奴；分夹脊谓之边地；枪其背于空中，谓之雪鳅；以火城围炙小儿，谓之贯戏。抽善走之筋，断妇人之足，碎人肝以饲马，张人皮以悬市。
>
> ——《蜀碧》

匏奴、边地、雪鳅、贯戏，皆张献忠们给自己的杀人花样所取的名称，完全是杀人取乐，以残酷为戏。抽筋、断足、挖肝、剥皮，更是拿人当牲口一样屠宰。

> 贼遇病弱者，多割鼻斫手。斫手之令：男左女右。若误伸者，两手俱斫。至小儿幼女，弃道旁，衬马蹄；或掷之空中，以刃迎之。
>
> ——《蜀碧》

本是病弱之躯，再割鼻砍手，纵是不死，何以过活？杀戮儿童之法，完全是在做杀人游戏。

> 忽一日杀从官三百，或言其太甚。献曰："文官怕没人做耶！"因朝会拜伏，呼獒数十下殿，獒嗅者，引出斩之，名曰"天杀"。
>
> ——《蜀碧》

数十条恶狗在殿前人群中嗅来嗅去，多嗅者便斩杀之，这是何等恐怖的场面。杀官如此，民又如何，可以想见。竟曰"天杀"，可见其心理之诡异、险毒。

> 八月乡试，献忠自出题云"以兵胁蜀"。……倘违期及姓名异者，连坐十家俱死。别罪轻重，轻者割耳、劓鼻、断手足；次重斩首；再重凌迟，或当磔，别定刀数，割肉如鹅眼大，三五百刀之刑，数满者辄舍之；极重者剥皮实草。
>
> ——《滟滪囊》

不过是考试误时或报名环节上有问题，竟遭如此严重的株连和毒刑，竟同于明朝大逆谋反罪的惩罚，何其毒也！套一句"苛政猛于虎"，张献忠是"酷刑猛于明（明朝）"。这些遭刑的士子大概会如那些可怜的捕蛇者，宁愿饲虎也不愿遭此酷刑。这是张献忠又一次"坑儒"事件。

类似上面所引的张献忠花样翻新地残酷杀人的材料，还有不少。每每看这些材料，我总是心生疑问，一个农民起义领袖，能这么残忍吗？能这样肆无忌惮地杀人吗？但是，遗憾得很，也许是我孤陋寡闻，我没能找到可以推翻这些材料的材料。在我所看到的即使是总想为张献忠说好话的史学家的著作中，也很少有人否定张献忠杀人之多之酷，只不过是想用"扩大化"或"过火"等语一床锦被盖过罢了。我又转念一想，张献忠这么杀人也不奇怪，张国焘、夏曦、李韶九不是也很残酷，也杀了大批我党的忠诚战士吗？何况张献忠这么个不怎么样的旧式农民起义领袖了。

从张献忠杀人的数量和手段看，他似乎面对的不是人类，而是鸡犬豕羊之类的家禽牲口，他是在用屠宰牲畜的方法杀人。有位学者说，"乐杀人"者张献忠，与"传说中的魔鬼的化身"（马克思语）可有一比。我觉得，这话说的不错。张献忠如此杀人，是在反人类，用今天国际人权事业的眼光来看，他是犯了反人类罪。从张献忠本人的言论中，也可以看出他由来已久的不把人当人，而是把人当作牲畜来杀的心态。清人抱阳生《甲申朝事小记》卷七《张献忠记》记微时的张献忠云："……献忠依丐徐大为活。尝窃邻人鸡，偶见詈之。献忠曰：'吾得志，此地人亦如鸡焉。'其残忍之心，少年已萌。"记录者的评语是有道理的，少年时的张献忠便已萌发了杀伐残忍之心。在少年张献忠的心里，便已悬着一个志向：自己一旦得志，便要杀人如宰鸡，而且不仅是杀掉责骂自己的人，而是整个"此地人"皆"如鸡焉"！

鲁迅在《阿Q正传》中写了阿Q的革命，那革命便是杀、杀，彻底地杀：赵太爷，杀，秀才，杀，假洋鬼子，杀，小D，杀，"留几条么？王胡本来还可留，但也不要了"。这些阿Q要杀的人中，既有阶级敌人，也有阶级兄弟，但统统要杀。张献忠的杀人，就很像这阿Q。他们都是在搞红色恐怖。但阿Q比起张献忠来，可真是小巫见大巫了。有人把张献忠的种种恐怖行为统名之为"革命暴力"，还说列宁有话，"革命没有恐怖不行"。但张献忠那种杀人法儿，可以用"革命暴力"一语来概括吗？列宁所说的"没有不行"的那个恐怖,就是张献忠那种恐怖法儿吗?

"老万岁"

张献忠的刚狠残暴,与他造反前的经历有很大关系。他贩枣、打铁,还算是正当职业;当流丐,偷鸡摸狗,就是游民无赖的勾当了;当捕快时,肯定折磨过人犯;进过大狱,又曾受人折磨。张献忠的这些经历,使他成了一个"豪杰、盗贼之性兼而有之"(赵翼评朱元璋语)的人。在这一点上,他颇像朱元璋。但在杀人上他又和朱元璋有很大区别,朱也杀人,是杀功臣,杀贪官,但不滥杀老百姓,不是杀人狂。张献忠则是杀人狂。在朱元璋和张献忠身上,都有很重的游民气、流氓气,造反前,他们都可以说是流氓无产者。也正是因为他们的这个出身,促成了他们成为造反领袖。

中国历代的造反,往往是由游民或游民习气很重的人发动的,这些人在旧时常被称为"豪杰"或"无赖""豪猾",发动造反以后,大批农民加入,他们便成了人们所说的"农民起义领袖"。史学家吕思勉在《中国近世史前编·入近世期以前中国的情形》中写道:"历代的乱事,其扩大,往往由于多数农民的加入,其初起,往往是由此等人发动的。"(《吕著中国近代史》,华东师范大学出版社1997年版)说的正是这种情况。朱元璋、张献忠的造反情况,大抵如此。实际上,这类造反领袖与广大参加造反的农民,并不是完全一样的。这类造反领袖极易蜕变,朱元璋在驱逐了鞑虏,称帝金陵后不久就蜕变了。张献忠则在占据了成都以后,很快就蜕变了,弄了一大堆后妃和太监,又让人恭避"献"字和"忠"字,做起巴蜀小朝廷的皇帝来了。他原来自称八大王,嫌不够劲,又自称"老万岁"。"万岁"前面加个"老"字,好像显示着要盖过明朝皇帝和历代皇帝,就仿佛他是"老王麻子",比"王麻子"要厉害一样。

(刊于《随笔》,2007 年第 1 期)

八旗雄兵是怎样没落的
——八旗生计问题解析

史学家郭沫若曾经说过这样的话：为数不多的八旗军队竟能问鼎中原，战胜明王朝，清朝竟能统治中国达二三百年之久，这真是一桩奇事。（大意）但郭沫若没有提到，这些弯弓射月、铁骑奔突的八旗雄兵在不长的时间内就归于衰落，其实也是一桩奇事。

旗人是怎样衰落的？他们是沿着怎样的路径衰落的？个中原因究竟是什么？以往许多文章谈到这个问题时，多言八旗子弟提笼架鸟、吃喝玩乐等腐朽生活，并未谈及深层原因。我在读清史的过程中感到，若是从清朝历史上著名的"八旗生计问题"入手来剖析旗人的衰落史，可能更切中肯綮，甚至可以说是理解旗人没落史的一把钥匙。

在清代历史上，"八旗生计问题"非常引人注目，它几乎贯穿了清朝一代，也震动了整个清朝社会。八旗雄兵的没落史与这个问题的发生、发展，紧密相连，息息相关。

一、八旗生计问题是怎样发生的

1644年,清军入关,满族统治者夺取了全国政权。在这种民族大举迁居异地的情况下,他们解决生计问题的办法是圈地、占房和建立粮饷制度。

圈地,即在直隶、晋、鲁、川、陕、宁等省,用暴力手段圈占当地居民的土地,以及明朝贵族因战乱被杀或逃散后留下的空地。旗兵每人分得所圈土地30亩。所圈土地之上的房屋随之被占;北京内城的房屋也由八旗占据,汉族民人一概赶出内城。[1]各省一些驻防城市还建立了只有满洲八旗居住的满城。旗兵每人分到房屋两间。[2]八旗俸饷制度也逐步建立起来。旗官按九品文官级别领取薪俸,旗兵按五等级别领取粮饷。[3]没有当旗兵的是余丁(也叫闲散),不发粮饷,靠自家当兵者的房地和粮饷生活。

八旗兵丁所得的地亩,"足以养赡"。[4]或自家耕种,或设置庄头召民人耕种,自己坐收租谷。其所得粮饷也较为丰厚。总之,入关之初,八旗兵丁的生活状况还是较好的,其经济收入能够支付平时的吃穿花项及参战所需的械马衣甲之费。这时八旗兵的战

---

1 《八旗通志》初集卷23《营建志》。
2 《大清会典事例》卷1120八旗都统田宅。
3 《大清会典事例》卷249户部俸饷。
4 《大清会典事例》卷1117乾隆四年谕。

斗力较强，镇压了李自成、张献忠农民军和其他抗清力量，摧毁了南明朝廷。

但没有多久，从顺治末年至"康乾盛世"，八旗生计问题发生并越来越严重。许多八旗兵"田房率多转售于人"，[1]或者土地被政府收回，因而丧失了房地。失田者既无粮食收获，又"无尺土之租"，只能专食粮饷；失房者"赁屋而居"。结果，"一家之内，人浮于食，生计日难"。[2]饷银也不敷使用，许多旗兵欠了债。有的欠债者"用月饷收入的一半以上去支付借款的利息"，[3]生活非常艰窘。康熙年间，千余名贫困的八旗兵群集紫禁城神武门，脱帽请求朝廷救济，其中八人强行闯进御花园，险些酿成暴动事件。[4]

八旗生计问题发生的原因是什么呢？

首先，是由于入关之初战事频繁，旗兵参战军费不够，就将土地典卖给民人。尤其是满洲八旗，作战勇武，是八旗军队的主力，"一有警急，辄劳满旅"。他们"远涉或数千里，长征一二年，出兵之时，买马置器，措费甚难，凯还之日，马倒器坏，又须买补"。[5]顺治十五年（1658年）规定，出征、驻防披甲（旗兵），人各备马四匹。一匹马约值银10两，四匹即40两，相当

---

1 《八旗文经》卷27。
2 同上。
3 白晋《康熙皇帝》第23页。
4 同上。
5 《皇朝经世文编》卷35陈之遴《满洲兵民生计疏》。

马甲（骑兵）两年半的兵饷。经常购置更新器械的开支也很大，一个叫茶哈儿兔的马甲曾一次花了60两银子买鞍辔、鞍笼、弓箭、刀、撒袋和修理盔甲。[1]"月粮几何，堪此重费？"[2]不少旗兵靠借贷过活，而"称贷不能偿还，遂至穷迫"。于是只好典卖土地，支付军费，"以资生计"。马甲茶哈儿兔就因此出卖了房地。而那些出卖的因典期长、典价高而难以赎回的土地，所有权便转移到民人手里。到乾隆四年（1739年），"民典旗地至数百万亩，典地民人至数十万户"。十年（1745年），"旗地之典与民者，已十之五六"，[3] "地亩……近京五百里者，已半属民人"。[4]

其次，战争频繁还使一些旗兵无力照料自己的土地，结果土地被清政府收回。八旗兵出征作仗，多携带自家壮丁担负照管马匹和搬运衣甲器械等劳役，以至家中劳力减少，"致失耕种之业，往往地土旷废"。[5]结果清政府下令："清查壮丁四名以下，地土尽数退出，量加钱粮月米，其马匹则于冬春二季酌与喂养价银。"[6]失去土地的旗兵也就丧失了旗地收入，从而专靠粮饷营生。

复次，"康乾盛世"八旗人口的剧增，也是八旗生计问题发生的重要原因。由于清政府对旗人数字历来保密，"不当轻以示

---

1 中国第一历史档案馆藏（以下简称一史馆藏）：刑部尚书车克《题为私卖庄屯事》。
2 《皇朝经世文编》卷35陈之遴《满洲兵民生计疏》。
3 《皇朝经世文编》卷35舒泰《复原产筹新垦疏》。
4 《皇朝经世文编》卷35舒赫德《八旗开垦边地疏》。
5 王先谦《东华录》顺治卷22。
6 《八旗通志》卷62《土田志》1。

人"，[1]所以在清代官书或野史笔记中很难找到八旗人口增长的确切数字。但关于八旗"生齿日繁"及其对八旗生计产生不利影响的记载却俯拾皆是。乾隆朝大臣赫泰在《筹八旗恒产疏》中的话很说明问题："八旗至京之始以及今日百有余年，祖孙相继或六七辈，试取各家谱牒征之，当顺治初年到京之一人，此时几成一族，则生齿之繁衍可知，当日所给之房地是量彼时人数而赏者，以彼时所给之房地养现今之人口，是一分之产而养数倍之人矣。"[2]八旗人口的增长必然会造成没有粮饷收入的余丁数字大量增加，使原来"足以养赡"的房地和粮饷不敷使用。清朝兵制规定，旗兵的数额大体限制在20万左右。兵额不能随人口增长而增长，所以余丁数字增加。雍正六年（1728年），"汉军旗下人丁众多之佐领累数百人，有一生不得披甲者"。[3]余丁无粮饷来源，只好分食自家旗兵的粮饷，造成八旗兵丁生活水平的普遍下降。

二、清朝前期是怎样解决八旗生计问题的

清朝统治者一向认为："八旗为本朝根本，国家莫有要于此者。"[4]八旗的情况如何，会直接影响清王朝的统治。所以，清朝

---

1 《满族社会历史调查报告》（以下简称《报告》）下册第五辑第3页引《石渠余记》。
2 《皇朝名臣奏议汇编初集》卷145 赫泰《筹八旗恒产疏》。
3 《雍正上谕八旗》议覆雍正六年二月十七日。
4 《雍正上谕八旗》议覆雍正四年二月二十一日。

统治者在解决八旗生计问题上下过不小气力，花过不少本钱。早在八旗生计问题露头的时候，顺治十二年（1655年），户部尚书陈之遴就提出了"修农功""宽恤兵力""节省财用"三条解决办法，[1]但效果不大。康熙朝又采取了发放救济金的办法。采取措施较多的是雍正、乾隆两朝。包括回赎旗地、设立井田、实行养育兵制度、汉军出旗为民、赏赐和救济等措施。

回赎旗地。清政府为让旗人重获土地，"动支内帑，给价回赎"。[2]最浩大的回赎工作是乾隆十年至二十五年（1745年—1760年）的所谓"三次""四次"回赎。据统计，加上雍正朝回赎的在内，30年共赎回土地226824顷，花赎金3978005两银子。[3]同时还设立公产地，收来的租子分给各旗赈济贫困的八旗兵丁。乾隆二年（1737年）谕："朕前以旗人生计贫乏者多，将八旗入官地立为公产，收租解部，按旗分给，以资养赡。此等地内，有定鼎之初圈给八旗官兵开除田赋者，亦有旗人与百姓自相交易、出银置买、仍在州县纳粮者，原属不同，若入官之后，一概定为公产，不准民赎。"[4]起初，准许八旗官兵认买公产，但规定："旗人认买公产及回赎民典旗地均不许典卖与民人，违者将业主、售主均照隐匿地亩例治罪，地亩价银一并追出入官，失察之该管参

---

1 《皇朝经世文编》卷35陈之遴《满洲兵民生计疏》。
2 《雍正上谕内阁》雍正八年四月二十一日。
3 李华《清初圈地运动及旗地生产关系的变化》，载《文史》第8辑第93页。
4 《大清会典事例》卷1117八旗都统田宅。

领、佐领交部分别议处。"[1]乾隆四十四年（1781年），考虑到旗人有"偷行典卖与民人等弊，因改为不准官员兵丁认买"。[2]规定虽属严格，但因旗人典卖土地的原因未能解决，旗地"旋赎旋典"，大量旗地仍不断转移到民人手里，到咸丰二年（1852年）颁发"俱准互相买卖，照例税契升科"的《旗民交产章程》的时候，旗地转为民地就合法了。

设立井田。雍乾两朝都采取过派京旗前往井田垦种的办法解决八旗生计问题。井田之地是官有旗地。雍正二年（1724年），在固安、新城、霸县等地设立井田，"将无产业满洲五十户，蒙古十户，汉军四十户，共挑选一百户，前往种地，此拨去之人自十六岁以上，六十岁以下，各授田百亩，周围八分为私田，同力同养公田"。这百亩公田三年之后再征取粮谷。[3]五年（1727年），又"将旗人中无恒产在京闲住，倚靠亲戚为生"者，和"拖欠钱粮及为非犯法枷责治罪革退官兵"发往井田。[4]由于这些旗人多为"游手无艺，不能当差之人，到井田后，仍不能服勤力穑"，故大部逃亡。[5]乾隆朝又派京旗移垦东北拉林等地。原拟去三千户，实去二千户，去者中不能耕作者占十分之一，年壮而不谙耕作者十分之六七，力能耕作者只占十分之二三。这批人没

---

1 《八旗则例》卷3《户口·典买旗地》第25页。
2 《大清会典事例》卷1118八旗都统庄田。
3 《八旗通志》二集卷67土田志6第2页。
4 《八旗通志》二集卷67土田志6第6页。
5 《八旗通志》二集卷67土田志6第8页。

去多久,"逃回北京者甚众"。[1] 光绪年间仍有派往拉林等地垦种井田之举,但效果也不好。

实行养育兵制度。针对由于八旗人口增长造成余丁数字大量增加这一情况,雍正二年(1724年)建立了养育兵(又称教养兵)制度。建立这项制度,旨在增加兵额,即增加食粮饷旗人的数额,使一部分生计艰窘的余丁成为有经济来源的旗兵,而并非出于军事急需。养育兵名义上是后备军,也参加军事训练和戍卫,但军事作用不及正式旗兵,粮饷也少于正式旗兵。雍正帝对建立养育兵制度的原因及其内容说明较详:"八旗满蒙汉俱系累世效力旧人,承平既久,满洲户口滋盛,余丁繁多,或有人丁多之佐领因护军马甲皆有定额,其不得披甲之闲散满洲以无钱粮,至有窘迫不能养其妻子者。……再四筹度,并无长策,欲增编佐领,恐正项米石不敷。……今将旗下满洲、蒙古、汉军内共挑四千八百人为教养兵,训练艺业,所挑人等只给三两钱粮。"[2] 六年(1728年),又"施恩将幼丁挑为教养兵,令食钱粮,以为养赡"。[3] 后来又有"有米养育兵"和"无米养育兵"之分,人数由4800增至29207。[4] 这项制度,多少解决了一些余丁的生计问题,因而为后来历朝所采用,成为解决八旗生计问题的重要手段,也

---

[1] 《清高宗实录》卷600第33页下。
[2] 《雍正上谕八旗》议覆雍正二年。
[3] 《上谕八旗》雍正六年七月初八日。
[4] 《清史稿》第14册第3880—3886页。

成为八旗兵制的一项补充内容。

汉军出旗为民。乾隆朝曾用"汉军出旗为民",即减少在旗人数,从而减轻财政负担的办法解决八旗生计问题。自乾隆七年至二十一年(1742年—1756年)这十余年中,清政府频繁地颁发汉军出旗为民令。兹举要者如下:七年(1742年)令,"定鼎"后投诚者,"三藩"户下归入者,内务府包衣拨出者,招募之炮手,过继之异姓等出旗为民;[1] 八年(1743年)令,未经"出仕"及"微员"准出旗为民;[2] 二十一年(1756年)令,凡另记档案与开户人等,[3] 汉军在京甲兵闲散有愿往直省散处为民者,准出旗为民;[4] 二十三年(1758年)令,汉军中老年残疾、差使迟钝者,令其出旗为民;[5] 二十七年(1762年)令,从龙人员,如直省有可靠之处,任其随便散处,愿为民者听便,六品以下现任文官愿为民者听便。[6] 从历次诏令可以看出,出旗为民者范围很广,从士兵到官员皆有,兵丁皆有,且范围逐渐扩大,先疏后亲以至从龙有功人员。令下之后,出旗为民者甚众,畿辅地区曾一次出旗为民16000余。[7] 除出旗为民外,清政府还实行过出旗为绿营

---

1 《大清会典事例》卷115户口汉军改归民籍。
2 《清文献通考》卷20第5038页。
3 一史馆藏:《内务府奏案》第124包。
4 《八旗则例》卷3户口汉军出旗为民。
5 《清文献通考》卷20第5038页。
6 《大清会典事例》卷1115八旗都统户口。
7 一史馆藏:《内务府会计司三旗银两庄头处呈稿》。

兵的办法。

大量汉军旗人脱离八旗组织，说明八旗生计问题的严重性。只让汉军出旗，是为了确保嫡系满洲八旗及准嫡系蒙古八旗的生计不受影响。

赏赐和救济。康熙两次大赏，一次5415000余两，一次6554000余两。[1]雍正多次大赏，"每次所赏需银三十五六万两"。[2]此外，清政府还设立了"广善库""公库""米局"等救济性机构，还发放救济金，替八旗兵丁还债等。[3]总之，清朝前期采取过多项解决八旗生计问题的措施，有的措施收到了一些效果，但总体而言，还是杯水车薪，不能从根本上解决八旗生计问题。

三、清朝的衰败与八旗生计问题的恶化

嘉庆、道光以后，直至清末，八旗生计问题日趋恶化。这是整个清王朝日趋衰败的表现。咸丰二年（1852年）八旗饷银折发制钱，并搭放"铁制钱二成"。同治二年（1863年）起减成发饷："骁骑校等项官兵，按四成实银、二成钱折开放，技勇养育兵等，按五成实银、二成钱折开放。"[4]光绪、宣统年间，旗兵

---

1 《上谕八旗》雍正五年四月十三日。
2 《上谕八旗》雍正十年五月十七日。
3 《上谕八旗》雍正十年正月初九日。
4 《大清会典》卷254户部俸饷。

每年领粮四包,制钱、碎银按七成发放。按照光绪、宣统年间物价,所发钱粮只够维持一夫一妇的生活,子女一多便贫困不堪。[1]

八旗发放的粮食还常常质量低劣,难以食用。道光年间,京八旗曾发生"兵丁聚数百人或千数百人恃众入仓"以抗议米不堪食之事。[2] 同治六年(1867年)的一份奏折说:"所有粟米仍系廒底,米色霉变,且多土砾,实不堪食用。"[3] 名义上是按数发粮,实际根本不足数。

因此,到了清末,八旗兵丁的生活就更加困苦不堪。如青州地区八旗兵丁"因粮饷缺乏,已将所有物件变卖糊口,现在无可折变,衣敝履穿,形同乞丐","男妇赴乡乞食,死者甚多"。[4]

清朝中晚期八旗生计问题恶化的主要原因有三。一是财政危机。清政府为了镇压越来越多的农民起义,要支出大量军费,还必须偿还一系列不平等条约所规定的巨额赔款,因此造成国库空虚,财政空前紧张。于是不得不一再减成发放八旗兵的粮饷。二是此时社会阶级矛盾日益尖锐,旗人内部阶级分化加剧,上层旗人对一般八旗兵丁的剥削加重。早在雍正、乾隆年间,就有八旗"佐领、骁骑校、领催等在本佐领及兄弟佐领下指称兵丁钱粮放印子银(高利贷)"的情况,[5] 但都不如此时剥削得厉害。如光

---

1 《报告》下册第五辑第7页。
2 一史馆藏:《八旗都统衙门档·旗务·财经》。
3 一史馆藏:《八旗都统衙门档·旗务·财经》。
4 《清穆宗实录》卷88。
5 《八旗事例汇钞》旗债条。

绪年间，北京八旗的都统、参领、佐领、领催无不贪污、剋扣粮饷，吞没军费的数字无法统计。他们还勾结米商盘剥旗兵，因旗兵领的是难食的粗米，必须到碓房重碓，佐领即和碓房老板勾结，让碓房老板直接从仓中领米，再转给旗兵，他们从中捣鬼获利，而"兵丁所得无几"。三是由于八旗户籍制度松弛，民人冒入旗籍冒领粮饷，从而加重了八旗的负担。具体有两种情况，一是汉族民人贪食粮饷而设法冒入旗籍，二是旗人"抢养民人之子冒入旗籍，挑补钱粮"。[1] 道光初年（1821年），"查出官兵以民人而冒旗籍者已有二千三四百之多"。[2] 光绪年间，民人冒入旗籍的更多，以至有"八旗官兵，半系民人"的说法。[3] 这种现象说明具有民族隔离性质的八旗制度正在解体。

清朝中晚期，清政府也采取了一些解决八旗生计问题的措施。

其一，对旗官剋扣盘剥旗兵粮饷的现象进行整顿。其办法是：轮流点派办理俸饷的旗官，以防专擅，并出榜张贴其姓名；放饷时出示晓谕，告知旗兵放饷数目；严办贪污的领催和碓房奸商，警告其他贪污者。[4] 在八旗内部阶级分化和压迫日趋严重的情况下，清政府的这些措施几乎只等于几声微弱的恫吓。

---

1 一史馆藏：《八旗都统衙门档·旗务·调查户口》。
2 同上。
3 同上。
4 同上。

其二，整顿旗籍。首先，严格执行并加强既定的八旗户籍制度。编审户口三年一次，平时凡八旗官兵有子女满月后报佐领注册，满十岁上报都统注册，到比丁之年各旗佐领、领催编审丁册，册内要佐领、骁骑校、领催签名开写保结，然后盖都统印信。其次是采取具保、监察、惩办等措施。"每遇挑补兵缺，由各该佐领取具（办理），挑缺人等互相联名保结"；八旗都统派出耳目"秘密查访"，"严饬各佐领严询"，对已冒入旗籍但自首了的"及身而止"或"免其治罪"，但"如有隐匿，一经查出，定当治罪不贷"。[1] 在八旗制度日益松懈的形势下，这些措施的作用只是暂时和微小的。

其三，增加养育兵数额。随着八旗生计问题的不断恶化，养育兵的数额也不断增加。从一份记载光绪年间北京满洲镶黄旗兵额分配情况的档案中可以看出养育兵的比重。兵额分配情况是这样的：领催428人，随甲86人，弓匠长7人，鞍匠2人，通州领催1人，通州仓甲19人，马甲1562人，亲军158人，锻匠4人，网户拜唐阿8人，使晏马甲5人，清河仓甲6人，养育兵2227人，亲军校11人，镞匠1人，箭匠9人，粘竿拜唐阿3人，陆军部承差3人。在总数4630人中，养育兵有2227名，竟占半数。[2]

---

[1] 一史馆藏：《八旗都统衙门档·旗务·调查户口》。
[2] 《报告》下册第5辑第4节。

其四，放松八旗制度对旗人的束缚，允许旗民交产，允许旗人自由谋生。这项措施实行以后，从事小商贩、小手工业的旗人迅速增多。根据《北京地区满族历史调查报告》记载，19世纪末，北京的土木建筑、纺织刺绣、特种工艺等行业中都有旗人学徒和工匠。驻防各地的八旗与北京情况大体相同，如"羊城灯市，以旗人所制为最夥，且又最工，……借此稍获赢余"。[1] 这些情况表明，旗人通过生产劳动来解决生计问题是正确的道路。但清王朝没有及时让旗人走这条道路。

四、清朝基本国策决定了八旗生计问题不可能彻底解决

清朝统治者采取过那么多措施来解决八旗生计问题，为什么不能从根本上好转呢？所谓"国家以神武定天下"[2] 的基本国策，决定了这一问题不能根本解决。这一基本国策具体体现为：八旗军事驻防制度；八旗禁锢政策；八旗恩养政策。现逐项分述如下：

（一）八旗军事驻防制度决定了旗人当兵的出路。八旗军队分为京师禁旅八旗和外地驻防八旗。京八旗担负着"拱卫京师"

---

1 《驻粤八旗志》卷24杂记。
2 《八旗通志》初集卷26兵志一。

的重任，驻防八旗分布于省会、重镇、要塞，构成了全国的军事统治网。要担负起这项规模庞大而艰巨的军事重任，八旗组织必须全力以赴。雍正说得明白："士农工商，各执一业……（八旗）兵丁所司者，皆战斗之事。"[1]旗人的生活出路基本上只有一条：在八旗军队中任职当差，或当官，或当兵。挑补当兵者，平时训练戍卫，战时上阵打仗；未挑补上的余丁，也要帮助家中当兵者置备军械粮草。不论旗兵还是余丁，满族统治者总是告诫他们"勿荒骑射本业"，保持自己民族勇武的特征和军事传统。旗人，尤其是男性青壮年，自幼即受"斯巴达"式的军事国民教育，他们除了练武、戍卫、打仗之外，其他生活技能一概不会。整个北京城就像一座大军营，军事设施如八旗军队衙署、八旗营房、武器库、练兵场等占很大比重。八旗兵丁要严格按规定参加分操、合操、步射、骑射、演放枪炮、习吹海螺等训练和校阅。清帝也亲作表率，如木兰秋狝和西苑射猎。总之，八旗兵丁被死死限制在军事活动中。

这种军事制度给八旗生计带来什么影响呢？一是旗兵上阵打仗必然影响农业生产，以至丧失旗地。二是戍卫任务使大量旗兵驻扎在京城及各驻防城市，远离农村，即使有旗地在农村，也由于"身在京城，不能自耕"，而"有限之地，不可以设庄头"，

---

[1]《上谕八旗》雍正十年正月初九日。

差人讨租，往返盘费又多。[1] 所以旗兵逐渐失去和农业的联系，旗地在这种情况下也更容易丧失。三是旗兵的活动范围和内容使他们只能懂些军事知识，对生产技能则完全荒疏，一旦粮饷不足，生计成了问题，也不会用生产劳动的方式去解决。

（二）八旗禁锢政策使旗人不能从事生产劳动。这项政策对八旗生计的影响最强烈、最明显。旗兵不事生产尚可理解，余丁为何也不能从事生产而闲散无事呢？这就是八旗禁锢政策的结果。所谓禁锢，一是禁止旗人自谋生计，二是旗人活动地域的封禁。

清政府曾下令："我朝发祥以来，列圣垂训，八旗兵丁均以弓箭为生，必须永远遵行。"[2] 嘉庆帝在驳斥御史罗家彦请允许旗人从事手工业上疏时说："若如该御史所奏，八旗男妇皆以纺织为务，则骑射将置之不讲……于国家赡养八旗劲旅屯驻京师本计，岂不大相刺谬乎？"[3] 这些话把禁止旗人自谋生计的目的说得非常清楚。这就是说，旗兵，即使在贫困的情况下也不许在服兵役之外从事其他谋生活动；余丁，即使在没有生活来源贫困至极同时又闲散无事的情况下，也不许从事谋生活动。结果，"徒使之不士、不农、不工、不商、不民，而环聚于京师数百里之内，于是其生计日蹙，而无可为计"。[4] 应该说，不许旗人参加

---

1 《皇朝经世文编》卷35孙家淦《八旗公产疏》。
2 《重修成都县志·武备志》，同治年间刻本。
3 《清仁宗实录》卷324。
4 《皇朝经世文编》卷35沈起元《拟实务册》。

生产劳动和其他经济活动是八旗生计问题不能得到彻底解决的根本原因。

与禁止旗人自谋生计紧密联系的是对旗人的地域封禁。这是为禁止旗人自谋生计及其他自由活动，专事军事成卫服务的。其具体表现为：（1）居址的严格限制。例如，京师"所编八旗居址，界限甚清，且环拱星罗，法制綦重"。[1] 八旗按旗色定居内城各管区，各管区内又分为汛地，汛地内又设堆拨和栅栏。这种严格的区划，既为军事目的服务，又为限制旗人自由活动服务。这种居址限制的结果，使旗人无法与外界发生联系，更难以外出谋生。在全国驻防八旗所在地还有一些满族旗人独占的满城，禁止民人居住，例如成都满城，民人、旗人分居于大城小城，近在咫尺，却很少往来。这就限制了满人与汉人的交往与联系，使满人不能学到汉族的生产方法。（2）活动的严格限制。这是八旗制度的惯例，入关前，就有"从兵诸人，不准离旗，违者斩"的规定，[2] 入关后又重申："国初定，凡旗下人远离本佐领居住者，人口财物没入官，该佐领、领催各责罚有差。"[3] 以后又颁布了逃旗禁令，规定东北地区百里为逃，京旗不准旗人擅自离城四十里，各省驻防八旗不准离城二十里。对逃旗者"除严加缉捕外，捕获交刑部，依例治罪"。[4] 这些禁令大大限制了旗人的活动自由。旗

---

[1]《宸垣识略》卷5 内城一。
[2]《满文老档》卷6。
[3]《八旗通志》卷30 旗分志。
[4] 一史馆藏：《八旗都统衙门档·旗务·旗人逃跑》。

人逃旗，多是万般无奈，或是因官长压迫过甚，或畏惧征战的艰苦，但更多的是因度日艰窘想外出自谋生计。这些外出谋生的旗人被清王朝视为"不顾颜面"，"甘心下贱"，定例要严加缉拿，削除旗档，流徙远边。例如，雍正七年（1729年），镶蓝旗人徐瑶"因度日不过逃走"被捉回。[1] 九年（1731年），镶蓝旗人鄂里哈逃走被拿获，"咨送刑部"。[2] 光绪十三年（1887年），养育兵文奎逃走，"销除本旗档"。[3] 八旗兵丁对清王朝的限制十分不满，抱怨这"好像套上了黄辔头，是死是活都得由人家牵着"。[4] 地域封禁，简直是画地为牢，不给旗人一点活动的自由。总之，八旗禁锢政策的两项禁令使得生计困难的旗人无法参加生产劳动，自由谋生，因而八旗生计问题也无法根本解决。

（三）八旗恩养政策促使许多八旗兵丁厌恶生产劳动，追求奢侈生活，加剧了生计的恶化。与严厉的禁锢政策并行的是怀柔的恩养政策。清朝史书说"大抵于八旗，皆以国力豢养之。"[5] 豢养一词，甚为贴切。"八旗子弟，国之世仆"，[6] 这种主仆关系犹如主人与鹰犬的关系，为放鹰犬屏卫清王朝，当然要以国力豢养之。八旗恩养政策就是在经济上给予旗人优于民人的待遇和特

---

1 一史馆藏：《八旗都统衙门档·旗务·旗人逃跑》。
2 一史馆藏：《八旗都统衙门档·旗务·旗人逃跑》。
3 一史馆藏：《八旗都统衙门档·旗务·旗人逃跑》。
4 《报告》上册第二辑第 8 页。
5 《清史稿》卷 13 兵志。
6 《清朝续文献通考》下卷 26 第 7771 页。

权。具体表现很多，圈地、占房、食粮饷及各项挽救八旗生计的措施都是。例如，不但圈地后分给旗人丰足的土地，为了保持旗人永久的经济优势，又实行了旗地"永昭世守"的子孙承袭制和"永停输纳"的免赋税制。又如旗人的粮饷待遇也是较优厚的，清朝前期及稍后一段时期，一个马甲的粮饷能养五口之家，养育兵也能养一人。而且粮饷是"旱涝保收"的"铁杆庄稼"，有时还"添俸加粮"。即使清朝中晚期粮饷减成发放，比起缺少确定生活保障的民人还是胜过一筹。又如京旗屯垦本身即是照顾旗人，而具体办法就更加宽厚。光绪年间去双城堡屯垦的旗人由户部给治装银30两，再由本旗给津贴费15两，沿途车马皆由官府供给；到屯以后，每户给房四间，还给耕牛、农具、种子；还帮助盖窝栅、凿井。去呼兰屯垦，也是百般照顾，"布置妥贴，务使旗丁到屯便可安居乐业，毫无苦难"。[1] 政府用屯田的办法解决士兵生活问题在历史上有过多次，如曹魏屯田、元代屯田、明代军屯均是，但像清代这样优待士兵的却古来无有。至于赏赐和发放救济金，也很丰厚。清廷大臣允禄说：朝廷对八旗兵丁"若父母之育子，保惠殷勤。宿负，则屡免再三；特赏，则动盈千万计；其衣食，发内帑以资生赡；其喜丧，裕公储以待时用"。[2]

这种恩养政策使旗人"恃有天庚之供"[3] 而好逸恶劳，结果加

---

[1] 一史馆藏：《八旗都统衙门档·旗务·户口·户口咨询双城堡移居事》。
[2] 《上谕八旗》《允禄、允礼进表》。
[3] 《清文献通考》卷26户口。

剧了生计的恶化。例如许多旗兵"于关领钱粮后稍有敷余，惟图目前一饱，不复顾及身家"。[1] 或者"嗜酒沉湎，以至面貌改常，轻生破产，肆意妄为"。[2] 或者"以奢侈相尚，屋室器用，衣服饮馔，无不备极纷华，争夸靡丽"。[3] 根本"不思节省"，"不置产业"，不考虑长远生计。玩乐起来更是放荡不羁，或"沉湎梨园"，或"赌博于歌场戏馆"，或陶醉于"斗鸡、鹌鹑、蟋蟀之戏"，[4] 或提笼架鸟，养花吃烟，泡茶馆。"生活的意义在他们看来就是每天要玩耍，玩得细致、考究、入迷，他们一生像做着个细巧的明白而又糊涂的梦"。[5] 在追求奢侈生活的同时，则更加鄙视、厌恶生产劳动，而对坐食粮饷这种寄生性质的生活感到光荣。例如许多移垦井田的旗人"没有因优越的条件而自食其力，而是逃回了繁华的京城。京八旗炮手赵双寅宁可一辈子讨不上老婆，也不愿参加劳动。[6] 一些旗人对于不事生产的生涯还感到自豪，像《正红旗下》描写的那个家庭里的父亲所说的："咱们旗人，但分能够不学手艺，就不学！"[7] 结果只能是"生计日消，习尚日下"。[8] 八旗生计问题得不到解决，旗人贫困化、腐朽化现象加剧，八旗雄兵

---

1 《清朝续文献通考》下卷26第7770页。
2 《上谕八旗》康熙六十一年十二月十一日。
3 《上谕八旗》雍正二年二月初二日。
4 《上谕八旗》雍正五年四月十三日。
5 老舍《正红旗下》第16页。
6 《报告》下册第五辑第12页。
7 老舍《正红旗下》第16页。
8 《皇朝经世文编》卷35舒赫德《八旗开垦边地疏》。

日趋没落,八旗制度面临崩溃,这宣告了清王朝"以八旗为国家根本""以神武定天下"的基本国策的失败。

(本文原题《八旗生计问题述略》,原刊《历史档案》,1985年第1期。刊后有少量修改,本文为修改稿)

论明清以来的同乡会馆及其社会历史背景

明清以来，京师及全国许多都市和水陆交通要地，都建有同乡会馆。近代，随着大批华人移居海外，同乡会馆在海外也建立起来。同乡会馆具有浓厚的乡土性。这种乡土性，是社会历史上普遍存在的大量乡土性现象的典型表现，有着深厚的经济根源和社会根源。可以说，同乡会馆是窥视中国乡土社会的一个窗口。

人以乡聚与同乡纽带

同乡会馆是同乡人在外地的聚居之所，是以地域性的同乡关系即所谓"乡谊"为纽带建立起来的。

明清以来，由于商品经济的发展和科举制度的发达，士商流寓的甚多，而个人旅居、办事非常不便，于是同乡人便自然聚到一起，建立起凭借乡谊相互关照的同乡会馆。以京师的会馆为例，据《帝京景物略》卷四"稽山会馆唐大士像"条记载，会馆之设，始于明嘉靖、隆庆年间。《万历野获编》卷二十四《畿辅·会馆》载:"京师五方所聚,其乡各有会馆。"指明了会馆的同乡性质。在乡人们眼里,会馆就是异乡中的"故乡",一跨进会馆,顿生还乡之感。正如京师绩溪会馆的建馆序文所说:"凡人入他国,见同国之人而喜矣,人入他乡,见同乡之人而喜矣。以素昧生平,不习名姓,一旦询邑里,辄如骨肉相遇。"(《京都绩溪馆录》)在本乡感受不那么深的乡谊,在同乡会馆里则受到格外的珍重。同乡之人在会馆里被称作"桑梓弟兄"。京师福州会馆有副对联就是:"万里海天臣子,一堂桑梓弟兄。"正是这种所谓骨肉兄弟般的乡谊编织成同乡纽带,把同乡人从各处聚集到一起,共同筹划、集资,建立起只供本乡人食宿议事及从事其他各种活动的同乡会馆。京师长沙会馆建立时,"合郡人文,会逢其盛,同心协力,欢然交忻,莫不踊跃捐输"。(《京师长沙郡馆志》)安徽会馆创建时,捐款者"皆有桑梓",首倡者"登高一呼,和者百应"(《安徽会馆志》)。都是靠同乡纽带把人聚到一起并完成同乡"公益事业"的。

为了加强同乡纽带的牢固性,会馆常举行敦睦乡谊的活动。例如会馆一般都有团拜制度,每到年节或科考结束,分散的同乡就要聚集到本乡的会馆里观剧饮宴,畅叙乡情。《燕都杂詠注》云:"(北京)外城有各省郡邑会馆,每年新春团拜,及公车庆贺,俱于此演剧,所以敦桑梓也。"会馆还有祭祀神明的活动,《苏州新修陕西会馆碑记》说:"岁时伏腊,临之以神明,重之以香火,樽酒篚铺,欢呼把臂,异乡骨肉,所极不忘耳。"所祭神明很杂，大体有三类：乡贤；某行业的祖师；杂神。这几类祭祀都有统一人们精神，维系团结，敦睦乡谊的作用。

近代，在海外的华人社会中，也是人以乡聚，建有许多同乡会馆。例如，美国旧金山的华人统一组织"中华会馆"之下就有八个同乡会馆，每个华人都分隶于自己所在籍贯的会馆中。在组织上，除全体华人之事由八位同乡会馆的主席集议外，平时各会馆各自为政，"一切大小事，大率决于各邑之本会馆。苟非关于华人全体之利害，或甲乙两邑交涉者，不集'中华'"。(《新大陆游记》)由此可见，这些华人在国外，最基本的生活圈子还是同乡聚在一起。

同乡会馆所表现出的人以乡聚的组合原则和同乡关系的纽带作用，在明清及整个中国封建社会中是普遍存在的现象。在经济方面，明清时期社会上有许多商业团体都是以同乡关系为纽带组合起来的，某些行业也被这样的商业团体所左右。其中最典型的是同乡商帮。《清稗类钞·农商》"客帮"条说："客商之携货远行者，咸以同乡或同业之关系结成团体，俗称客帮。有京帮、津帮、陕帮、山东帮、山西帮、宁帮、绍帮、广帮、川帮等称。"所举这些商帮，显然都是同乡性的。左右某种行业的同乡商帮，如清代左右京师钱庄业的有浙东宁绍人开设的"四恒号"。北京的"厂甸书业，乾嘉以来，多系江西人经营"，后"代江西帮而继起者，多河北南宫冀州等处人"。(《琉璃厂小志》)可见以同乡纽带结成的商业团体，在经济活动中往往是很有力量的。

一些商业性的同乡会馆就是这些同乡商业团体的议事机关。

在政治方面,历史上有不少以同乡为纽带结成的政治和军事集团。如秦汉之际由江东子弟兵组成的项羽军事集团,明初淮西集团和浙东集团,近代的湘军和淮军集团,以及北洋军阀的皖系、奉系、直系等集团。特别是湘军和淮军集团,同乡纽带相当牢固,曾国藩、李鸿章以此笼络、聚集了大批乡民为之效命,并以此巩固了自己对部队的控制,加强了部队的战斗力,镇压了太平天国。曾国藩在创建湘军水师时说:水手"皆须湘乡人,不参用外县的,盖同县之人易于合心故也"。(《曾文正公书札》)据罗尔纲《湘军人物表》统计,在可考的156名湘军将领中,湘籍的有130人,占83%,其他省的有26人,只占17%。可见湘军主要是靠湘籍同乡关系的纽带组建的。李鸿章发起建立的安徽会馆,也是利用乡谊加强淮军集团内部团结的产物。孙中山先生在领导民主革命时也非常重视同乡关系的纽带作用,他曾设想以此作为团结全国人民的一个重要工具。他说:"中国人的家乡观念,也是很深的。如果是同省同县同乡村的人,总是特别容易联络。依我看起来,若是拿这两种好观念(注:另一种指宗族观念)做基础,很可以把全国的人都联络起来。"(《三民主义·民族主义》)

在社会生活方面,同乡纽带的作用也是很明显的。我国古代有所谓四喜:"久旱逢甘雨,他乡遇故知,洞房花烛夜,金榜题名时。"把"他乡遇故知"与生计、结婚、当官等人生大事并列，足见其在人们心目中的重要地位。这与许多同乡会馆的碑记常提到的"遇于外乡，其情尤洽"是同一种心理。清代，从外省迁到四川很多移民，这些移民在新的居住地仍按原来的籍贯形成集团，并有各自的会馆和独特的祀神，直到三百年以后的民国时期，这些同乡集团的地方观念仍十分强固。清末及民国以来，社会上还有大量的同乡会，其组合原则和同乡互助的宗旨，与同乡会馆是一样的。

在学术文化方面，以地名作为学术派别和文学艺术流派称谓的很多，如桐城派、阳湖派等，这既反映了学术文化的地域特征，也在一定程度上反映了同乡纽带在这些派别形成时的作用。

同乡互助与异乡隔阂

在同乡会馆里，乡谊不但促进了同乡之间感情上的融洽，也促成了不少同乡间互相帮助的"善举"。《潮州会馆记》说："我郡同人互相勉励，善保始终，尤会馆之第一要务也。"可见同乡互助精神在馆人心目中的地位。

同乡会馆里最突出的"善举"，是对于馆中同乡的疾病和死亡，大都有照料或殡葬等措施，"患难疾病相维持"是馆人互助的惯例。同乡人在会馆里病了，会得到同乡的照顾，有些会馆还备有治病基金。清代京师临汾会馆就规定：会馆"积有余金，设疗养院，资旅京乡人治病养疴之用"。同乡人死了，有时还要举行公祭。清人孙宝瑄《忘山庐日记》这样记载:"二十四日,起,阴云暗霭。赴全浙馆,同乡官为许大司马路祭,灵舆诣长椿寺,旗旛鼓吹引导二三里,观者阗咽。"同乡死后的遗体,会馆负责妥善处理,能运回家乡安葬的运回家乡,不便运回的则在义园里安葬。义园也叫义冢、义地,是同乡集资安葬同乡人尸骸的坟园。会馆大多设有这种义园。《重修正乙祠碑记》载,北京银号会馆(即正乙祠)"创作义事于永定门外,立土地祠旁有隙地为义冢,乡人殁而无归者,皆殡焉","每岁又有祭孤、修茔诸善举,莫不井井有条"。京师福州会馆义园的对联是:"满眼蓬蒿游子泪,一盂麦饭故乡情。"不但妥善安葬同乡亡人,还有祭祀和修坟扫墓之举,同乡人面对义园里满眼的蓬蒿,更产生出同乡互怜、互助的情感。有时会馆里还举行救济同乡的活动。1922年宁波闹水灾,旅居在北京的宁波同乡就在四明会馆里搞了募捐救灾活动。

同乡会馆所表现出的这些同乡互助的"善举"也可以在当时及古代社会中找到背景。唐代"大历初,关东人疫死者如麻。荥阳人郑损,率有力者,每乡大为一墓,以葬弃尸,谓之乡葬。"(《唐国史补》卷上)这种唐代乡葬与明清同乡会馆的义园一样,都表现出同乡互助的桑梓之情。宋代熙宁九年(1076年),陕西人吕大钧制定了以同乡互助为宗旨的《吕氏乡约》,其中的四大条款是:"德业相劝,过失相规,礼俗相交,患难相恤。"这些条款对后代发生了深远的影响,清人力钧就认为同乡会馆是"得乡约遗意"。在封建官场上，同乡互助的突出表现是"用人唯乡"。胡思敬《国闻备乘》"李文忠滥用乡人"条说："李鸿章待皖人乡谊最厚，晚年坐镇北洋，凡乡人有求，无不应之。久之闻风麇集，局所军营安置殆遍，外省人几无容足之所。"这种用人之法，集中地反映出晚清官场上普遍存在的"用人唯乡"的现象。

同乡之间的相互关照、帮助，也是一种普遍的社会心理。"官大一品，不压乡党""亲不亲，故乡人"等许多俗语及日常生活中的大量此类现象，都反映出这种心理。郭沫若就记述过本乡土匪关照乡人的事："土匪的爱乡心是十分浓厚的，他们尽管怎样'凶横'，但他们的规矩是在本乡十五里之内决不生事。他们劫财神，劫童子，劫观音，乃至明火抢劫，但决不曾抢到过自己村上的人。"(《少年时代》)有一次郭沫若的家被本乡土匪误劫，第二天，土匪就将东西送回，并附了一张道歉的字条。这个例子是有代表性的。

在对同乡会馆的考察中，既可以看到同乡互助的"善举"，也可以看到异乡人之间由于感情上的隔阂而相互排挤乃至争斗的情况。清代咸同年间，经营书业的江西帮在北京琉璃厂建有文昌会馆，光绪中叶以后，河北帮经营书业的渐多，足与江西帮抗衡，"而往文昌馆拈香者，辄被江西人所拒绝，北方书贾愤甚"，遂集资另建了一处文昌会馆，与之对峙。这件事，还只是异乡人之间发生摩擦，更严重的则是异乡人之间的殴杀。清人朱克敬《暝庵杂识》卷一记载了嘉庆年间湘潭发生的一起江西人与湖南人互相殴杀的事件，从中极可窥见双方心理隔膜之大。记载说，湘潭居交通要地，湘赣两省商贾汇集，其地有江西会馆，岁时演剧饮宴。湖南人入馆看戏时与江西人发生争执，"江西人潜招其众，合门共击湖南人，死者数百，伤未殊者，缚之。于是市人讹言曰：'尽杀湖南人矣，烹于镬矣，钉于柱矣，割舌而醢之矣。'……于是湖南人皆愤相告，民商、舟人数万，共毁江西人店肆，遇江西人即击杀之，奔哄喧呼，数日不绝。桥津关市，必考其音，非江西人乃得过，往往误死。……时论者皆谓当多杀湖南人"。异乡人不合，竟至万众动员，以死相拼，可见异乡人之间的隔阂有时会深到何等程度！

衣锦还乡与落叶归根

在同乡会馆里，经常充满这样一种气氛：哪个人科考顺利，仕途通达，便会受到同乡的羡慕和尊敬，这个人也因此而产生一种荣耀乡里的感觉。每当科考发榜，京师某会馆里有人中了进士，就要举行同乡团拜，欢宴演戏，大肆庆贺一番。同乡士人对新科进士称颂不已，认为这是本乡的荣耀；新科进士也在同乡士人的道喜声中顿感一步登天。有的会馆还在馆约中规定，会馆如有人中式，馆中的好房舍马上"让与新贵入住"。住在会馆里的士宦商贾，都是为做官发财才离开家乡的，衣锦还乡是他们梦寐以求的愿望。在会馆里，一旦谁成了"衣锦"的新贵，还没有真的"还乡"，就可以尝到衣锦还乡的滋味了。

同乡会馆里的这种气氛，从一个侧面反映了封建社会中普遍存在的衣锦还乡的心理。著名历史人物项羽、刘邦就是具有这种心理的典型。项羽在烧毁秦宫后曾打算班师回乡，他的想法是："富贵不归故乡，如衣绣夜行，谁知之者？"后来他遭到惨败，又羞于回乡，说"无颜见江东父老"，终于自刎。他如此看重同乡人的毁誉，竟以此作为战略决策的重要依据。刘邦则是实现了衣锦还乡的人。他在定都关中后曾特地回到沛县故里炫耀，在招待父老乡亲的酒宴上又唱又舞，还免去了乡亲们的赋税。秦汉时这种衣锦还乡的社会心理沿袭千百年，至明清仍非常普遍。据清宫最后一个太监孙耀庭说，他下决心当太监，就是因为看到了小德张衣锦还乡的气派，非常羡慕。由此可见他把衣锦还乡看得有多重，为此竟不惜摧残自己的身体！当然，大多数追求衣锦还乡的还是宦游的士人或行商。他们如果在外地做了官，发了财，大都要荣归故里，有的就在家乡定居了，有的则炫耀一番后又离开了故乡。乡里人对他们深为羡慕和恭敬。

但是，衣锦还乡还不是完全安于故乡，叶落归根才是最后的归宿。其表现主要是死后埋骨故乡和人老念故土的心理。为了帮助同乡归骨故乡，许多同乡会馆都设有停柩之所。北京文昌会馆《文昌殿神炉记》说："本会积有余款时，拟买义田，并拟建筑屋宇，以备同业（亦为同乡）之在北平亡故者，停厝有所；其贫无力者，悉得归骨故乡，洵盛举也。"吴江《徽宁会馆碑记》记载："以侨侣众多，或不幸溘逝，设积功堂，置殡舍，权依旅榇，俟其家携带以归。"同乡会馆为使乡人死后能归葬故土，大都要下这样一番集资、买地、建房的功夫。馆中乡人，尤其是那些"贫无力者"，是非常感谢和夸赞这种"盛举"的。

埋骨故乡是非常古老的礼俗，千百年来传之不衰。对于"死徙无出乡"的人来说，埋骨故乡是自然达到的；但出门在外的人就要想办法归骨故乡，如果是死在海外异邦，也要万里迢迢地把尸骨运回，为此罄尽财产也在所不惜。

民族英雄文天祥在北京就义，死前特别留下遗言，在他死后要按礼法"归骨故乡"，并写下了"狐死犹应正首丘"的诗句。清人阮葵生《茶余客话》卷二十一记载，某人死后暂葬在天津，过不久便迁坟移葬故里，原来此人死前特别叮嘱过：死后"必反吾骨故乡"，子孙要切记照办。在美国旧金山的华人社会中，有一种按籍贯组成的慈善团体，如南海县的福荫堂、番禺县的昌后堂等，"此等团体最奇，其目的甚简单，仅为客死于外者运骸骨归耳"，"每运一骨归，动需数百金。故此类之团体，蓄积甚厚。"（《新大陆游记》）

人老念故土，这种心理在许多文献尤其是文学作品里都可看到。如《后汉书·班超传》记班超"自以久在绝域，年老思土"。

尊奉乡贤与热爱故乡

奉祀乡贤是同乡会馆普遍举行的一项活动。乡贤主要指具有乡籍的"德行著闻"之士。历史上的乡贤又被称为"乡先贤"或"先贤"。被奉祀的乡贤除大多是与奉祀者同籍贯的人物以外，还有些是与奉祀者家乡多少有些关联的人物，如在某乡有政绩者及"流寓"者。有时某位乡贤同时被几个省或几个州县所奉祀。

会馆所祀乡贤的名字，在会馆碑记和馆志中多有记载。如《燕济会馆名宦传》序文说："博稽各省会馆之设，往往祀其乡之神圣仙灵，以隆祈报，而光闾里。如山西则祀汉寿亭侯，福建则祀天后，江西则祀许真人，以此例准之，则我两省所应祀莫若周公、孔子、太公、召公。"为奉祀乡贤，会馆里常设有专门的祭堂，堂中设置所祀乡贤的牌位，馆中乡人要定期敬拜致祭。如北京的绍兴会馆设有"仰蕺堂"，专门奉祀蕺山先生刘宗周；苏州的安徽会馆"于馆之中堂，并为两公（包拯、朱熹）神主"。（《新建安徽会馆碑记》）

同乡会馆奉祀乡贤的目的，一是"以隆祈报，而光闾里"，二是以先贤为风范，仿效其立身处世的准则。如吴江，《徽宁会馆碑记》说，奉祀朱熹是因为"皖人有迁居隶籍于吴，及侨居而遂家焉者，俾其子弟有所矜式，故谨祀焉"。三是为了"敦睦乡党"。即把同乡人共同奉祀的乡贤作为一种号召，以加强和巩固乡谊。如《重修江西会馆记》就说祭祀许真人是"借以叙桑梓之谊"。

同乡会馆奉祀乡贤之举，是自古以来社会上尊奉乡贤风气的缩影。据清人梁章钜《称谓录·故绅·乡贤》记载，魏晋时，"孔融为北海相，以甄士然祀于社，此称乡贤之始"。历代封建政府把奉祀乡贤作为实行教化的一项重要措施，非常重视。明会典上说，明朝政府曾下令各省巡抚对乡贤要"查勘釐正"，以保证质量。清代，谁入乡贤祠也要由有关衙门甚至皇帝亲自批准。据《乡贤崇祀录》记载，左都御史金德瑛死后入了乡贤祠，就是浙江巡抚专折具奏，嘉庆皇帝亲自批准的。明清时，社会舆论非常重视乡贤祭祀，时人有"乡贤之祀，关闾巷万口公论，关国家彰瘅大典"的评论。在民间还有一些自发的尊奉乡贤的活动，如清人龚炜《巢林笔谈》卷一记自己家乡有"品古会"，"月轮一人主之，临期分祭先贤祠墓"。

历史上被尊为乡贤的人很多。但由于尊奉者的立场和所持标准不同，所谓乡贤也是良莠不一，即使是真贤，人们尊奉的目的也有很大不同。例如，鲁迅和郭沫若景仰过的乡先贤都堪称是中华民族的杰出人物。鲁迅在青少年时代就深为故乡人杰辈出而自豪，他对抗清不屈的绍兴先贤王思任犹为崇敬，曾多次引用王思任痛斥汉奸马士英时说的"会稽乃报仇雪恨之乡，非藏垢纳污之地"来痛斥国民党反动派。他在《会稽郡故书杂集序》里还特别指出乡贤能激励后人的作用："书中贤俊之名，言行之迹，风土之美，多有方志所遗，舍此更不可见。用遗邦人，庶几供其景行，不忘于故。"郭沫若曾盛赞过四川的先贤给四川人带来的恩泽。他说："李冰的建设，文翁的教化，诸葛武侯的治绩，杜工部的创作，这些在我们四川庙食百代的伟人，给予我们四川人的感化，不是用数字可以表达出来的。四川人也不愧受了这些人的感化，委实是代有传人，特别在文学的贡献上，如汉代的司马相如、扬雄，宋代的三苏，在中国文化史上也要算是出类拔萃的了。"(《沫若文集·先乱后治的精神》)也有的乡贤虽属中华民族的杰出人物，但尊奉者却是以封建眼光去尊奉的。如燕济会馆以周孔太召为奉祀对象，就显然反映了浓厚的儒家正统观念。还有一些"乡贤"流品复杂，以至众说纷纭，人多指摘。明人朱国祯就提到当时有不少所谓乡贤"大率出于有力子孙遮掩门户，及无耻生员补醊之徒共成之，绝无足为重轻"。(《涌幢小品》)

同乡会馆在举行奉祀乡贤活动的同时，还洋溢着一种热爱和赞美故乡的气氛。京师四川会馆有副楹联，上联赞美风土："此地可停骖，剪烛西窗，偶话故乡风景。剑阁雄，峨眉秀，巴山曲，锦水清涟。不尽名山大川，都在眼底。"下联赞美人物："入京思献策，扬鞭北道，难望先哲典型。相如赋，太白诗，东坡文，升庵科第，行见佳人才子，又到长安。"一种爱恋故乡山川人杰的自豪感洋溢在字里行间。某地人文辈出，会馆里的乡人便夸赞自己故乡是文教之邦。如《新建广东南海县会馆碑记》说："晋郭璞言，南海盛衣冠之气。盖金山珠海，扶舆磅礴，人文辈出,共奋功名……"在文风相对较弱的地方的同乡会馆里,也并未减其自尊,家乡也自有堪以自豪之处。如《苏州新修陕西会馆记》说:"吾乡土厚水深,风醇俗朴,人多质直忼爽,词无支叶,不侵为然诺,意所不可,不难面折人非,而胸中朗朗,无几微芥蒂。以故四方之士,乐其易与而谅其心。"他们觉得,家乡的这种诚朴之气不是一样值得自豪吗?

　　同乡会馆里乡人赞美故乡、热爱故乡的种种表现,实际是中华民族的爱乡心这一民族心理的反映。这种民族心理有着深厚的历史渊源,并渗透在许多社会现象和文化现象之中。在古代,人们对故土的热爱最集中地表现为对社稷神即土神和谷神的崇拜。这种崇拜表达了人们视土地如命根子,祈求丰年和报答土地及其所生五谷养育之恩的深厚感情。早在西周时,"以血祭祭社稷"就成为国家的重要祀典,并确定了"右社稷,左宗庙"这种崇高的祭祀位置,以至社稷成为国家的代称。在民间,南北朝以至唐宋,有盛大的社日活动,宋代以后,州县乡村遍布土地庙或土谷祠。清光绪年间《重建文昌祠记》碑文说:"今天下自国都至于郡县,得通祀者,惟社稷之神。"在对社稷崇拜的祭礼活动后面,我们看到的是人们对故土,乃至对国土的热爱之情。在我国,"乡邦文献"一向特别发达,尤其是专门记载故乡山川风土人物事迹的地方志之发达,在世界上独一无二。在我国文学史上,描绘、赞美和怀念故乡始终是一项重大题材,并且产生了大量优秀作品,还形成了特色鲜明的"乡土文学"。这些文化现象实际都是爱乡心的表现。当然也应该看到，对故乡的热爱乃至偏爱有时也会转变为虚荣、自大等狭隘的乡曲心理。对此，鲁迅先生说过："中国人几乎都是爱护故乡，奚落别处的大英雄，阿Q也很有这脾气。"(《答〈戏〉周刊编者信》)

乡土性的根源与历史作用

明清以来同乡会馆以及整个社会历史中所表现出的乡土性，有着深刻的经济根源和社会根源。首先，从根本上说，乡土性是农业社会的产物，在我国，它是千百年来小农经济占主导地位的经济生活的产物。在这种经济生活中，人们附着在土地上，"人非土不立，非谷不食"，与土地结下了不解之缘，热爱乡土、赞美故乡成为人们由衷的感情。同时，"民乐耕稼，轻去其乡"，安土重迁成为"黎民之性"。其次，乡土性又是社区生活闭塞的产物。在封建时代，商品经济不发达，交通不便，地理环境对人们的流动有很大限制，加之我国古代行政区的划分相当稳定，这就造成了一种稳定的、封闭式的社区生活。在某一社区内，人们"生于斯，长于斯，宦学于斯，聚族于斯"(《汲郡图志》)，从而形成了社区内独特的风俗、习惯、方言、心理和历史传统，也形成了社区内人们的凝聚力和排外性。人以乡聚、同乡纽带、同乡互助、异乡隔阂、尊奉乡贤、衣锦还乡等现象，就都与这种封闭式社区生活有极大关系。再次，乡土性又与封建宗法制度有密切关系。"父母在，不远游"的孝道，生则同居，死则同穴的家族观念，都表现为人们与乡土的难舍难分。这使以地缘为特色的乡土性又涂上一层浓厚的血缘色彩。叶落归根后归葬祖坟就是乡土观念与宗族观念结合的产物。

乡土性的历史作用分积极和消极两个方面。积极的一面是：爱乡心是爱国心的基础，爱乡也是爱国的具体表现，是建设和保卫家乡的重要原动力。爱乡与爱国常常是融合在一起的，例如东晋、南宋的恢复中原之举，抗日战争中"打回老家去"的口号，抗美援朝中"保家卫国"的口号，等等，就是二者的结合。这种爱乡心与爱国心的结合构成中华民族的重要心理特征，是其爱国主义思想的重要特色。人以乡聚、同乡互助的心理习俗，既是同乡的凝聚剂，也是民族团结的一种形式和途径。

消极的一面是：同乡互助的反面是异乡隔阂，这实际是民族和国家中不稳定的、离异的因素，这种只知地方利益的地方观念会导致民族和国家观念不强，造成地域间的不团结，正如梁启超所说："小群可合，而大群遂不能合也。"这与以全民族团结为基础的爱国主义是抵触的。同时，地方观念也造成人们眼界狭窄，加固了地域封闭性，不利于地域间的交流，也就必然影响到地域和整个社会的发展。对此，梁启超论述道："凡言商务者，必贾于四方，未有死徙无出乡者，故必废著然后能鬻财也。西人商会，遍于五洲，每疲举国之力，以求通一地，辟一口岸。而中国四万万人怀安重迁，曾无思纠一公司，通一轮船，往他国以与人相角者，真可悲矣。"(《史记货殖列传今议》)梁启超的话，道出了狭隘的地域观念与近代商业发展的要求之间的矛盾。要发展商业，必须要向故乡以外及至国外拓展，而向外拓展就必须克服安土重迁的观念。那种狭隘的地域观念、封闭的乡土意识，显然是与商业发展的要求及向外拓展的经商方式格格不入的。

（刊于《北京史苑》，第4辑，北京出版社1988年版）

论中国历史上的流氓文化

中国历史上的流氓文化，既是中国流氓史、中国社会史的重要内容，也是中国文化史的重要组成部分。研究中国社会史、文化史，不仅要考察上层社会、上层文化（精英文化），还应考察下层社会、下层文化（世俗文化）；不仅要考察正面的、积极的、健康的下层文化，还应考察消极的、病态的、黑暗的下层文化。流氓群体属于社会下层（上层人物的流氓化是另一范畴的问题）；流氓文化属于下层文化；在下层文化中，流氓文化属于消极的、病态的、黑暗的部分。本文拟对中国历史上流氓文化的主要内容做一考察，以期获得对这一历史文化现象的基本了解。[1]

---

[1] 近年来，笔者对中国流氓史做过一些研究，积累了一些资料。最近又读到陈宝良同志的力作《中国流氓史》，感到获益匪浅。笔者在写作本文时，除使用了自己原来积累的史料外，又参考了陈著，并从中转引了若干材料。特此说明，并致谢意。

一、流氓文化的内容

"流氓文化"这一概念,是受我国早期著名社会学家、犯罪学家严景耀先生的博士论文《中国的犯罪问题与社会变迁的关系》的启发提出来的。严氏论文有一章是《犯罪者的文化》,论述了"犯罪者的组织""犯罪者的技能""犯罪者的思想意识与行为准则""犯罪集团的黑话、纪律和风俗习惯"等问题。[1] 我认为,中国流氓史上也存在一种类似的流氓文化,很值得深入探讨。

所谓流氓文化,即存在于流氓群体的、具有流氓特征的文化现象。可以归入流氓文化的流氓史现象不少,凡属带有精神性、观念性的流氓史现象均属之。这些现象大别之可以分为两大类:一是流氓意识;一是流氓习俗。

(一)流氓意识

流氓意识的内容很多,这里谈五种。每种既谈到流氓意识的内涵,又谈到流氓意识的外在表现。

1. 崇尚勇武和暴力的观念

流氓多崇尚勇武,崇尚暴力,他们以具有横冲直撞的蛮夫之勇为荣耀,认为暴力能解决一切问题,好勇斗狠是他们的性

---

[1]《中国的犯罪问题与社会变迁的关系》作于1934年,北京大学出版社1986年版。

格。在流氓的观念中，勇施暴力才是英雄，否则就是狗熊，为同类所不齿。流氓群体是社会上暴力性力量的极重要部分。

许多流氓史现象都反映了流氓崇尚勇武和暴力的观念。清人于敏中等所纂《日下旧闻考》引《白头闲话》云：京都流氓"十五结党横行街市间，号为'闯将'"。[1] "闯将"之号，当是这些流氓为炫耀自己横冲直撞、勇施暴力而自命的称号，这个称号明显地反映出他们崇尚勇武和暴力的观念。由于流氓崇尚勇武和暴力，所以抢劫、斗殴、杀人成为他们的家常便饭，常常是一言不合，便"白刀子进红刀子出"，以暴力解决问题。如《宋史·王安石传》载：开封某流氓少年得到一只善斗的鹌鹑，同伴求之，少年不与，这个同伴私自将鹌鹑拿走，流氓少年便立即翻脸，追上前去，一刀将同伴杀死。又如清代天津的流氓——混混儿被人"犯了边界"，也定要暴力解决问题。清人杨一崑《天津论》记述道："有人犯了他边界，聚伙成群来打仗。铁尺斧把，竿子鸟枪，赶上房，开水砖头往下淌，那顾生死存亡？"[2]

2. 亡命敢死的观念

由于流氓常干违法犯禁、逞凶施暴的冒险勾当，所以生死问题对于他们是个很突出的问题，在流氓群体中，盛行亡命敢死的观念。此为流氓之生死观。这一观念与他们崇尚勇武，崇尚暴

---

1 《日下旧闻考》卷一百四十六《风俗》，北京古籍出版社1981年版，第2340页。
2 《天津论》，载清人张焘《津门杂记》卷下，天津古籍出版社1986年版，第103页。

力有直接关系，因为崇尚勇武和暴力必然以不怕死为至高美德。流氓的不怕死不同于义士的视死如归，他们是拿性命当儿戏，做赌注。他们的所谓"生死鸿毛似"的气概，只能注定他们是一群亡命之徒。

稽诸史籍，反映流氓亡命敢死的史料相当多。如唐人段成式《庐陵官下式》记一名叫张干的流氓对官府的惩治全然不惧，竟将誓死反抗官府的话扎刺在胳臂上。左臂曰："生不怕京兆尹"，右臂曰："死不畏阎罗王"。[1] 又如郑克《晰狱龟鉴》记宋代擢州有流氓团伙称为"没命社"，此社每遇不如意之事，便"推一人以死斗"。[2]《宋史·石公弼传》又记扬州有流氓团伙称为"亡命社"。从"没命社""亡命社"这些公开亮出的名称即可看出，这些流氓组织的成员都是一些满脑子亡命敢死观念的亡命之徒。清代天津的混混儿打起架来更是不要命。据近人李然犀《旧天津的混混儿》一文记述：天津混混儿打架，都本着"不肤挠不目逃"的精神，勇往直前。"有人用刀剁来，应当袒胸相向；斧把来打，用头去迎，以示不畏；如果软化或用武器去搏，名为'抓家伙'，虽不致立时被斥，也被贱视，成为终身笑柄。"[3]

3. 复仇观念

流氓的复仇观念极重。在流氓看来，有仇不报，奇耻大辱；

---

[1] 《说郛》卷十七。
[2] 《说郛》卷二十。
[3] 全国政协文史资料委员会编《文史资料选辑》第47辑，第189页。

睚眦必报,才是英豪。在中国社会中,很多社会群体都存在复仇观念,但流氓的复仇观念却具有极自私、极狭隘的特征,这种特征,可以从流氓和土匪的复仇之比较中看出来。对此,陈宝良《中国流氓史》有如下论述:"土匪的复仇,其对象一般是农民痛恨的特殊目标,恶贯满盈的劣绅,乃至比土匪还要强的人。流氓则甘愿成为土豪劣绅的爪牙。他们复仇的对象,纯粹出于私仇的报复,或是过去的仇敌,或是团伙之间的利益争夺。这就是流氓所惯用的'以暴易暴'。"[1]流氓的复仇很讲究以手刃仇人为快,如果不是亲手复仇,即使仇人已死,也不甘心。在史料中,常可见到某流氓亲杀仇人并以其头或心肝祭灵的情节。据史书记载,明代中叶以后,江南苏、松二府出现了一大批专职替人报私仇的流氓,称为"打手""青手",其组织称为"打行"。打行中人的报复心理都极重,他们聚众殴人,一人不逞,便呼集同类进行报复,不残伤他人决不罢休。[2]

4.崇尚侠义、崇尚哥们义气的观念

流氓很看重"义"字,对于"忠""孝"二字则不大放在眼里。"义"是流氓尊崇的伦理道德观念,是所谓"流氓道"的极重要的内容,流氓崇尚的"义",大致包括两方面内容:一是行侠仗义,一是哥们义气。一对外,一对内。行侠仗义本是游侠的

---

[1] 《中国流氓史》,中国社会科学出版社1993年版,第26页。
[2] 《中国流氓史》,第167页。

特色，古代流氓未脱尽游侠蝉蜕，故行侠仗义的气质多一些，后世的流氓则逐渐脱尽行侠仗义的气质而专门作恶。哥们义气是维系流氓同伙之间关系的纽带，桃园结义和梁山上"有福同享，有难同当"式的哥们义气是他们所追求和模仿的范式，流氓习语"为哥们两肋插刀"是这种哥们义气的典型表现。流氓中还盛行所谓"义结金兰"（拜把子）的习俗。清代有个犯奸"游民"（流氓）自愿接受"强奸"罪名的事例，颇能看出流氓的哥们义气。清人龚炜《巢林笔谈续编》卷上"不义之义"条载："一游民犯奸，鞫之，妇供'和奸'。其人力争'强'字，以脱妇罪。"[1]事情本来是流氓与妇人（当是一女流氓）"和奸"，但流氓出于义气（或许还夹杂些情爱），为脱掉相好妇人之罪，却力争"强奸"罪名，可见其义气观念之重。哥们义气虽然为流氓所崇尚，但背弃哥们，扔掉义气的事也是司空见惯的，因为左右流氓的，最终是一个"私"字。

5. 帮伙观念

流氓的帮伙（团伙）观念很强，他们对结帮感兴趣，对帮伙有忠心。帮伙成员一般都自愿服从帮伙的利益和纪律，愿意为帮伙出力效命。受帮伙观念的驱动，散在的流氓经常结成帮伙（团伙），帮伙之间又常有利益之争。"有福同享，有祸同当；互通钱财，生死与共。"这些实行起来常要打折扣的口号，一般是

---

[1]《巢林笔谈》，中华书局1981年版，第186页。

流氓结帮的原则。

流氓的帮伙常有帮名，如青龙党、十姊妹党、没命社、亡命社、马王会、裕庆恒会、红帮、绿帮、花帮、三十六天罡、七十二地煞等。流氓结帮时，常举行仪式，"歃血结盟"是这类仪式的典型表现。清人袁枚《子不语》卷四"青龙党"条云："杭州旧有恶少，歃血结盟，刺背为小青龙，号'青龙党'，横行闾里。雍正末年，臬司范国瑄擒治之，死者十之八九。首恶董超，竟以逃免。"[1] "歃血结盟"，即通过举行喝血酒起誓的仪式结成帮伙。入伙者还要在背上刺青龙图案，以作为帮伙的标志。又如明正统年间丹徒县有一群专门从事告讦的流氓，结成帮伙时，"共刺血誓：'生死无相背'"，也是通过"歃血"仪式结成帮伙的。由于流氓的帮伙观念强，所以流氓帮伙之间，经常为了自身利益发生火并、争斗。如清人孙宝瑄《忘山庐日记》云："（杭州）无赖亦分数党：曰红帮，曰花帮、绿帮，相仇视，或结群斗殴无虚日。"[2] 这些流氓帮伙，彼此不服气，成天打群架，势同水火。

在流氓帮伙中，有一种地域性的、类似乡土行帮的流氓帮伙，这种帮伙除具有一般流氓的帮伙观念外，还把乡土观念作为结伙的思想纽带。这类帮伙，如清人黄式权《淞南梦影录》卷一记上海城中流氓云："其中各分党类：天津党最凶横，动辄持械

---

[1] 《子不语》，上海古籍出版社1986年版，第98页。
[2] 《忘山庐日记》，上海古籍出版社1983年版，第659页。

斗杀；闽粤党次之；湖南党则别无长技，但事剪绺掉包及偷窃轮船搭客行李而已。"[1] 这种地域性的流氓帮伙，其活动常带有本地流氓的特色，如天津党"动辄持械斗杀"，就表现出天津混混儿勇于恶斗的一贯风格。

（二）流氓习俗

流氓习俗，即流氓的风俗习惯，即流氓群体因长期存在而形成的一套具有流氓群体特色的风俗习惯。流氓习俗是流氓文化的重要组成部分。流氓习俗的内容很多，下面着重谈五个方面。

1. 流氓的绰号

流氓多有绰号，此为流氓的一大特征。清代史学家赵翼在谈到绰号时说："世俗轻薄子互相品目，辄有混号。"[2] 混号即绰号，"轻薄子"中很多便是流氓。起绰号本是中国社会普遍流行的习俗，但流氓的绰号却具有鲜明的流氓特色。流氓的绰号常透出凶恶相、无赖相、猥琐相，总之充满一股流氓气息。透出凶恶相的流氓绰号，如："拦街虎""九条龙"，此为宋代杭州流氓的绰号；[3] 如："吊睛虎""猛烈虎""开山龙""洒墨判官"，此为明代流氓的绰号；又如："小金刚""东霸天""小军师""坐地虎""白面虎""活太岁""判官""独爪龙""伏地王""铁巴掌""大阎

---

[1]《淞南梦影录》，上海古籍出版社1989年版，第101页。
[2] 赵翼《陔余丛考》卷三十八"混号"条，河北人民出版社1990年版，第690页。
[3] 周密《武林旧事》卷六《游手》，中国商业出版社1982年版，第122页。

王""瞪眼李""铁头太岁""红长虫""小霸王"等,此为清代北京流氓的绰号。[1] 透出无赖相、猥琐相的流氓绰号,如:"钻仓鼠""白日鬼""利言鹦鹉""棒椎""劈柴""槁子",此为明代流氓的绰号;又如:"小鬼""大胳膊""弥勒尖""水晶寿星""小脚张"等,此为清代北京流氓的绰号[2]。

从上面这些绰号可以看出,流氓的绰号很多取自动物(特别是猛兽)、鬼怪、器具和人体部位。这些绰号反映了流氓低下的文化水平和粗俗的审美趣味。他们喜好起那种充满凶恶相的绰号,是为了张大自己的声势,借以吓唬人。由于流氓的绰号反映出流氓群体的某些特点,所以人们往往一看到某绰号有流氓气,就会猜想或认定该绰号的主人是流氓。鲁迅就曾注意过这种现象,他说:"中国老例,凡要排斥异己的时候,常给对手起一个诨名,——或谓之'绰号'。这也是明清以来讼师的老手段;假如要控告张三李四,倘只说姓名,本很平常,现在却道'六臂太岁张三''白额虎李四',则先不问事迹,县官只见绰号,就觉得他们是恶棍了。"[3]

2. 流氓相

流氓相指流氓的外在形象,包括衣着打扮、文身、举止形态等。流氓相很能反映流氓的丑恶心态和低级的审美趣味。

---

1 《清德宗实录》卷二三二、二六〇。
2 《清穆宗实录》卷一三三;《清文宗实录》卷一一八。
3 《华盖集·补白》,《鲁迅全集》三,人民文学出版社1982年版,第103页。

流氓的衣着打扮多追求怪异、新奇、惹眼、匪气、刺激等效果。如清末北京的流氓恶棍常穿一种匪气十足的黑绸衣裤，这种黑绸衣裤本是京剧短打武戏《恶虎村》《赵家楼》中的所谓"夜行服"，因为这些戏很叫座，影响所及，流氓恶少便都穿起了这种匪气服装。恭亲王奕䜣的儿子载㴋是个大恶少，也极爱穿这种匪气服装，他因嫖娼身染恶疾快要病死时，奕䜣去看他，见他躺在床上，身穿一身黑绉绸衣裤，遍身绣白丝线蜘蛛，一气便走了。[1] 又如天津混混儿的衣着打扮也很怪异流气。清人杨一崑《天津论》形容混混儿的形象是："小帽歪，衣襟敞，提眉横目，慌里慌张。"[2] 李然犀《旧天津的混混儿》一文说道：混混儿的穿着和常人不同。手中稍微有几个钱，便穿一身青色裤袄，做一件青洋绉长衣披在身上，不扣纽扣，或者搭在肩上，挎在臂上，腰扎月白洋绉搭包，脚穿蓝布袜子和花鞋。头上发辫续上大绺假发，名"辫联子"，越粗越好，不垂在背后而搭在胸前。有的每个辫花上塞一朵茉莉花。所以当年称为"花鞋大辫子"。[3]

文身，即在身上扎刺各种图案、文字，是自古以来在流氓群体中盛行的一项陋俗。本来，文身之俗是流行在中国社会很多阶层中的一种风俗，并不为流氓群体所专有，但流氓文身却具有自身的特点。这就是：流氓把文身作为显示自己与众不同、

---

1 《清朝野史大观》卷一《清宫遗闻》"载㴋之淫恶"条，中华书局1936年版。
2 《天津论》，载清人张焘《津门杂记》卷下，天津古籍出版社1986年版，第102页。
3 全国政协文史资料委员会编《文史资料选辑》第47辑第188页。

异于常人的一种手段，他们常常"以札刺相高"，比赛谁刺的图文多，刺的图文怪，他们札刺的图案和文字常常是新奇、怪诞和惊人的，其中还不乏下流无耻的内容。唐人段成式《酉阳杂俎》前集卷八《黥》记载，有个叫宋元素的流氓，身上札刺七十余处，左臂刺言："昔日已前家未贫，苦将钱物结交亲。如今失路寻知己，行尽关山无一人。"右臂刺一葫芦，上面长出一个人头，如同傀儡戏一般。[1] 清人陶谷《清异录》载，有的流氓厚颜无耻，在身上遍刺"平生所历郡县、饮酒蒲博之事、所交妇人姓齿行第坊巷形貌"。

流氓的许多举止形态也常显露出流氓特色。牵狗架鹰，敞胸歪冠，走路凶横，满脸恶相，使人一望即知乃流氓无疑。明代小说《梼杌闲评》第四回有段描写明代流氓的俚诗，就活画出了流氓举止形态的某些特色："个个手提淬筒，人人肩着粘竿，飞檐走线棒头拴，臂挽雕弓朱弹。架上苍鹰跳跃，索牵黄犬凶顽。寻花问柳过前湾，都是帮闲蠢汉。"[2]

3.流氓语言

流氓语言大致包括三个方面：流氓隐语、痞子腔、骂詈。

流氓隐语即黑话、切口。流氓隐语的产生大抵是因为流氓的许多活动见不得人，为免人知便要说黑话。流氓的隐语极多，

---

1 《酉阳杂俎》，中华书局1981年版，第76页。
2 《梼杌闲评》人民中国出版社1993年版，第32页。

各朝代、各地区不尽一致。兹举清末民初上海流氓的一般切口及拆白党和小瘪三的切口为例。流氓一般切口，如：吃茶为尝孟婆，寓所为窑，雉妓为跳窑，吃饭为赏抢，吃酒为红红面孔，门生为底老，不是本团伙的为孔子（犹如东北土匪黑话"控子"），银洋为阿朗，调合奸情为修镴盖，设赌骗人钱财为吃引水，等等。拆白党切口，如：跟踪为钉磴，引诱人为背阿大，得到钱为擒把，成年女郎为枫蟹、女人被勾引到手为吊上，以美女作诱饵为打乖儿，以姿色诱赌为搂软把，等等。小瘪三切口，如：讲人丑事为摊臭缸，暗中送信为放风，梅毒透顶为开天窗，吸鸦片烟为吹横箫，剃头为砍黑草，偷鸡为挑菜，等等。[1]

痞子腔即油腔滑调、胡搅蛮缠的流氓青皮腔调。因为流氓常油嘴滑舌，所以明代又把流氓称为"江湖上游嘴棍徒"。清代，流氓的"痞子腔"名扬天下，连李鸿章这样的重臣也曾声言与外国人打交道时要打痞子腔。据清人吴永《庚子西狩丛谈》卷四记载：有一次，曾国藩问李鸿章怎样与洋人打交道，李鸿章说："我想，与洋人交涉，不管什么，我只同他打痞子腔（吴永按：痞子腔盖皖中土语，即油腔滑调之意）。"曾国藩听后不悦，说道："呵，痞子腔，痞子腔，我不懂得如何打法，你试打与我听听？"[2]

---

[1] 曲彦斌《中国民间秘密语》，上海三联书店1990年版，第268页。
[2] 《庚子西狩丛谈》，岳麓书社1985年版，第109页。

骂詈是流氓语言的重要表现。流氓骂人，无所顾忌，花样翻新，污秽不堪。古今流氓，皆骂术之里手也。

4. 流氓的娱乐

流氓都是追求享受，追求逸乐的。千百年来，流氓形成了一套自己的娱乐方式，包括赌博、酗酒、嫖妓、喜淫亵文艺、擎鹰、架鹞、斗鸡、走狗、调鹁鸽、养鹌鹑、斗蟋蟀、玩弹弓和粘竿，等等。这些娱乐方式，或是格调低俗，或是充满放荡、下流、刺激、粗鄙的情调。在这些娱乐方式当中，有的项目虽然一般老百姓也玩，但不流气，而流氓玩起来，则充满浓厚的流氓气息。对于流氓来说，这些娱乐方式已成为他们趋之若鹜、沉湎其中的"流氓娱乐模式"。

有关流氓娱乐的史料相当多，史书杂著在写到流氓人物或流氓活动时，常常连带提及流氓的娱乐活动，并将其作为流氓的表征之一。如《宋书·臧质传》载：臧质"少时好鹰犬，善蒲博意钱之戏（赌博）"。通过写臧质娱乐，写出了其人少年时的流氓相。五代王仁裕《开元天宝遗事》卷上"风流薮泽"条载："长安有平康坊，妓女所居之地，京都侠少萃集于此。"[1] 平康坊是妓院区，"侠少"多为流氓，此言唐代长安的流氓常至妓院嫖妓。宋人耐得翁《都城纪胜》"闲人"条记南宋临安的流氓以"闲事"事人云："又有专为棚头，又谓之习闲，凡擎鹰、架鹞、调鹁鸽、

---

1 《开元天宝遗事十种》，上海古籍出版社1985年版，第79页。

养鹌鹑、斗鸡、赌博、落生之类。"[1]南宋流氓的娱乐活动，于此可见一斑。《水浒传》第五十一回写到豪门恶少殷天锡时，说他手下有"闲汉"（流氓）二三十人，"手执弹弓、川弩、吹筒、气毬、拈竿、乐器"，也反映出宋明时代流氓娱乐的一些情形。

5. 流氓的信仰

流氓常干违法犯禁的事，颇具危险性，所以，如同各行各业供奉自己的保护神一样，流氓也希望得到神灵的保佑。关于流氓奉神的史料不多，陈宝良《中国流氓史》只提到与流氓既有联系又有区别的土匪供奉盗跖、三郎神的情况，惜不够典型。这里再举一条清代窃贼（流氓之一种）奉时迁为祖师神的材料。清人梁绍壬《两般秋雨庵随笔》卷一"世俗诞妄"条载："吾杭清泰门外，有时迁庙，凡行窃者多祭之。"[2]又清人丁立诚《武林杂事诗·时迁楼偷祭》咏杭州窃贼深夜祭祀时迁云："卅六人中谁善偷，时迁庙食城东楼；后世偷者奉为祖，月黑深宵具酒脯。但愿人家不闭门，黄金取尽青毡存；岁岁报祭官不捉，天上追踪东方朔。"[3]由这些记载可以看出，清代杭州的窃贼是奉《水浒传》中的鼓上蚤时迁为祖师神的，他们年年要在时迁庙中举行报祖的祭祀活动，祈祷盗窃成功和不被官府捉拿。

---

1 《都城纪胜》，中国商业出版社1982年版，第16页。
2 《两般秋雨庵随笔》，上海古籍出版社1982年版，第12页。
3 参看拙著《中国行业神崇拜》，中国华侨出版公司1990年版，第461页。

二、流氓文化与中国传统文化

流氓文化既有流氓这一社会群体的特点,又与中国传统文化的某些内容有密切关系。这种关系的基本特征是:深受中国传统文化中某些因素的影响,同时又把这些因素加以改造,使之劣质化、流氓化,变为适合自己胃口的东西。试举五个方面加以说明。

(一)墨家精神与流氓意识

墨家精神崇尚勇武刚烈,"以死为能",面对强敌,敢于赴汤蹈刃,死不旋踵。侠客出于墨,故常带"墨气";侠客是墨家的末流,故其"墨气"常走偏和异化。流氓与侠关系颇密,所以与墨也算是有了瓜葛。流氓的崇尚勇武和暴力的观念、亡命敢死的观念,既包含有墨家精神的影响,同时又大大歪曲了墨家精神。墨家之勇,基于"兼爱"主义原则,有损己为人之美德;流氓之勇,则是"恶勇",恶霸之勇。墨家之不畏死,是以政治原则为基础的;流氓之敢死,则是为了钱财女色等极狭隘的私利,故只能是亡命之徒。

(二)中国传统复仇观念与流氓的复仇观念

中国古代复仇观念很盛,复仇被视为一种神圣的义务。《周礼》对于复仇曾予以种种规定，复仇有法定的手续。[1]战国时代复仇之风极盛，游侠风气下有专门为人报仇的刺客。勾践卧薪尝胆被后代传为美谈，"君子报仇，十年不晚"更是流传极广的俗谚。可以说，流氓的复仇观念是以中国社会上普遍流行的复仇观念为大背景的。但是，流氓的复仇观念有自己的特点，这就是：极自私，极狭隘，毫无正义性，且极具凶狠性、狂暴性。

（三）中国传统的山头、帮派、乡土意识与流氓的帮伙观念

中国自古以来具有的农业经济结构和地域隔离状态，使中国社会盛行山头主义、帮派思想和乡土观念。朝廷中的朋党、商业中的行帮、秘密社会中的帮会、流氓中的帮伙，都是这些思想观念的表现。流氓的帮伙观念以中国社会盛行的山头主义、帮派思想和乡土观念等社会意识为大背景，同时又具有自己的特点。这就是，他们的帮伙观念是建立在反社会、反理性、谋求极狭隘的私利的思想基础之上的。正因为如此，帮伙内部发生背弃信义的事便是司空见惯的了。

---

[1] 瞿同祖《中国法律与中国社会》第一章《家族》第四节《血属复仇》，中华书局1981年版，第70页。

（四）中国古代通俗小说与流氓文化

《三国演义》《水浒传》《西游记》《封神演义》等中国古代通俗小说，对中国民众特别是下层民众的影响极大。梁启超在谈到小说的社会影响时说：中国人的江湖盗贼思想、妖巫狐鬼思想，堪舆、相命、卜筮、祈禳、阖族械斗、迎神赛会等等陋习劣行都来自小说，因而要进行小说革命[1]。在各种通俗小说中，《三国》和《水浒》对下层民众的影响尤大。鲁迅曾说过，中国社会有三国气和水浒气。《三国》和《水浒》对于流氓来说，都有重要影响，其中又以《水浒》的影响最为深刻、细致，流氓的绰号（三十六天罡、七十二地煞等）、流氓的信仰（窃贼奉时迁为祖师）、流氓的义气观念（"有福同享，有难同当"之类）、流氓结拜的仪式和原则等等，都能在《水浒》中找到根据、来源或影子。流氓群体深受《水浒》之影响，可说是中国古代通俗小说影响中国社会的一个典型例子。

（五）中国传统民俗文化与流氓习俗

中国传统民俗文化主要是下层民众的文化。作为下层民众一部分的流氓群体，深受中国传统民俗文化的影响，同时又把自

---

[1] 梁启超《小说与群治之关系》，载郭绍虞、罗根泽主编《中国近代文论选》，人民文学出版社 1959 年版。

己所接受的传统民俗文化改造得充满流氓特色。如绰号、隐语、歃血结盟、祖师崇拜、斗鸡走狗等等，本来都是中国传统民俗的重要内容，但一受到流氓的青睐，一被流氓"拿来"，就变得流氓味十足，成为流氓习俗的组成部分。

（刊于《史学理论研究》，1994年第1期）

刺青：刻进肌肤的"水浒气"

一、混浊的"水浒气"

中国社会有"三国气"和"水浒气"——这是鲁迅先生的名言，更是他的一个卓越的发现。何谓"三国气"和"水浒气"？鲁迅没有细说。但从他的杂文里可以看出来，那"三国气"和"水浒气"，大抵就是指权谋气、忠义气、游民气、流氓气之类。若再具体言之，单说"水浒气"，大体是指"大秤分金银，大碗吃酒肉"的山寨生活，"欺师灭祖，三刀六洞"的团伙纪律，"哥不大，弟不小"，哥们义气的人际关系，"有奶就是娘""该出手时就出手"的行事法则，"皇帝轮流做，明年到我家"的最高理想，等等。"水浒气"也就是"游民气"。我的朋友兼师长王学泰先生是研究游民问题的大名家，他又说，游民气也就是流氓气。我赞赏学泰先生巨眼的犀利和深刻，把一个模模糊糊的问题一下子说穿了。但我又觉得要说游民都是流氓好像不大稳妥，把水浒气、游民气、流氓气三者完全画等号似乎也不够周全。水浒气、游民气中确有浓烈的流氓气，但也不只是流氓气，还有豪侠气。

《水浒传》社会里，既有鲁智深、李逵，也有飞天蜈蚣、李鬼。李逵身上，便既有豪侠气，又有流氓气。"水浒气"，实际是一团浑浊不清，浊中带清，清中藏浊的混杂之气。

"水浒气"，尚无人细细地、条分缕析地研究过，但"水浒气"又确是可以举出许多细目来。我这里要举出一个细目，就是：刺青。刺青是"水浒气"的一大表现。刺青又可以叫作文身，现在人们习惯上也这么说，但实际上文身这个概念要比刺青广。文身还包括"雕题"，即在额头上刺花，包括"黥面"，即在脸颊上刺字，再有，就是包括"刺青"，即在脖子以下的部位刺花或刺字。刺青是文身中流行最广泛的一种，简直可以作为文身的代表。游民中的文身，主要是刺青。刺青还有一些别称："雕青""镂身""镂臂""札青""札刺""文刺""点青""肤札"之类。

文身并非都可以算作是游民气、水浒气，更绝非都是流氓气。古越人的"断发文身"，是为了"辟蛟龙之害"，乃是一种反抗自然灾害的图腾模拟。《墨子·公孟篇》上说，越王勾践曾"剪发文身"。古代少数部族文身的更多，如僮族，柳宗元在柳州时曾写过"共来百越文身地"的诗句；海南黎族的文身尤为著称，宋人周去非《岭外代答》卷十"蛮俗门"里有"海南黎女以绣面为饰……有晳白而绣文翠青，花纹晓了，工极佳者"的记载。记得郭沫若还写过咏海南黎族人文身的诗。岳母刺字也是一种文身，反映的情操是极高尚的。"男儿脸刻黄金印，一笑心轻白虎堂"（聂绀弩诗），林冲被刺面，也是文身，这是刑徒的印记。文身还是世界性的现象，如澳大利亚土人的文身，古希腊人的文身，格陵兰人的文身，都是很著名的。古希腊历史学家希罗多德在笔记里甚至写道："没有文身的人就不是好出身。"文身，实际是人类精神史的一个内涵丰富的现象，其中包含了人类精神现象学需要研究的许多复杂信息。

二、刺青与《水浒传》人物

话扯远了，还是回过头来说刺青，说作为游民文化表现之一的游民的刺青，以窥见中国社会"水浒气"之一斑。《水浒传》里最惹眼的刺青人物有两位，一个是九纹龙史进，一个是浪子燕青。史进绰号九纹龙，就是因为他身上刺了一身青龙。《水浒传》第一回"王教头私走延安府，九纹龙大闹史家村"写道："只见空地上一个后生脱膊着，刺着一身青龙，银盘也似一个面皮，约有十八九岁，拿着棒在那里使。"儿时看《水浒》连环画，开篇就看到了史进的一身花绣，那蜿蜒飞腾的青龙至今犹在脑际。浪子燕青的刺青，给人的印象就更深了。《水浒传》写燕青："一身雪练也似白肉，卢俊义叫一个高手匠人，与他刺了这一身遍体花绣，却似玉亭柱上铺着软翠，若赛锦体，由你是谁，都输与他。"燕青刺的好像是花鸟之类。"凤凰踏碎玉玲珑，孔雀斜穿花错落。"有人考证，"玉玲珑"是复瓣水仙花。所谓"赛锦体"，就是比赛谁刺青刺得好，有点像今天的健美比赛，但赛的不是肌肉，而是花绣。由此赛事，可以推断出《水浒传》时代刺青之兴盛。燕青所刺，似乎比史进的龙纹更复杂美观，像是一幅活动的花鸟画，在东岳庙与人打擂时，他脱得只剩下一条熟绢水裤儿，浑身花绣毕露，赢得众人连声喝彩。

除了史、燕两位，《水浒传》中还有两位刺青人物不大为人注意，一位是花和尚鲁智深，一位是病关索杨雄。鲁智深之有名，主要缘于他倒拔垂杨柳，打死镇关西，而他身上有刺青，却往往被人忽略。鲁智深绰号花和尚，这"花"字何来？就是因为他身上有刺花。《水浒传》第十六回鲁智深有段自我介绍，有云："人见洒家背上有花绣，都叫俺做花和尚鲁智深。"第二十六回施耐庵又介绍了一次："因他脊梁上有花绣，江湖上都呼他做花和尚鲁智深。"究竟这位花和尚身上刺的是什么花绣，鲁智深本人和施耐庵都没有详说，不得而知，但想必不比史、燕二人更惹眼。以往人们理解花和尚这个绰号的含义，常常以为是因为鲁智深吃狗肉，打烂山门，不守寺规，很"花"，故名，实际上不是这样，而是源于他"背上有花绣"。杨雄身上有刺青，见于《水浒传》第四十三回对他的介绍："那人生得好表人物，露出蓝靛般一身花绣……"这一身花绣刺的是什么，施耐庵也没有细说，只是用"蓝靛般"三字写出了花绣色泽的耀人眼目。

可以肯定，游民刺青在《水浒传》时代是一种很流行的风气，前文说过的"赛锦体"便是明证，史、燕、鲁、杨四位好汉则是这种风气的四个典型。飞天蜈蚣、李鬼之流是否也曾刺青？施耐庵没有介绍，但可以由当时的风气推定出，这些游民中的恶徒无赖也是少不了刺青者的，风气使然也。

三、游民无赖刺青小史

关于游民阶层的刺青，不但《水浒传》这样的小说中有描写，文献史料上也能找到许多史证。《水浒传》可以证史，史料也可以证实《水浒传》。

从史料上看，唐代特别是唐末五代，是游民阶层尤其是无赖恶徒刺青赛锦的一个高峰。唐段成式在笔记《酉阳杂俎》前集卷八《黥》中记载了多条有关材料。他写道："上都街肆恶少，率髡而肤札，备众物形状。恃诸军，张拳强劫，至有以蛇集酒家，捉羊胛击人者。"唐上都，在今陕西长安县，当时是个人稠繁华的所在。上都的大街上，常可见剃了光头（髡），身上刺青（肤札）的恶少们横行肆为，大打出手，劫人财货。他们刺青的图案各式各样，所谓"备众物形状"也。段成式还举例说，大宁坊"力者"（体壮凶横者）张干，札左膊曰"生不怕京兆尹"，右膊曰"死不畏阎罗王"。又记蜀市人赵高好斗，常入狱，满背镂刺毗沙门天王，刑吏欲杖其背，见之辄止，赵高"恃此转为坊市患害"。又记蜀"小将"（少年孔武敢闯者）韦少卿，少不喜书，嗜好札青，其季父尝令其解衣视之，胸上刺一树，树梢集鸟数十。段成式在《酉阳杂俎》前集卷八《黥》里还记了一个更奇特的刺青恶徒:"荆州街子葛清,勇不肤挠,自颈以下,遍刺白居易舍人诗……凡刻三十余首,体无完肤。"宋人陶谷《清异录》也提供了类似材料:"自唐末,无赖男子以札刺相高,或铺辋川图一本,或砌白乐天、罗隐二人诗百首,至有以平生所历郡县,饮酒蒲博之事,所交妇人姓名、年齿、行第、坊巷、形貌之详,一一标表者,时人号为针史。"(引自孟森《金圣叹考·附罗隐秀才》,载《心史丛刊》,岳麓书社1986年版)这几个例子中的张干、赵高、葛清,都是不折不扣的流氓恶棍,他们刺青的内容便反映出他们的好尚、情趣和匪气。"生不怕京兆尹","死不畏阎罗王",分明是公然向法制挑战,将妇人姓名及酗酒赌博等事刺于身上更是无耻之尤,而刺上白居易、罗隐诗,则反映出恶徒将雅化俗,拿大诗人打镲的无赖相。后周太祖郭威,原本是个流窜作案、盗墓掘冢的恶徒无赖,此人也好刺青,被人称为"雕青天子"。据宋人张舜民《画墁录》载,郭威"项右作雀,左作谷粟"。即脖子右边刺鸟雀,左边刺五谷之类。郭威因此又被人称作"郭雀儿"。皇帝刺青,上有所好,下必甚焉,想来后周一朝在"雕青天子"的统治下,刺青之风一定是颇为兴盛的。

后周之下,就是宋元明三朝的游民刺青之风。《水浒传》里所描写的实际就反映了宋元明的游民刺青之风。将小说描写证之史料,可知其所写之不虚。宋人庄绰《鸡肋编》卷下记云:"张俊一军,常从行在,择卒之少壮长大者,自臀而下,文刺至足,谓之花腿。京师旧日浮浪辈以此为夸。"所记为宋代之俗。军中刺青，搞成满腿皆花儿，实极不严肃，谈何战斗力？所谓"浮浪辈"，即游民及流氓恶少一流人物，他们更是以刺青花纹的新奇自吹自夸。明太仓人陆容在《菽园杂记》卷十里引一耆老的话说：元时豪侠子弟"两臂股皆刺龙凤花草，以繁细者为胜"。明人王明清在《挥麈录·后录》卷三里记载："（李）质少不俭，文其身，赐号锦体谪仙。"此明人两书所说的豪侠子弟和名叫李质的"不俭"者，显然也都是游民闲汉或沾染游滑习气者。这些刺青的人物，实际也就是《水浒传》里一身青龙的史进和遍体花绣的燕青的生活原型。明代下层社会游民中盛行刺青，还可以在明人田艺蘅的《留青日札》第十卷"文身"条中得到证明。田氏写道："余始祖闻氏……家丁健儿五百余口，悉刺为花拳绣腿，以龙凤蛇虫，别其贵贱之分。……余幼时犹及见。会城住房客名孙禄者，父子兄弟，各于两臂背足，刺为花卉葫芦鸟兽之形。"田艺衡这里所记的是他的亲眼所见，从中可以看出：一是刺青者人数极多，二是以刺青之纹样区别贵贱身份，三是有一家数口皆刺青者。由田氏记载，遥想当时情景，那五百余家丁健儿全都身刺青花，舞拳弄脚，该是怎样一种让人眼晕心惊的场面啊！

上边几条材料，都是宋代以来文人所记录的宋元降至明代的游民阶层刺青风气的史实，较之《水浒传》更具有历史真实性，由此也可以看出，宋元明游民刺青，是唐五代游民刺青的继续和发展，其花样翻新，人数规模，显然都在唐五代之上。

明清时期，北京的游民无赖还选择了五月初五这一天作为专门的刺青日。据清朝《日下旧闻考》卷一四七《风俗》引《北京岁华记》记载："端午……无赖子弟以是日刺臂作字，或木石鸟兽形。"选择端午节这一天作为刺青日，大概是出于趋吉避凶的心理，认为这一天最吉利，但我推测未必全年只有在这一天刺青。究竟为何要选择端午节作为刺青日，《北京岁华记》未做解释，不得确解。但从中可以看出，当时北京的无赖子弟已有相对统一的刺青行为，这是他们的团伙意识、物类意识的一种表现，很可能也是一种团伙标志。清代降至民国，游民无赖刺青之风兴盛不衰，特别是秘密社会、流氓团伙成员，常常以刺青为集团标记，如天津的混星子（混混儿）就是以臂刺一条青龙为记。这种刺法，大概是从九纹龙史进那里学来的。

近二三十年来，中国社会大变，万象更新，万物复苏，文身之俗也呈复苏更新之势。其中类如古之游民刺青性质的文身也沉渣泛起，杂糅其中。这种新游民性质的刺青，与普通爱美人士的文身不同，它有浓厚的游民意识乃至流氓意识浸透其中，是一种很低级的趣味，一种陋俗。北京一家文身店署名"刺客纹身工作室"，明文昭示着店主对古代刺客的向往，对游侠一类游民的生活方式的追慕。笔者曾先后见过几个民工，臂上刺着"忍"字，其中一人的"忍"字外又加一方框，我问何意，答曰"方框代表忍耐是有限的"。又见一民工竟于臂上虎头处刺一毛泽东侧面像，问其何意，答曰"就跟的哥挂毛主席像一样，用来避邪保佑的"。

这很像古越人断发文身,"以避蛟龙之害"。但这究竟是古俗之子遗呢,还是个人崇拜的余韵呢,也许都是,但它更是一种失落情绪和追求怪诞的游民意识的表现。我还调查过其他一些民工为什么刺青,他们多不正面回答,而是表情报然,有的则答曰"好玩"。此"好玩"者,实玩世不恭也。九纹龙史进、浪子燕青的刺青,大概都有"好玩"的意思,二人皆玩世不恭之徒。由上述这些民工的刺青之举,可见其身上沾染的游民气、水浒气。

在新游民性质的刺青风气中,流氓无赖的刺青占了很大一部分。如《北京晚报》2005年5月31日《北苑路昨晚被堵3小时》一文报道,这次北苑路被堵,起因是"刺青歹徒狂砍民工"。记者写道,民工们反映当时的现场情况是:"晚上6时许,我们正准备吃晚饭,突然闯进八九个人,他们全都光着上身,胸前胳膊上都有刺青,每人手里都拎着长刀、斧头、铁棒,见人就砍。"这些刺青恶棍,与前文所举的唐代刺青恶徒张干、赵高、葛清、李质完全是一类人物,但从其赤膊文身、使刀弄棒的外貌看,又有几分九纹龙史进"脱膊着,刺着一身青龙"的模样,当然,他们绝不是史进式的侠,而是飞天蜈蚣式的匪。从他们身上,我们真切地看到了游民气、水浒气、流氓气。北京电视台《法制进行时》栏目2005年8月24日播出了这样一个节目:一个迟姓窃贼偷窃竟偷到了公安局宿舍,公安局审问他时,见他胸前刺着关公像,问他:"你觉得关公能保佑你吗?"答曰:"心里有一点安慰吧。"又问:"为什么要刺在胸前呢?"答曰:"(刺在后背）背不起。"这是一个当代恶徒刺青心理的绝好自供，可见其水浒气和三国气杂糅的行为方式和犯罪心态。

四、刺青与流氓意识

流氓恶棍，他们在选择刺青图案时，都是经过细心考虑的，其内容一般都与他们的流氓意识有关，或为惊人，或为吓人，或为自炫，或为言志，或为逞雄建威，或是作为组织标记，或是显示自己桀骜不驯、叛逆狂野，或为求得神灵保佑，等等，古今大致是相同的。上面所举的多条古今游民恶徒刺青的材料，都可以作为这种种刺青动机的例证。诚然，不能说刺青者皆是歹人或沾染有流氓气，但此类人物确属不少，也是不可抹煞的事实。也许正是因为刺青者鱼龙混杂，所以现今征兵条例中有一项规定，凡是刺青者，皆不能入伍。这项规定的立意，显然是为了防止油滑流气之徒混入解放军，以保持解放军传统的庄严诚朴之气不被破坏，使解放军部队成为真正的文明之师。这项规定，从它的社会意义来说，实际是对刺青这种陋俗的抵制和否定，对于净化社会风气，倡导社会文明，有着积极的引导作用。

实际上，即使在古代，对于作为文身之末流的游民恶徒中盛行的刺青之风，执法严肃的政府都是采取取缔甚至镇压的措施的。如《酉阳杂俎》前集卷八《黥》记唐代京都长官薛元赏下令，"市人有点青者，皆灸灭之"，即见到刺青的游民，便用火烧掉他的刺青图案；又命令里长秘密逮捕了三十余名刺青的恶徒，"悉杖杀，尸于市"。处罚是非常严厉的。《菽园杂记》卷十记明初"有为雕青事发充军者"；又记："洪武中，禁例严重，自此无敢犯者。"看来朱元璋对游民恶徒文身极为反感，处罚也相当重，直到无人再敢文身。

没有人统计过当今刺青的人有多少，特别是其中属于流氓恶徒性质的刺青又有多少。也许人们认为这种统计没有必要；也许根本无法统计，因为，刺青者总是在变动着（趋势是增长）。但这实际是个社会学的题目，如果真能大致统计出来，那么我们就可以从这个角度看出当今中国社会的游民气、水浒气和流氓气的分量，我们会更深切地体会到鲁迅所说的"中国社会有三国气、水浒气"的话之不虚。

（刊于《历史学家茶座》，总第 4 辑，2006 年第 2 期）

天国遗恨说洪杨

洪杨者,洪秀全、杨秀清也。洪杨是太平天国的主要领袖,因之,"洪杨"成了太平天国的徽记。天国之命运,主要系于洪杨二人,诚可谓"成也洪杨,败也洪杨"。我论洪杨,重在他们建都天京之后的表现,重在谈历史教训。主要是谈谈他们在"威福、子女、玉帛"面前没有逃脱"周期率"的问题,其次再谈谈他们的"过激"问题。

一、"周期率"即"取而代也"

关于"周期率",毛泽东与黄炎培曾有过一段著名的谈话,洪杨的由盛而衰,就是反映这种"周期率"的一件史实。

鲁迅先生在《"圣武"》一文中曾谈到过刘邦、项羽一类造反者的理想,那就是过帝王生活,满足"威福、子女、玉帛"一类的欲望。刘邦看到秦始皇很阔气,叹曰:"大丈夫当如此也!"项羽看到了,也说:"彼可取而代也!"所谓"如此",指的是秦始皇的阔气,"取而代",就是夺取皇位,自己过阔气的帝王生活。

鲁迅用"威福、子女、玉帛"这几个字精到地概括出了刘项等大小丈夫们"取而代"的目的。鲁迅在这里谈的，实际也就是"周期率"的问题。

所谓"周期率"，在我看来，实质上就是造反的农民领袖在造反成功以后，都想过上一把帝王瘾，而实际结果，又分为两种：一种是长久地过上了帝王瘾，如朱元璋；再一种就是过把瘾就死，如洪杨。

二、大过帝王瘾

洪杨建都天京以前，高举着堂堂正正的造反之旗，干出了惊天地、泣鬼神的伟绩。但建都以后便急速腐化，大过帝王瘾，沉湎于"威福、子女、玉帛"的富贵乡中，终至酿成败亡之局。

天京事变，诸王相煎，是太平天国由盛而衰的转折点，这是史家公认的。但天京事变根源于政治腐化这一点，许多史家却强调不够。所谓政治腐化，是指洪杨对封建等级制的全面接受和对帝王权位的极度贪欲。早在造反之初，洪秀全就以"龙袍角带""威风无比"鼓励兵将随自己打江山。一进天京，洪杨马上将"龙袍角带"一套付诸实施。他们制定的那一套封建性的朝仪、服饰、仪卫舆马、称呼礼制，远远超过了历史上帝王百官的威风。洪秀全被称为"万岁"，深居宫中，享尽帝王尊贵。杨秀清被称为"九千岁"，也是威风无比。但是，杨秀清并不以

"九千岁"为满足,他还想再加上一千岁,也过一把帝王瘾。于是洪杨之间便发生了"岁数之争",亦即王位之争。在洪秀全看来,天国只能是"朕"一人称"万岁",你杨秀清岂可称之?于是,杨秀清被诛杀,天京事变也由此酿成。在中国历史上,明朝大太监魏忠贤也是被称为"九千岁"的,但他及"九千"而止,未敢窥视帝位(也许因考虑到自己是"半个女人"),杨秀清却不然,他要再加一千岁,取代洪秀全。如此看来,在称"万岁"这个问题上,魏忠贤也要略逊杨秀清一筹。

洪杨政权在政治腐化的同时,生活上也急速腐化。天京刚刚建立,清军尚虎视眈眈地驻扎在东门外孝陵卫的时候,洪杨就认为此时"正是万国来朝之候,大兴土木之时"(《招集工匠造建宫殿札谕》)。于是大肆兴建天朝宫殿和诸王府。建造这些宫殿府邸,动用了大批工匠,日夜劳作,时人有"木工瓦工千万人,营营扰扰晨至昏"的描述(马寿龄《金陵癸甲新乐府·造宫殿》)。这些宫殿府邸富丽堂皇,被形容为"穷极工巧,骋心悦目"(张德坚《贼情汇纂》)。在婚姻问题上,洪杨及诸王、官员们更是腐化至极。建都天京前,洪秀全已有36个娘娘,建都天京后,猛增至88个。其他诸王和官员们也按照等级享有多个娘娘。鲁迅写过阿Q的造反理想,即"威福、子女、玉帛"之类。洪杨就很像阿Q,造反一成功便先把土谷祠弄舒服,然后金屋藏娇,弄些赵司晨的妹子、邹七嫂的女儿、吴妈之类的女人来享乐。帝王生活,包括宫殿、嫔妃等等,历来为农民造反领袖所艳羡。但像洪杨这种尚未推翻朝廷,凶悍的清军尚在家门口扎营的情况下,便急不可耐地过上帝王生活的农民领袖,实不多见。我揣测,洪杨很有一点"过了帝王瘾,哪怕赴黄泉"(也就是"过把瘾就死")的心态,要不怎么连咫尺之遥的敌军也全然不顾,而只管放情享乐呢?

洪杨建立特权制度,享受特权,是靠了神权做保障的。天王需要老百姓献纳女人,太平天国的宣传家便向老百姓讲道理:"天王(洪秀全)为天父第二爱子,救尔世人,尔等俱要报恩。"(谢炳《金陵癸甲纪事略》)怎么报呢?"细思尔等有女,各要贡献天王。"(同上)这就是说,天王是救苦救难的神,他需要女人,你们就要献出。人们都知道,洪杨造反,是以拜上帝教为工具的,但一旦造反取得若干成功,他们便又把此教作为维护特权的工具了。

历代君王都自称天子、龙种,自我神化;"神道设教"(即用神来治人)又是他们通用的统治术。洪杨在这些方面,与他们并无二致。不同的是,洪杨的自我神化翻出了新花样。洪杨不仅搬来了洋神统,说自己是洋神统中的一员大神,还改造了中国的土神统,把自己塑造成了华夏土神。按照太平天国宣传家的说法,洪秀全是太阳,普照万方,杨秀清是圣神风,萧朝贵是雨师,冯云山是云师,韦昌辉是雷师,石达开是电师,世界就是由这诸位尊神统治着的。考察一下诸王自封的这些神明,可以看出,从太阳到电师,统统都是极原始的天象神,而这些天象神,又都是原始农业经济的产物，是远古以来庄稼汉们的敬拜对象。洪杨虽然造了大清的反，但与孙中山的颠覆清王朝全然不同。洪杨是旧式农民的造反。这单从他们的宗教观念中也能看得一清二楚。

鲁迅的眼光真是犀利，他论刘项，写阿Q，都抓住了"威福、子女、玉帛"这六个字，实际也就是抓住了历代农民起义的"周期率"的症结。洪杨之败，实际也就败在这六个字上。洪秀全实际与刘邦一样，也是一看到皇家的阔气，便寻思："大丈夫当如此也！"杨秀清也如项羽，说是"彼可取而代也！"从刘项到洪杨，虽然相隔了近两千年，但所思所求却并无本质的不同，这就是所谓"周期率"。说到洪杨的揭竿而起，有人谓之"造反"，有人谓之"起义"，也有人谓之"革命"。我觉得称为"起义"最准确。因为这个词既肯定了洪杨造反的正义性，又与那种使生产关系发生质变的经典意义上的社会革命相区别。如果一定要称洪杨的起义是"革命"，那么也只是那种推翻旧朝，建立新朝的革命，即"汤武革命"式的改朝换代。但实际上，洪杨还没有完成改朝换代，就急急地过上了帝王生活，结果迅速败亡了，正所谓"过把瘾就死"。历史的定律就是这样：你非要过一把瘾，也就非死不可。

三、"割尾巴"、灭家庭及其他

洪杨在起义过程中,实行过很多革命性的政策,但也有过很过激的行为。建都天京以后,洪杨一面腐化得很厉害,一面却提出和实施了不少过激政策。这使太平天国政权大失人心。

一提起《天朝田亩制度》(简称《制度》),人们总是肃然起敬。因为它提出了"有田同耕,有饭同食,有衣同穿,有钱同使,无处不均匀,无人不饱暖"的美好理想。但细细读之,问题就来了。这个《制度》,仅仅是个平均主义的理想(诚然,有此理想已很不简单),其操作方案则根本不能调动农民的生产积极性,更不可能使农民富起来。因为《制度》规定,每家收成以后,除留下够吃、够用的粮食、布帛、鸡犬、银钱以外,"余则归国库"。也就是说,生产多了的超额部分,要无偿上缴,统统归公。那么留下多少呢?单说牲畜,"凡天下每家,五母鸡,二母彘(猪)"。也就是说,第六只鸡,第三头猪,便要归国库了。如此规定,农民哪有积极性,哪能富起来呢?近代史专家杨天石把这种"余则归国库"的做法称为"割尾巴",我觉得既恰切又很有意思。所谓"割尾巴",也就是消灭私有。但是,以太平天国所具有的小农经济的生产力水平,就能生产那么点东西,怎么能随便消灭私有呢?显然,"割尾巴"是一种过激、空想的政策。大概也正是由于它的过激和空想,所以根本就没有实行过,因为根本行不通。

洪杨还实行过多项过激政策。其中最让老百姓叫苦连天的，是在天京等地设立男馆女馆，消灭家庭。按照洪杨的规定，原来的家庭统统不算数了，无论夫妻、父子、兄弟、姊妹，都要重新排列组合，按照性别分别进入男馆、女馆生活。于是，"父母兄弟妻子立刻离散"，"虽夫妇母子不容相通"（《中国近代史料丛刊·太平天国》），"男女异地，夫妇不相闻"（《太平天国史事日志》），甚至原来的家庭成员在街头相遇，也"只许隔街说话"，纵是万分伤心，也"不许流泪"，否则便有杀头之祸（《太平天国史料丛编简辑》）。这些史书上留下的记录，今人读起来也许会感到匪夷所思，不熟悉太平天国史料的人还可能会怀疑其真实性。但是，这是确凿的事实。洪杨如此荒唐地以馆代家，不论是出于何种动机，也不论做出何种解释，总归都是会导致人心丧尽。因为这种浩劫式的家庭变革，违反了最起码的人性和天伦。

禁缠足，本是太平天国的一项善政，但由于实行了过激的措施，善政竟演成了虐政。洪杨规定，已缠足者必须放足，违者斩首。结果，"妇女皆去脚带，赤足而行，寸步维艰，足皆浮肿，行迟又被鞭打，呼号之声，不绝于道。"（《金陵癸甲纪事略》）于是，大批缠足妇女不惜以寻死来求解脱。有记载说，某地十天之内，"寻死者以千计"。这是多么可悲的局面！结果，颁令者不得不收回禁令。这正是所谓"过犹不及"：过激的禁令转化为取消禁令，善政因过激的措施而化作了轻烟。

关于太平天国实行了一些过激政策的问题，以往史学界似乎重视不够，甚至有为其祖护者。其实这是个大问题。政权存亡，系于民心。洪杨的腐化，本已大失人心，而其实行的灭家庭、迫害缠足妇女等措施，更是极为丧失民心的暴虐、愚蠢之举。这些举措所造成的民心背离，给太平天国内部带来了相当的不稳定，因而成为洪杨败亡的重要原因之一。

四、跳出"周期率"

洪杨起义，反抗压迫，乃天经地义。这也应该叫做"天赋人权"吧。洪杨的败亡，是很可悲可叹的事，是中国农民起义的一大悲剧。但话说回来，洪杨成功了又会怎么样呢？也不过就是在中国史的年表上再加一个封建的"天朝"罢了。这是新民主主义革命之前的农民运动的必然归宿。试想，成天口称"朕"，耳听"陛下"的洪秀全会采取选举制、实行立宪政治吗？这是旧式农民运动的天然局限性所致。只有作为中国共产党领导的新民主主义革命一部分的农民运动，才改变了传统农民运动的性质，跳出了封建性的改朝换代的"周期率"，具有了全新的历史命运。

（刊于《北京日报·理论周刊》，2000年7月31日）

沈三白师爷生涯考略
——《浮生六记》发隐

沈三白,名复,清代乾嘉时人。是中国古典文学名著《浮生六记》的作者。

《浮生六记》问世以后,备受文人学士的青睐,专门谈论此书的文章及在各种文章中涉及此书的文字,不可胜计。近年来,又有多家出版社出版了此书的校点本、注释本。这些文章、注释在谈到沈三白从业的经历时,大都相当简略,往往以"一生游幕""习幕经商"等寥寥数语概括之;在有的注释中,对沈三白从事幕业的有关文字的解释也很不准确,如把"幕府"释为"官衙",等等。《孟子·万章下》云:"读其书,不知其人,可乎?"读《浮生六记》,就必须弄清沈三白究竟为何许人。这样才能真正读懂《浮生六记》,同时也能因此而深入了解清代幕业的历史状况。以往人们之所以对于沈三白的游幕生涯只有简略的了解,大概是因为《浮生六记》在这方面提供的材料太少。但是,笔者认为,如果细心爬梳、索解,还是能考索出沈三白从业经历的许多情况的。沈三白一生以游幕为主,经商是很次要的,所以,沈三白就社会职业而言，主要是个师爷，亦即幕宾。本文所考索的，就是沈三白的师爷生涯。《浮生六记》是作者的自传文。作者谓所述皆"实情实事"[1]，因此，此书是了解沈三白的最真实可信的第一手资料。

一、沈三白是个师爷

沈三白在《浮生六记》中说到自己的经历时，多次提到以下词语：

1. 习幕。"余则从此习幕矣。"[2]
2. 游幕。"余游幕三十年来……"[3]
3. 幕游。"此余幕游以来，第一好居室也。"[4]"值余幕游于外，芸能亲为灌溉，花叶颇茂。"[5]芸，即沈三白的妻子陈芸。她善女红，能吟诗，与沈三白是一对"鸿案相庄"的幸福伴侣。
4. 浪游。"此抛书浪游之始。"[6]
5. 笔耕。"笔耕而炊，终非久计。"[7]

---

[1] 《浮生六记》卷一《闺房记乐》。此书版本较多，笔者使用的是两种版本，一是书目文献出版社1993年版，一是甘肃人民出版社1994年版。
[2] 《浮生六记》卷四《浪游记快》。
[3] 同上。
[4] 同上。
[5] 《浮生六记》卷二《闲情记趣》。
[6] 《浮生六记》卷四《浪游记快》。
[7] 同上。

6. 幕。"余幕泰州时。"[1]

7. 馆。"余馆真州。"[2] "余连年无馆。"[3] "张亦失馆,度岁艰难。"[4]

这些词语,在清代都是相当流行的,在这里所说的都是当师爷。"幕",指幕府,清代地方衙门的幕府指师爷班子或师爷的办公地。师爷在清朝正式官文书中称为"幕友""幕客""幕宾",但"师爷"一称最流行,使用最广泛。"幕"作动词用时,指作幕,即当师爷。"习幕",既指学习幕业,又指从事幕业。"游幕""幕游""浪游"也都是指当师爷;所用"游"字,概括了当师爷的重要职业特征,即抛妻别子,随官赴任,奔走各地,浪迹天涯。"笔耕",在这里也是代指当师爷,因为师爷的主要工具是笔,所谓"操三寸管,臆揣官事"。[5] 师爷又称为"刀笔师爷"。"馆",作名词时指幕馆、馆地,即师爷的办公地,也指幕职,做动词用时也指当师爷。总之,上引这些多次出现在《浮生六记》中的词语都表明沈三白是一个师爷,一个清代重要的社会职业群体——师爷中的一员。

---

[1] 《浮生六记》卷三《坎坷记愁》。
[2] 同上。
[3] 同上。
[4] 同上。
[5] (清)汪辉祖《佐治药言》"立心要正"及"素位"篇。《佐治药言》为《龙庄遗书》之一种,清刻本。

二、沈三白是苏州籍师爷，
也可说是泛称意义上的"绍兴师爷"

"绍兴师爷"一词，在人们使用时一般有三种含义。一是指绍兴籍师爷，即乡籍是绍兴府（含山阴、会稽、余姚、萧山、诸暨、上虞、嵊、新昌八县）的师爷；一是专指绍兴籍刑名师爷；[1]一是泛指刑名、钱谷、征比、挂号、书启等师爷，特别是泛指刑、钱师爷。第三种含义是由第一、二种含义辗转流传后形成的，人们说起某人是师爷时，往往不说"师爷"，而说是"绍兴师爷"，却不细问其是否真是绍兴籍，在这里，"绍兴师爷"已成为师爷特别是刑、钱师爷的代名词，成为一种约定俗成的泛称。形成这种泛称的原因，是因为绍兴籍师爷在师爷中具有典型性，且名声最大。

沈三白家"居苏州沧浪亭畔"[2]，是苏州籍人，不是严格意义上的绍兴师爷，但却是泛称意义上的绍兴师爷，他除了籍贯与绍兴籍师爷不同外，其他的师爷特征都与绍兴籍师爷并无二致，因此，沈三白无疑是绍兴师爷一类人物。在《浮生六记》中，沈三白提到在吴江县幕府中"与山阴章蘋江、武林章映牧、苕溪顾蔼

---

1 周作人《关于绍兴师爷》，见陈子善编《知堂集外文（四九年以后）》，岳麓书社1988年版。
2 《浮生六记》卷一《闺房记乐》。

泉诸公同事"，[1]在海宁州幕府中"与白门史心月、山阴俞午桥同事"，[2]其中，山阴章蘋江、俞午桥都是标准的绍兴籍师爷。沈三白本人与武林章映牧、苕溪顾霭泉、白门史心月等几个师爷，除了籍贯与章蘋江、俞午桥不同外，其他的师爷特征都是一样的。绍兴是著名的师爷产区，俗谚"无绍不成衙"表明了绍兴籍师爷分布的广泛。苏州实际上也是个出过很多师爷的地方，是师爷的摇篮。主编过幕学名著《入幕须知五种》的清代名幕张廷骧就是苏州人。沈三白在《浮生六记》卷三、卷四中说到的他的知己之交顾金鉴和友人张禹门，也都是苏州籍师爷。沈三白本人正是苏州"出产"的许许多多师爷中的一个。

三、沈三白是个学有师传、有家学渊源、子承父业的师爷

清人顾肇熙在《入幕须知序》中说："幕为专门名家之学。"意思是说，作幕当师爷是一门具有专门知识的专家之学。这种幕业的专业知识称为"幕学"或"幕道"。特别是其中的刑名、钱谷两种行当，专业知识性就更强。这就需要拜师学幕。师分两类，一是亲缘性的，一是非亲缘性的。前者具有家学的性质。清

---

1 《浮生六记》卷四《浪游记快》。
2 《浮生六记》卷四《浪游记快》。

代师爷的亲缘性很强，常常是父子、祖孙相传或"从戚习幕"，徒弟所学真正是所谓"有家学渊源"。沈三白学幕的老师，既有亲缘性的，又有非亲缘性的。

沈三白的父亲沈稼夫就是个师爷，曾在山阴、会稽、吴江、海宁等州县作幕。山阴、会稽是绍兴府的附郭县，即最重要的两个县，绍兴府是所谓正宗师爷的产地，不知出过多少有名的师爷，沈稼夫作为一个外地人，能在山阴、会稽这一绍兴师爷的老窝谋到幕馆，当上师爷，没有较高的作幕本领是不可能的。这说明，沈三白的家学条件是相当好的。但沈稼夫原本并不想让沈三白学幕。后因自己病笃才给沈三白找了一个幕学老师。

沈三白在《浮生六记》中写道："辛丑（乾隆四十六年）秋八月，吾父病疟返里。……吾父呼余嘱之曰：'我病恐不起。汝守数本书，终非糊口计。我托汝于盟弟蒋思斋，仍继吾业可耳。'越日，思斋来，即于榻前命拜为师。未几，得名医徐观莲先生诊治，父病渐瘥。……而余则从此习幕矣。"[1] 沈稼夫原估计自己一病不起，便决定让沈三白拜师学幕，继承己业，后来沈稼夫的病竟瘥愈了，而沈三白则因父病这一契机而终生当了师爷。沈稼夫的把兄弟蒋思斋是沈三白学幕正式拜的老师。沈三白在跟随蒋思斋习幕的同时，自然也会深受父亲对自己的幕学教诲。这样，沈三白就有了两个幕学老师，一个是亲缘性的，一个是非亲

---

1 《浮生六记》卷四《浪游记快》。

缘性的。

清代随师学幕的地点有两种情况：一是如果幕师有馆地，徒弟便随到馆地；一是如果幕师暂无馆地，徒弟则吃住在幕师家中。沈三白常随有馆地的蒋思斋到幕馆中"随事勤习"。《浮生六记》写道："思斋先生名襄，是年（乾隆四十六年）冬，即相随习幕于奉贤官舍。"[1] 又，"癸卯（乾隆四十八年）春，余从思斋先生就维扬之聘。"[2] 后来，沈三白又常跟随在州县幕中任职的父亲边干边学，即一面当助手，一面继续接受父亲的幕学指教。《浮生六记》写道："甲辰（乾隆四十九年）之春，余随侍吾父于吴江何明府幕中。"[3] "随侍"二字，是清人说到随长辈学幕并做助手这一情况时的常用语。如著名绍兴师爷许葭村在《秋水轩尺牍·与黄封三》中写到他的表兄、师爷黄封三的儿子"随侍"黄封三："老表兄邀游塞外，得令郎随侍莲帷，晨昏分筹笔之劳。"[4] "莲帷"指幕府、幕馆，"随侍"即指边当助手，边学习幕业。沈三白"随侍"父亲与黄封三之子"随侍"父亲的情形是一样的。

---

[1]《浮生六记》卷四《浪游记快》。
[2] 同上。
[3] 同上。
[4] 许葭村《秋水轩尺牍·与黄封三》，湖南文艺出版社1987年版。

四、沈三白弃书习幕是出于生计原因

沈三白习幕之前在家读书,是准备走科举之路的,但从前引沈三白在《浮生六记》中所谈自己"习幕"之缘起的话中可以看出,由于父亲对他生计的忧虑,他便遵父命从事了幕业。这就是父亲所说的"汝守数本书,终非糊口计。我托汝于盟弟蒋思斋,仍继吾业可耳"。[1] 沈三白把这一抛弃举业而习幕之举称为"抛书浪游"。[2] 所谓"数本书"之书,"抛书浪游"之书,指的都是四书五经之类的科举用书。清代读书人如果不再读书走科举之路,而去当师爷,便常说是"弃书读律""弃书习幕",沈三白所说的"抛书浪游"也正是这个意思。

清代读书人选择幕业,最普遍、最重要的原因是为生计考虑,所谓"以幕疗贫",如著名绍兴师爷龚未斋说:"读书无成,迫于饥寒,则流为幕宾。"[3] 另一著名绍兴师爷汪辉祖说:"吾辈以图名未就,转而治生,惟习幕一途,与读书为近,故从事者多。"[4] 习幕能疗贫,因为该业收入可以养家糊口,弄好了,还可以达到小康富足。沈稼夫让沈三白抛书习幕,也正是出于这一考虑。

---

[1] 《浮生六记》卷四《浪游记快》。
[2] 同上。
[3] 龚未斋《雪鸿轩尺牍·答周汜荇》,湖南文艺出版社1987年版。
[4] 《佐治药言·勿轻令人习幕》。

五、沈三白拜师学幕的年龄和
独立应聘作幕的年龄

沈三白生于乾隆癸未冬十一月二十二日,[1]是为乾隆二十八年（1763）。前文已引，沈三白正式拜师学幕是在乾隆辛丑八月，是为乾隆四十六年（1781），也就是说，沈三白十九岁那年正式拜师学幕。清代学幕者当中，既有年轻人，也有年岁大的，但以年轻人为多，大多是十七八岁到二十几岁开始学幕。著名的绍兴师爷汪辉祖学幕时二十二三岁，另一颇有名气的晚清师爷陈天锡十八岁开始学幕，《儒林外史》人物倪廷珠说自己"自从二十多岁的时候就学会了这个幕道"。沈三白开始学幕的时间与其他年轻人开始学幕的时间大体相同而偏早。

沈三白学幕何时满师，《浮生六记》语焉不详；何时独立应聘作幕，书中所记也不很明确，但卷四有这样一句话："余年二十有五，应徽州绩溪克明府之招。"[2]意思是二十五岁那年应绩溪县克姓县令之聘当了师爷。这一年是乾隆五十三年。这句话写得很郑重，这种标明在某地作幕时的年龄的文字，在《浮生六记》中仅此一处。这似乎是沈三白在有意表明，二十五岁那年是

---

1 《浮生六记》卷一《闺房记乐》。
2 《浮生六记》卷四《浪游记快》。

他独立应聘作幕的年头。沈三白独立应聘作幕之后,有些时期仍回到父亲身边"随侍"父亲——与父亲同幕,既做父亲的助手,又继续向父亲学习。《浮生六记》写道:"庚戌(乾隆五十五年)之春,予又随侍吾父于邗江幕中。"[1]这时他二十七岁,是到徽州绩溪县做师爷之后两年的事。

六、沈三白是个幕游多年,足迹遍布江浙皖鲁等省的师爷

当师爷的重要职业特征是随官赴任,远离故土,幕游各地,过的是一种轮蹄征逐、浪迹天涯的漂泊生活。名幕汪辉祖做了三十四年师爷,先后在江浙十几个府州县衙中任职[2],名幕龚未斋作幕几十年,遍历华北地区。[3]沈三白比汪、龚二人并不逊色,他在《浮生六记》中说:"余游幕三十年来,天下所未到者,蜀中、黔中与滇南耳。"[4]可知他游幕的时间长达几十年,足迹更是遍布天下。在《浮生六记》中留下记录的他曾经游幕(包括随侍父亲游幕)过的地方有:

1. 邗江。"庚戌之春,予又随侍吾父于邗江幕中。"[5]邗江,指

---

[1] 《浮生六记》卷三《坎坷记愁》。
[2] 汪辉祖《病榻梦痕录》,收入《龙庄遗书》,清刻本。
[3] 龚未斋《雪鸿轩尺牍·答周汜荐》,湖南文艺出版社1987年版。
[4] 《浮生六记》卷四《浪游记快》。
[5] 《浮生六记》卷三《坎坷记愁》。

扬州府一带,即今江苏省扬州市。

2. 真州。"壬子春,余馆真州。"[1] 真州,指扬州府仪征县一带,即今江苏省仪征市。

3. 泰州。"盖余幕泰州时,……"[2] 泰州,时属江苏省扬州府,即今江苏省泰州市。

4. 江都。"江都幕客章驭庵先生欲回浙江葬亲,倩余代庖三月。"[3] 江都县为扬州府附郭县,即今江苏省扬州市江都区。

5. 奉贤。"是年冬,即相随习幕于奉贤官舍。"[4] 奉贤县,时属江苏省松江府,今属上海市。

6. 维扬。"余从思斋先生就维扬之聘。"[5] 维扬,指江苏省扬州府。

7. 吴江。"甲辰之春,余随侍吾父于吴江何明府幕中。"[6] 吴江县,时属江苏省苏州府,即今苏州市吴江区。

8. 海宁。"至海宁,与白门史心月、山阴俞午桥同事。"[7] 海宁州,时属浙江省杭州府,即今海宁县。

9. 绩溪。"应徽州绩溪克明府之招。"[8] 绩溪县,时属安徽省徽

---

[1] 《浮生六记》卷三《坎坷记愁》。
[2] 同上。
[3] 同上。
[4] 《浮生六记》卷四《浪游记快》。
[5] 同上。
[6] 同上。
[7] 同上。
[8] 同上。

州府，今属安徽省宣城市。

10. 青浦。"遂就青浦杨明府之聘。"[1] 青浦县，时属江苏省松江府，今属上海市。

11. 莱阳。"明年二月，余就馆莱阳。"[2] 莱阳县，时属山东省登州府，即今莱阳市。

12. 江北。"馆江北四年，一无快游可记。"[3] 江北，指长江以北。

从这些记录看，沈三白游幕的足迹遍布大江南北，包括江浙皖鲁等省，但主要是江浙二省，这与和他同时代的名幕汪辉祖在江浙作幕几十年的情形是一样的。

七、沈三白是个基层衙门的师爷

清代地方衙门，不论是总督、巡抚、布政使、按察使等高级衙门，还是州县基层衙门，都有师爷。高级衙门的师爷不直接亲民，很少直接审理案件、督催钱赋，而是操办高层幕务，其待遇较高。基层衙门的师爷则直接亲民，直接处理刑名、钱谷等大量具体、琐碎的事务，其待遇相对较低。沈三白一生当的基本都是基层衙门的师爷。从前述沈三白游幕的地方看，他除在扬州府随幕师学习过幕业外，都是在州县衙门中当师爷，他干的都是亲

---

1 《浮生六记》卷四《浪游记快》。
2 同上。
3 同上。

民的事务,是具体、琐碎的事务。

八、沈三白可能懂得刑名之学,也可能就是个刑名师爷或刑钱师爷

师爷的种类很多,州县衙门中的师爷一般有五种,即刑名、钱谷、书启、征比、挂号。这五种师爷并不是每个州县都俱全,有的州县只有二三种或一二种。在这几种师爷中,刑名、钱谷是最重要的,也是最常见的,一个州县的师爷种类再少,也必有刑名、钱谷师爷,即使只有一个师爷,也往往是刑、钱兼于一身,称为刑钱师爷。沈三白在州县衙门中任师爷,必是上述各种师爷中的一种。

为什么说沈三白可能懂得刑名之学,甚至可能就是个刑名师爷或刑钱师爷呢?因为,其一,沈三白曾正式拜师学幕。清代这种拜师学幕者所学的多是刑名、钱谷之学。在刑名、钱谷、书启、挂号、征比这几种幕业行当中,以刑名、钱谷的专业性最强,必须专门拜师学习才能掌握,其他几种则专业性相对较弱,不一定要从师学习。晚清师爷陈天锡说:"学幕是学习刑钱之通称。"[1]他把幕学全部归结为刑钱之学。汪辉祖甚至说:"幕之为学,

---

1 陈天锡《清代幕宾中刑名钱谷与本人业此经过》,见蔡申之辑《清代州县四种》,台湾文史哲出版社1975年版。

读律而已。"[1]沈三白是正式拜师学幕的，虽然他在《浮生六记》中未明确说出学的是什么行当，但一般来说，这种正式拜师学幕者，学的多是刑名、钱谷之学。其二，沈三白曾参与过案件的处理。他在书中写道："盖余幕泰州时，有曹姓，本微贱。一女有姿色，已许婿家。有势力者放债谋其女，致涉讼。余从中调护，仍归所许。"[2]要在这桩放债谋女案中进行"调护"——对弱者施以援手，不懂得一些刑名之学是不行的，沈三白通过"调护"而使案子按照己意了结，这表明他是懂得刑名之学的，否则很难获胜，也表明沈三白可能就是审理这件讼案的刑名师爷或刑钱师爷。

如果要认定沈三白就是刑名师爷或刑钱师爷，仅有上述两条理由是不够充分的，因此，笔者只做推测，不做认定。

九、沈三白是个穷师爷

在清代，师爷的收入一般足够基本的生活之需，一些名幕或高级衙门的大幕，因收入较丰，生活过得还相当富足。但有一种师爷，生活却相当贫困，这就是所谓"搁笔师爷"。"搁笔"，顾名思义，即搁置刀笔，未行笔耕；"搁笔师爷"，即未找到馆地

---

1 汪辉祖《佐治药言·须体俗情》。
2 《浮生六记》卷三《坎坷记愁》。

或失去馆地的师爷。这种师爷没有任职，也就没有收入，所以生活困穷。汪辉祖在《佐治药言·范家》中有云："失馆必至于亏，谚所谓'搁笔穷也'。"说的正是这种情况。沈三白虽然做幕多年，但其间常做搁笔师爷，所以生活一直较为困穷。沈三白是个备受"搁笔穷"折磨的师爷。《浮生六记》留下了很多他因"搁笔"而困穷的记述。例如：

1. "余连年无馆，设一书画铺于家门之内。三日所进，不敷一日所出。焦劳困苦，竭蹶时形。隆冬无裘，挺身而过。"[1] 这是说因没有谋到幕馆而卖画度日，过着艰辛的生活。

2. "夜至江阴江口，春寒彻骨，沽酒御寒，囊为之罄。踌躇终夜。拟卸衬衣，质钱而渡。"[2] 旅费不足，竟至欲卖掉御寒之衣。

3. "江都幕客章驭庵先生欲回浙江葬亲，倩余代庖三月，得备御寒之具。"[3] 此言因有一师爷暂离幕馆而请自己代理幕职，故有了一些收入，解决了冬日御寒的问题。

4. "（芸娘死后）承吾友胡肯堂以十金相助，余尽室中所有，变卖一空，亲为成殓。"[4] 爱妻去世，竟无钱装殓，幸得友人相助，加之变卖家产，才将装殓之事办得。

5. "明年春，将之维扬，而短于资。有故人韩春泉在上洋幕

---

1 《浮生六记》卷三《坎坷记愁》。
2 同上。
3 同上。
4 同上。

府,因往访焉。衣敝履穿,不堪入署,投札约晤于郡庙园亭中。及出见,知余愁苦,慨助十金。"[1] 旅费不足,向人央告,衣破鞋破,竟至不堪入署的地步。

类似内容的记载,《浮生六记》中还有不少,不再一一列举。这些记载,无疑说明沈三白是一个穷师爷。虽然书中也有一些沈三白花钱嫖妓的记载,但这种生活只是一时的,穷困才是沈三白生活的常态。

搁笔师爷的出现,源于师爷间对于幕馆的竞争。龚未斋曾描绘过清代师爷激烈地竞争幕馆的情况:"百人就幕,入幕者不过数十人。……一省只此百十余馆,而待聘者倍焉,此中夤缘以势,结纳以利,捷足者先登,下井者投石,人情叵测,世路崎岖,盖有不可胜言!"[2] 沈三白"搁笔",就是他竞争幕馆失利的结果。在沈三白的心目中,能谋到幕馆就是生活中的最大幸事了。他的爱妻芸娘亡故后,他在芸娘的坟前祷祝的就是希望芸娘的亡灵能保佑他谋到幕馆。他在《浮生六记》中写道:"重阳日,邻冢皆黄,芸墓独青。……余暗祝曰:'秋风已紧,身尚衣单。卿若有灵,佑我图得一馆,度此残年,以待家乡信息。'"[3] 阵阵秋风,使他倍感谋馆的急迫性,他把种种生活希望都寄托在能谋到幕馆上了。

---

1 《浮生六记》卷四《浪游记快》。
2 龚未斋《雪鸿轩尺牍·答韫芳六弟》。
3 《浮生六记》卷三《坎坷记愁》。

十、沈三白是个正直的师爷

师爷有优劣之分,既有品学俱优、刚直不阿的师爷,也有品行不端、谋私作恶的劣幕。沈三白是个正直的师爷。这可以从《浮生六记》的一些记述中看出来。

1. 沈三白在一桩放债谋女案中帮助受害者打赢了官司。这桩案件,前文已引述。在此案中,恶者有钱有势,逼债谋女,善者无钱无势,行将受害,沈三白站在善者、弱者一方,对其鼎力相助,使得恶者败诉,善者获胜。沈三白颇类似《水浒传》中解救金翠莲父女、拳打镇关西的鲁达。

2. 沈三白厌恶官场官衙中的龌龊黑暗,宁肯弃儒经商。他写道:"余自绩溪之游,见热闹场中卑鄙之状,不堪入目,因易儒为贾。"[1] "热闹场"指官场官衙,"儒"在这里指当师爷。清代的官场官衙,弊端极多,卑鄙龌龊之状触目皆是,沈三白品性刚直,看不惯这些怪现状,便毅然做出了弃儒经商的决定。虽然后来因经商不顺而重当师爷,但沈三白的刚直性情却在此事中显现无遗。

3. 沈三白是个不会溜须拍马、随人俯仰的骨鲠之士。他写道:"余凡事喜独出己见,不屑随人是非。"[2] 在官场上,凡是喜独

---

[1] 《浮生六记》卷四《浪游记快》。
[2] 《浮生六记》卷四《浪游记快》。

出己见，不随人是非者，必不是拍马溜须者。沈三白的自白，表明了他在官场上以及平素为人处世的一贯态度。

4. 沈三白是个宁贫不贪的师爷。本来，师爷手握刀笔，做事公门，受贿贪赃是很容易的，所谓"笔头溜一溜，银子一畚斗"；如果在师爷任上时多贪一点，即使一时失馆搁笔了，也不至于弄得穷困至极。但沈三白却很穷，且一生都没有富过，这就不能不让人想到，他的穷，其重要原因，当是因为他平素在师爷任上时不事贪敛（在前述沈三白帮助曹氏父女打官司一事中，如果沈三白站在放债者一方，是能够得到很多钱财的），结果一旦失馆便弄得相当困穷。沈三白的困穷，可以作为他是个清廉的师爷的重要佐证。

十一、沈三白对从事幕业感到不快和厌烦

沈三白从事幕业是他父亲的主意，是为了解决生计问题。沈三白本人对幕业谈不上有兴趣，而是作为谋生手段来看待的。在《浮生六记》中，常可看到他流露出对从事幕业的不快和厌烦的情绪。

在《浪游记快》一卷中，他记述了父亲病中命他拜师学幕的情形，在这段记述之末，他写道："余则从此习幕矣。此非快事，何记于此？曰：此抛书浪游之始，故记之。"[1] 可以看出，沈

---

1 《浮生六记》卷四《浪游记快》。

三白对从事幕业是很感不快的，他在写这篇传记文时，若不是考虑到拜师学幕是自己人生道路上的里程碑，则根本不愿去记述它，因为他认为"此非快事"。《浪游记快》提到了不少作幕的事，但所记的快事，基本都是游览名胜、娱乐交游等作幕以外的事，对于作幕本身，则无快事记之，相反，却感到作幕妨碍了自己游览山水名胜的雅兴。他写道："惜乎轮蹄征逐，处处随人，山水怡情，云烟过眼，不过领略其大概，不能探僻寻幽也。"[1]"轮蹄征逐"，指乘车马应幕主之召随行，"处处随人"之人，指幕主。他觉得处处要听幕主的安排，结果使那些美景如过眼云烟，不能细细品味，太遗憾了。

《坎坷记愁》是《浮生六记》设置的专记坎坷愁苦的专卷。所记内容有相当多的都是因从事幕业特别是因失馆而带来的种种坎坷愁苦，诸如"焦劳困苦，竭蹶时形""商柴计米""枵腹忍寒"、典卖衣物等等，字里行间明显地流露出沈三白对作幕生涯的不快和厌烦，许多情节都是痛苦的回忆。清代的师爷对自己所从事的职业感到不快和厌倦，是很普遍的现象。师爷名著《雪鸿轩尺牍》和《秋水轩尺牍》中就有很多作者对幕业的牢骚话。如龚未斋说自己是"天涯沦落人""薄命劳人"；许葭村感叹说："半担琴书，一肩风雨，作东西南北之人，每自寻思，不胜感慨！"沈三白对幕业的不快和厌烦，与龚、许二人的情绪是一样的。

---

1 《浮生六记》卷四《浪游记快》。

十二、沈三白是个多才多艺的师爷，
其才艺与师爷生涯有关

沈三白是个写小品散文的圣手，是一个真正的文学家。《浮生六记》就是证明。这是一部卓越的小品散文作品，一部文学珍品。关于它的文学价值和文学特色，清代以来评论文字相当多，其中俞平伯为该书重刊写的序言中的评论尤为中肯。有云："即如这书，说它是信笔写出的，固然不像；说它是精心结撰的，又何以见得？这总是一半儿做着，一半儿写着的；虽有雕琢一样的完美，却不见一点斧凿痕。犹之佳山佳水，明明是天开的图画，然仿佛处处吻合人工的意匠。当此种境界，我分析推寻的技巧，原不免有穷时。此《记》所录所载，妙肖不足奇，奇在全不着力而得妙肖；韶秀不足异，异在韶秀以外竟似无物。俨如一块纯美的水晶，只见明莹，不见衬露明莹的颜色；只见精微，不见制作精微的痕迹。"[1]这段评论，足能帮助我们领略沈三白的才气和文学造诣。《浮生六记》的某些文学特色，与沈三白是师爷也有些关系。比如，此书无酸语、赘语、道学语，全是真性情、真面目，就与他不是斯文举子和正规官员，而是个职业上、精神上较为自由的师爷有关。有人评论他在《浪游记快》中的游记文字

---

[1] 俞平伯《重刊浮生六记序》，书目文献出版社1993年出版的《浮生六记》附录。

道:"对于一山一水,很概括地形容上几句,而这些形容的话,却又似'老吏断狱'一般的,一点儿移易不得!"[1]师爷行文与断案的笔法,就是这种所谓"老吏断狱"的笔法——严谨、简洁,板上钉钉,难以移易。《浮生六记》的这种"老吏断狱"般的文风,大概与作者本身是师爷,平时便擅长师爷笔法分不开。

沈三白是个画家。他在失馆时曾开画铺谋生。他的画技如何?以他的天分、悟性和潇洒的性情,画技当是不错的,更何况失馆逼迫他必须努力画出好作品。后世一些大画家很看重沈三白的画作,黄宾虹就藏有沈三白花卉一帧。

沈三白是个园林、楼阁、盆景等艺术的行家。在《浮生六记》中,有很多谈论这些艺术的文字,都是行家里手之言,外行人绝说不出。如论园亭楼阁等:"若夫园亭楼阁,套室回廊,叠石成山,栽花取势,又在大中见小,小中见大,虚中有实,实中有虚,或藏或露,或浅或深,不仅在'周回曲折'四字。"[2]又如论盆景:"点缀盆中花石,小景可以入画,大景可以入神。一瓯清茗,神能趋入其中,方可供幽斋之玩。"[3]这些阐述、评论之言,充满了艺术哲理和实际操作、鉴赏的经验。沈三白之所以能成为一个园林、楼阁、盆景等艺术的行家,除了他本人的兴趣以外,还有一个重要原因,就是师爷生涯的坎坷、失馆贫寒的苦闷,促

---

[1] 赵苕狂《浮生六记考》,见于甘肃人民出版社1994年出版的《浮生六记》。
[2] 《浮生六记》卷二《闲情记趣》。
[3] 《浮生六记》卷二《闲情记趣》。

使他从这些属于"小经营"的艺术中寻求精神慰藉。

沈三白能文能画懂艺术,可谓一个才子型的师爷。

十三、沈三白的生活和社交圈子中多师爷

从《浮生六记》看,沈三白一生所接近的人中,除了亲属以外,最多的就是师爷。在亲属中,他的父亲也是师爷。可以说,沈三白一生都生活在师爷圈子中。这是他的师爷生涯所决定的。《浮生六记》中所提到的与他关系密切或较为接近的师爷有以下十几位。

1. 沈稼夫:沈三白之父。师爷。[1]

2. 蒋思斋:沈三白的幕师,沈三白之父的把兄弟,沈三白曾随蒋思斋习幕于奉贤,又至扬州。[2]

3. 韩春泉:沈三白的朋友,上海县师爷,沈三白愁苦之际曾得到他的接济。[3]

4. 周春煦:沈三白的朋友,福郡王的师爷,芸娘病时,曾帮助周春煦绣《心经》一部。[4]

5. 章驭庵:沈三白的朋友,扬州师爷,回浙江家乡葬亲时,

---

1 《浮生六记》卷四《浪游记快》。
2 同上。
3 《浮生六记》卷四《浪游记快》。
4 《浮生六记》卷三《坎坷记愁》。

请沈三白代理幕职。[1]

6. 张禹门：沈三白的同乡、朋友，张失馆后，沈三白将亡妻的运柩之费借给他度日。[2]

7. 章蘋江：山阴人，沈三白随侍父亲于吴江县幕府时的同事。[3]

8. 章映牧：武林人，沈三白随侍父亲于吴江县幕府时的同事。[4]

9. 顾霭泉：苕溪人，沈三白随侍父亲于吴江县幕府时的同事。[5]

10. 顾金鉴：苏州人，是与沈三白一同受业于蒋思斋的师兄弟，顾为兄，沈为弟，沈三白与之"倾心相友"，谓之："此余第一知己交也。"[6]

11. 史心月：白门人，沈三白随侍父亲于海宁州幕府时的同事，其子史烛衡与沈三白为莫逆之交，被沈三白目为"生平第二知心交"。[7]

12. 俞午桥：山阴人，沈三白随侍父亲于海宁州幕府时的同

---

1 《浮生六记》卷三《坎坷记愁》。
2 同上。
3 《浮生六记》卷四《浪游记快》。
4 同上。
5 同上。
6 同上。
7 《浮生六记》卷四《浪游记快》。

事。[1]

　　综合来看,沈三白所接触的师爷,包括家人、幕师、师兄弟、朋友、同事等。沈三白与他的师爷朋友们关系很好,遇到困难时,经常彼此相助,他自谓的平生第一和第二知己之交,都是师爷圈子中的人。沈三白是个为人仗义、重朋友情谊的师爷,在朋友失馆缺钱时,竟把亡妻的运柩费也拿了出来。当他的第一个知己顾金鉴死后,他便"落落寡交",深深地怀念亡友。与第二个知己史烛衡交往时,他又常深叹"惜萍水相逢,聚首无多日"[2]。他曾自评曰"多情重诺",[3]信然。清代师爷有一种互相帮助、互相提携、互通声气的结友结帮之风,如互相通报各处幕况和延请幕友的动态,帮助失馆的朋友谋馆和解决生活问题等等,从而形成了官场上的师爷网络。沈三白与师爷朋友之间的互助实际就是这种风气的表现。

(刊于《清史研究》,1995年第3期)

---

1 《浮生六记》卷四《浪游记快》。
2 同上。
3 《浮生六记》卷三《坎坷记愁》。

烈日秋霜
——鲁迅与绍兴师爷

引 言

鲁迅是绍兴人,绍兴师爷是绍兴的特产。鲁迅与绍兴师爷有无关系?若有,又是怎样的关系?这是个在鲁迅生前和身后一直被人们常常提起的问题。

亵渎鲁迅的人,常把鲁迅讥为"绍兴师爷"或"刑名师爷"(按:"绍兴师爷"一词有时专指刑名师爷)。陈西滢曾讥讽说,鲁迅很有"他们贵乡绍兴的刑名师爷的脾气",是个"做了十几年官的刑名师爷"(《晨报副刊》1926年1月30日《闲话的闲话之闲话引出来的几封信》);钱杏邨说:鲁迅的文章"是绍兴师爷借刀杀人的手术"(《太阳》第三号《死去了的阿Q时代》);苏雪林也讽刺说,鲁迅很有"绍兴师爷气质",是文坛上病态的"刀笔文化"的代表。

与鲁迅友善的人,甚至是挚友,也常常说起鲁迅确实有绍兴师爷的风格。曹聚仁是与鲁迅交往甚密的文友,他在《鲁迅评传》里多次谈到过鲁迅有绍兴师爷的风格。他说：周氏兄弟的性格与文章风格，都是属于绍兴，有点儿刑名师爷的调门的。又说："鲁迅的骂人，有着他们祖父风格，也可说是有着绍兴师爷的学风，这是不必为讳的。"

但同样是把鲁迅与绍兴师爷挂起钩来，陈西滢们与曹聚仁们却是有着本质不同的。前者是想说，鲁迅就像绍兴师爷那样深文周纳、罗织捏造、构陷人罪，其意是想把鲁迅妖魔化；后者则是在寻找鲁迅与绍兴师爷在某些文化特质上的契合点，意在深化对鲁迅的认识。前者无疑是对鲁迅的诬蔑，而这诬蔑恰恰正是地道的刑名师爷构陷人罪的笔法；后者则是揭示了一条探究鲁迅与绍兴地域文化乃至中国文化之关系的新径。

那么，鲁迅与绍兴师爷究竟有无关系呢？有的，而且有着不解之缘。问题是，有着怎样的关系？关于这个问题，有些鲁迅研究者已经注意到并有所论及。我因为崇敬鲁迅先生的文章和人格，又曾写过一本关于师爷的小册子，所以也一向留心鲁迅与绍兴师爷的关系。我曾对两者的关系做过一点考察（考察中受过钱理群、彭晓丰等鲁迅研究者的文章之惠），但不很系统，下面就分六个方面来说。

鲁迅生长在师爷之乡、"师爷之家"

鲁迅的家乡绍兴（这里指清代绍兴府，下辖八县：山阴、会稽、萧山、诸暨、余姚、上虞、嵊、新昌），是个师爷之乡。当游幕师爷（幕友、幕客），是绍兴的一大行业，绍兴是著名的所谓"师爷产区"。清代绍兴籍师爷龚未斋形容本乡幕业的盛况说："吾乡之业于斯者，不啻万家。""吾乡之业于斯者，不知凡几，高门大厦，不十稔而墟矣。"（《雪鸿轩尺牍》）谚云："无绍不成衙。"这"绍"字，一是指绍兴师爷，二是指绍兴胥吏。其意是说，一个衙门，若无绍兴籍师爷和胥吏办理政务，简直就不叫衙门了。周作人说，绍兴本地所出的人才，几乎限于师爷与钱店官这两种。在绍兴籍的文化先贤中，有许多位当过师爷，如徐文长、王思任、汪辉祖、邵晋涵、章学诚、李慈铭、袁梦白、范寅等。鲁迅就是生长在这样一个师爷之乡。

不仅如此，鲁迅还生长在一个"师爷之家"。这里所谓的"家"，包括家族和姻亲，所谓"师爷之家"，是指家族和姻亲中出过许多师爷。这种"师爷之家'，在绍兴是很普遍的。幕业有个特点，师传和相互荐引常在家族和姻亲中，所以，师爷的家族亲缘性很强，因此，在师爷之乡绍兴遍布着这样的"师爷之家"。清代著名师爷许同莘说他曾见过会稽陶氏家谱，其中当过师爷的有几十人。周恩来是鲁迅的本家，其家族是标准的师爷世家，家族和姻亲中有许多人当过师爷。（李海文主编《周恩来家世》）鲁迅的家，也正是这样的"师爷之家"。据统计，鲁迅所在的绍兴覆盆桥周氏家族中有十多人当过师爷，姻亲中也有若干人当过师爷，如表兄阮和荪、表弟阮久荪等。但鲁迅的"师爷之家"与周恩来的"师爷之家"又有不同，鲁迅的祖父和父亲并不是师爷，而周恩来的近几代祖先和外祖父都是师爷。鲁迅与当过师爷的表亲阮氏兄弟特别是阮和荪来往密切。阮和荪长期在晋冀等地当师爷，辛亥革命后到北京谋事，与鲁迅为邻，两人时相过从，关系维系终生，《鲁迅日记》中记阮和荪处多达70多处。阮久荪曾在山西当师爷，患病来京医治，鲁迅留其在绍兴县馆居住，并延医为其治病，后又找人送其回乡。

鲁迅小时候还曾与一位有名的绍兴师爷为邻。有一个时期，鲁迅住在会稽县东王府庄外祖父家，外祖父家正与有名的绍兴师爷、《越谚》的作者范寅（字啸风）为邻，两家互有来往，外祖父鲁希曾还请范寅代拟过书信。关于代拟书信事，周作人这样写道："偶然翻阅范啸风的《癸俄尽牍》稿本，中间夹着一张纸，上写答周介孚并贺其子入泮，下属鲁希曾名，乃是范君笔迹，代拟的一篇四六信稿，看来实在并不高明。(《鲁迅的故家·王府庄》)信是写给鲁迅的祖父周介孚的。从周作人的这段话中，可以约略想见鲁、范两家的来往。范寅是师爷，有文字功夫，又是鲁迅家近邻，所以鲁迅家请他来代写书信，而代写的书信想必也不会只这一封。鲁迅是读过范寅写的《越谚》的，小时候也一定见过这位比邻而居的有名的绍兴师爷。

鲁迅在京时，曾住在一个堪称"准师爷之乡"的绍兴会馆里。这家会馆不但经常有绍兴师爷落脚居住，而且在清咸同年间还曾举办过专门培养师爷的幕学训练班。训练班从府州县已考中的秀才中招生，通过口试、面试、笔试择优录取。（郝树权《驻京同乡会馆是纯商业性质的》，载《商业研究》1990年第1期）幕学以绍兴为正宗，故绍兴会馆办幕学班，显示出绍兴籍师爷在"师爷届"（幕学届）中的执牛耳地位。在绍兴会馆里，无疑是充满了师爷之乡的气息的。鲁迅即使到了异地北京，也仍然居住在这样一个"准师爷之乡"里。

综上所述，可以看出，鲁迅生长和生活过的环境，是一个与绍兴师爷有着千丝万缕联系的环境。鲁迅与绍兴师爷的因缘，首先表现在他出生在一个师爷之乡，更生长在师爷之乡中的一个"师爷之家"中。此外，在鲁迅生活过的其他一些环境中，也多见绍兴师爷的踪迹。鲁迅生活在这样一个绍兴师爷沛然充塞的社会环境中，无疑会潜移默化地受到环境的影响。

鲁迅曾生活在"师爷气"弥漫的氛围中

行业造就了行业文化。绍兴师爷造就了相应的师爷文化。由于职业的关系，绍兴师爷在漫长的职业训练和行业生活中，逐渐形成了一种特殊的思维方式、工作方式、心理素质、性格脾气和文章风格，这就是师爷文化。具体来说，如冷静、清晰、周密、灵活的思维方式，多谋善断、稳重干练、严密苛刻、易怒多疑、睚眦必报的性格，"满口柴胡，殊少敦厚温和之气"的苦嘴，深刻、缜密、犀利、扼要、简括、圆滑、老辣的师爷文风（"师爷笔法"），翻云覆雨、深文周纳、歪曲事理、颠倒黑白、锻炼人罪的师爷手腕（"师爷笔法"之恶劣的一面），自感愧疚、怕遭报应的负罪心态，等等。这当中，既有优良的成分，也有恶劣的成分，是一种优良善恶因素杂糅的文化形态。对于这种师爷文化，历来世人俗称为"师爷气"。这种"师爷气"，实际并不仅表现在师爷中，而是弥漫开来，浸染于整个绍兴社会。鲁迅就曾生活在"师爷气"弥漫的氛围中。下面略举几例。

鲁迅在青少年时期就接触到了"师爷气"。曾随父任教于三味书屋的寿洙邻曾谈到过这样一个情况："鲁迅不喜谈政治，亦不喜谈法律，……然尝见其法律小文，字字精当，老吏弗及。"（《我也谈谈鲁迅的故事》，《鲁迅研究资料》第3辑）鲁迅的这篇法律小文今已不存，故不知写于何年，但肯定是青少年时所写。这篇"字字精当，老吏弗及"的法律文字，说明鲁迅那时对于法律文书已经很熟悉了，而能够写出这种法律文书，想必对于刑名师爷的法律文字也是会有相当了解的。周作人曾谈到他少年时代学做文章时，老师曾教给了他师爷笔法。由此可以推想出少年鲁迅也很可能对于师爷笔法有所接触和了解。周作人说："小时候在书房里学做文章，最初大抵是史论，材料是《左传》与《纲鉴易知录》，所以题目总是管仲论汉高祖论之类。这些都是两千年以前的人物，我们读了几页史书，怎么了解得清楚，自然只好胡说一气，反正做古文是不讲事理只讲技巧的，最有效的是来他一个反做法。有一回论汉高祖，我写道：'史称高帝豁达大度，窃以为非也，帝盖天资刻薄人也'，底下很容易的引用两个例子，随即断定，先生看了大悦，给了许多圆圈。这就是师爷笔法的一例。"（《知堂集外文·师爷笔法》）这里所说的是师爷笔法中的反做法，具体方法是搜寻出对原有结论不利的例子，再以此例推翻原有结论。教授这种方法的老师其实倒未必就是想教给学生怎样做师爷，但却在有意无意之间把一种师爷笔法教给了学生。此类师爷笔法，在绍兴之外的学塾中也有传授，因为绍兴师爷的刀笔文风是浸染了整个清代文字的。但在绍兴师爷的故乡，这类传授无疑是比较多和比较正宗的。鲁迅与周作人都是绍兴学塾的学生，有大体相同的就学经历，所以，鲁迅完全有可能在学塾中也听过师爷笔法的传授。

一张苦嘴，满口柴胡，冷峻尖刻，动辄骂人，这种师爷脾气，是鲁迅所接触的"师爷气"氛围的一个典型表现。鲁迅最直接接触到的，是他祖父周福清（介孚公）的好骂人，其次接触的是弥漫于家乡的以明末文人徐文长、王思任、张岱以及清代史学家章学诚、大名士李慈铭为代表的冷峻尖刻、好骂人的师爷学风。

徐文长是明末著名的绍兴师爷，他与张岱都以擅写冷峻尖刻的文字著称。王思任也是明末著名的绍兴师爷，所写的冷峻文字也很有名。对于徐文长，民间俗语有谓："尖刻归于徐文长"，可见其风貌。王思任则以那句带有冷峻刚毅之气的名言"我越乃报仇雪恨之邦，非藏垢纳污之地"名于世。鲁迅对于徐、王、张的著作都很爱读，对于王思任的那句名言，更是铭刻在心，屡屡提及。

周福清本人并不是师爷，但深受绍兴师爷和乡间师爷学风的影响，沾染了很浓的"师爷气"，对人很严刻，特别喜好责人、骂人、批评人、挖苦人。周作人曾对周福清的骂人和章学诚、李慈铭的骂人有过很精到的介绍，他说："介孚公爱骂人，自然是家里的人最感痛苦，虽然一般人听了也不愉快，因为不但骂的话没有什么好听，有时话里也会有刺，听的人疑心是在指桑骂槐，那就更有点难受了。他的骂人是自昏太后、呆皇帝直至不成材的子侄辈五十、四七，似乎很特别，但我推想也可能是师爷学风的余留，如姚惜抱尺牍中曾记陈石士（？）在湖北甚为章实斋所苦，王子献庚寅日记中屡次说及，席间越缦痛骂时人不已，又云，'缦师终席笑骂时人，子虞和之，余则默然。'"（《鲁迅的故家·恒训》）周作人无疑是亲聆过周福清骂人的。周福清对于鲁迅也经常施以责骂，鲁迅在学堂考了第二，他便骂鲁迅不用功，所以考不到第一。（曹聚仁《鲁迅评传·他的童年》）

周作人推想周福清的骂人，是受了章学诚（实斋）、李慈铭（越缦）为代表的师爷学风的影响，是很有见地的，但是还没有说透。章学诚、李慈铭本人都当过师爷（章学诚在安徽学政朱筠幕府当过佐理翰墨的师爷；章太炎谓：相传李慈铭当过肃顺幕客），所以从根本上说，周福清的骂人，是受了包括章学诚、李慈铭在内的绍兴师爷的影响，受了师爷文化的影响，受了绍兴师爷那种"满口柴胡，殊少敦厚温和之气"的"师爷气"的影响。

　　章学诚和李慈铭不仅当过师爷，还与其他绍兴师爷不乏往来。如章学诚与著名的绍兴师爷兼史学家汪辉祖是好朋友，常有书信往还，《章氏遗书》中就收有他写给汪的书简和为汪氏史著写的序言。章学诚和李慈铭的身上，都有浓浓的"师爷气"。章学诚作为史学家，李慈铭作为文史名士，他们在学术批评上都相当严刻，在性格和文风上，也都有浓厚的绍兴师爷的好骂人的脾气。这在二位的文字和言谈中，反映得很明显。

　　对于章学诚、李慈铭的"师爷气"，鲁迅所能接触的途径，除了间接地从祖父周福清那里感受到以外，还较为直接地从章学诚和李慈铭的著作中接触到。章学诚的许多著述和文章，鲁迅都读过。李慈铭的《越缦堂日记》，鲁迅也是经常翻读，他在《马上日记》一文中曾特别谈到《越缦堂日记》，并提到了日记中的骂人内容："吾乡的李慈铭先生，是就以日记为著述的，上自朝章，中至学问，下迄相骂，都记录在那里面。"

　　鲁迅的老师章太炎也当过师爷，幕主是张香涛。（郑逸梅《艺林散叶续编》）章太炎本人的文笔犹如老吏断狱，下笔辛辣，很有"师爷气"。章太炎对于师爷的历史很重视，在国学讲演中提出修清史应当设立《幕友传》。（《国学讲演录·史学略说》）鲁迅对章太炎老师的文笔无疑是熟悉的，对于老师设立《幕友传》的主张想必也是了解的。

　　上面所举的这几个例子，远不是鲁迅所生活的"师爷气"

氛围的全部。但可以从中看出，鲁迅在故乡，在家中，在学塾，在读书时，在与文化人的交往中，曾经润浸在浓厚的"师爷气"的氛围中，曾经沐浴过浓浓的"师爷气"。这种"师爷气"，无疑会潜移默化地对鲁迅发生影响。但是，对于这种影响，不应囫囵言之，而是应当做具体的分析。

鲁迅对绍兴师爷和"师爷气"的态度

鲁迅对于绍兴师爷和"师爷气"的态度是，既有反感，也有嘉许。

鲁迅对于从事幕业当师爷，是很不喜欢的。他曾这样说过："我总不肯学做幕友或商人，——这是我乡衰落了的读书人家子弟所常走的两条路。"（《俄文译本〈阿Q正传〉序及著者自序传略》）学做幕友，就是去当师爷，鲁迅是绝不肯走这条路的。"总不肯"三个字，透露出鲁迅很可能曾面临过被督催当师爷的境况，同时也表露出鲁迅坚决不当师爷的态度。当时，读书人家子弟的出路，科举是首选，走不通，便降一等去学幕，再不然就去学做生意。此外，就是当儒医和教家馆。这几条路都不成，最后一招就是进洋学堂。但在绍兴人的眼里，进学堂学洋务不是正路，是让人看不起的。但青年鲁迅偏偏选择了进南京水师学堂。果然，鲁迅进了南京水师学堂之后，本家叔伯辈便有人斥责说："这就是当兵，好人不当兵！"

本来，在鲁迅可走的几条路中，学幕还算是不错的，位置仅次于科举，而且以鲁迅的聪慧，也一定能学成一个名幕，但是鲁迅就是不学，而是宁愿进水师学堂，哪怕是招人奚落和斥责。这是为什么呢？一个重要原因，就是鲁迅很反感幕业这个职业，特别是反感绍兴师爷身上常有的那些恶劣习气。周作人在谈到《彷徨》时透露过鲁迅对幕业的反感，他说："著者（鲁迅）对于他的故乡一向没有表示过深的怀念，这不但在小说上，就是《朝花夕拾》上也是如此。大抵对于乡下的人士最有反感。除了一般封建的士大夫以外，特殊的是师爷和钱店伙计（乡下叫作"钱店官"）这两类，气味都有点恶劣。但是对于地方气候和风物也不无留恋之意。"（《鲁迅小说里的人物·故乡风物》）鲁迅对于故乡，自然还是热爱的，但又不是什么都爱，也有反感的地方，封建士大夫和师爷、钱店官就颇让鲁迅反感，而这当中，师爷和钱店官又尤其让鲁迅反感，因为师爷和钱店官"气味都有点恶劣"。

鲁迅之所以不当师爷和反感师爷，显然与鲁迅正直的品格和芳洁的操守有很大关系。幕业，素来被人们认为是"造孽之业"，所得的"脩金"常被称为"孽金"，这是因为当师爷很容易受人贿赂，容易干出丧失良心的事。对于幕业的这种容易造孽的特性，鲁迅无疑是清楚的，鲁迅不愿意从事幕业，也就是很自然的了。鲁迅反感幕业和不当师爷，大该又与他在三味书屋时受过塾师寿镜吾的影响有很大关系。寿镜吾"人极方正"，他在《持身之要》上这样写道："景况清贫，不论何业，都可改就。唯幕友、衙门人、讼师不可做。"鲁迅大概是深受过寿镜吾这种就业观念的影响的。

鲁迅对于刑名师爷那种翻云覆雨，断章取义，随意"出重出轻"地断案的师爷笔法，更是非常反感的。这可以从他反击陈西滢的文章中看出来。陈西滢在《闲话的闲话之闲话引出来的几封信》中不但称鲁迅为"刑名师爷"，还攻击说："鲁迅先生一下笔就想构陷人家的罪状。他不是减，就是加，不是断章取义，便捏造些事实。"又攻击鲁迅的笔是"刀笔吏的笔尖"。对此，鲁迅极为反感。他在《不是信》一文中几处为自己辩诬，回击陈西滢的攻击。他写道："绍兴有'刑名师爷'，绍兴人便都是'刑名师爷'的例，是只适用于绍兴的人们的。"这是在用归谬法说明陈西滢称他为"刑名师爷"的荒谬：绍兴有刑名师爷，难道绍兴人便都是刑名师爷吗？难道刑名师爷这个恶谥（在陈西滢笔下，"刑名师爷"是个坏符号）就只适用于绍兴人吗？

所谓"刀笔吏的笔尖"，是陈西滢对刑名师爷的恶劣笔法的代称。鲁迅对此回击道："'刀笔吏'是不会有漏洞的，我却与陈教授的原文不合，所以成了罪案，或者也就不成其为'刀笔吏'了罢。"鲁迅在这里是反击兼辩诬：刑名师爷的笔法是周密的，而我的引文却与陈教授原文不合，所以我也就不成其为刑名师爷了罢，但引文不合却成了我的罪状！

在所谓"骂人"的问题上，鲁迅又对陈西滢的翻云覆雨，随意"出重出轻"的师爷笔法做了揭露："我对人是'骂人'，人对我是'侵犯了一言半语',这真使我记起我的同乡'刑名师爷'来,而且还是弄着不正经的'出重出轻'的玩意儿的时候。"平时鲁迅写驳文,陈西滢说鲁迅是"骂人",别人写驳文或是真骂了鲁迅,陈西滢却说只是"侵犯了一言半语",这完全是刑名师爷的随意"出重出轻"的不正经的手法。因此,鲁迅自然想到了本乡刑名师爷的那种"出重出轻"的师爷笔法。

大概是由于鲁迅对陈西滢攻击自己是刑名师爷、"刀笔吏"非常反感,或者至少这是原因之一,所以鲁迅"骂"陈西滢"骂"了很久。据考,鲁迅"骂"得最久的人就是陈西滢。

鲁迅对于绍兴师爷,特别是"师爷气",并不是不加分析地都反感,并不是一概否定,而是有分析,有取舍。对于"师爷气"中的优良成分,鲁迅时有嘉许和赞赏。一个典型的例子,就是对师爷骨气的赞赏。鲁迅说过这样的话:"我们绍兴师爷箱子里总放着回家的盘缠。"(引自郑天挺《清代的幕府》一文,见《明清史国际学术讨论会论文集》)这是一句含有乡土自豪感意味的嘉许之词,是鲁迅在赞赏绍兴师爷身上常有的傲岸自尊的骨气。绍兴师爷作为一种职业,有自己的职业道德和信条,其中的一条是:对于幕主,自己要"居宾师之位"(张廷骧《赘言十则》),即要做幕主的良师益友,要知无不言,言无不尽,而不要低眉顺眼,屈从幕主。为了坚持自己认为正确、公道的意见,不惜辞馆,而幕主如对自己不礼貌相待,也不惜拂袖而去,所谓"合则留,不合则去",所谓"礼貌衰,议论忤,辄辞去"。(汪辉祖

《学治臆说·得贤友不易》）鲁迅所说的"我们绍兴师爷箱子里总放着回家的盘缠"，说的就是绍兴师爷在幕主面前傲岸自尊，随时准备辞馆的态度。在鲁迅看来，一件小小的盘缠之事，却正表现了绍兴师爷的骨气和自尊。

对于"师爷笔法"中的某些内容，鲁迅也有过赞许之词。他在回击陈西滢"刑名师爷"这一骂詈时说：

> ……《西滢致志摩》是附带的对我的专论，虽然并非一案，却因为亲属关系而灭族，或文字狱的株连一般。灭族呀，株连呀，又有点"刑名师爷"口吻了，其实这是事实，法家不过给他起了一个名，所谓"正人君子"是不肯说的，虽然不妨这样做。此外如甲对乙先用流言，后来却说乙制造流言这一类事，"刑名师爷"的笔下就简括到只有两个字："反噬"。呜呼，这实在形容得痛快淋漓。然而古语说，"察见渊鱼者不祥"，所以"刑名师爷"总没有好结果，这是我早经知道的。（《华盖集续编·不是信》）

鲁迅的这段话，初看有些费解，细读意思还是明白的。鲁迅并没有回避"刑名师爷"这个恶谥，而是态度鲜明地谈论着刑名师爷。鲁迅是"将计就计"，以"刑名师爷"的行话来讥刺陈西滢及其他散播流言的人。鲁迅在这里并没有洗刷自己，也没有批判刑名师爷，而倒是对刑名师爷的笔法多少有些赞许，赞许其笔法的简括、深刻、痛快淋漓。"察见渊鱼"，就是在赞许刑名师爷笔法的深刻性及其锐利的观察力，而且有些自况的味道。对于这种深刻性会造成的"不祥"的结果，鲁迅也表现出深刻的理解和不在意。关于流言，鲁迅提到了刑名师爷笔下的"反噬"二字。"反噬'，是刑名师爷对案件中反咬一口现象的简洁概括。鲁迅一生备受流言之害，他曾说过："我一生中，给我大的损害的并非书贾，并非兵匪，更不是旗帜鲜明的小人，乃是所谓流言。"但是，以流言伤害鲁迅的人却往往反咬一口，说鲁迅如何如何，正所谓"甲对乙先用流言，后来却说乙制造流言"。因此，鲁迅觉得刑名师爷的行话"反噬"一词说得真好，正可以用来概言那些反咬一口的流言家。

鲁迅对于绍兴师爷是既有否定，也有肯定的。这与只知混骂绍兴师爷的陈西滢是不同的。鲁迅说过："对于绍兴，陈源教授所憎恶的是"师爷"和"刀笔吏的笔尖"，我所憎恶的是饭菜。"(《马上支日记》）鲁迅所说的绍兴饭菜，大抵是指那些不鲜嫩、缺营养的干肉、干鱼、干菜之类。在鲁迅眼里，绍兴师爷似乎要比绍兴饭菜还好些。这大概是因为绍兴师爷还有可取之处，而那些不鲜嫩的饭菜则无可取。

"鲁迅风"中有哪些"师爷气"的因子

鲁迅是否受过绍兴师爷的影响？鲁迅风格，或曰"鲁迅风"（包括鲁迅的思想、性格、文风等）中是否有"师爷气"的因子？回答应当是肯定的。"风""气'相接,"鲁迅风"确实与"师爷气"有一定的联系,"鲁迅风"中确实有"师爷气"的遗传因子。"师爷气"亦即师爷文化,是绍兴地域文化的一部分,也是中国传统文化的一部分,而"师爷气"的形成,又是与绍兴地域文化乃至中国传统文化的深刻影响分不开的。"鲁迅风"与"师爷气"的联系,实际也就是"鲁迅风"与绍兴地域文化和中国传统文化的联系。

鲁迅受到绍兴师爷影响的途径,主要的并不是受到哪一个绍兴师爷的影响,而是受到了整个绍兴师爷群体所酿成的师爷文化的影响。也就是说,绍兴师爷对于鲁迅的影响,主要的并不是个人性、直接性的,而是群体性、文化性、间接性的。

师爷文化,或曰"师爷气",是一个良莠杂糅、精华与糟粕并存的文化现象,其中还有一些因子,无所谓良莠,而是犹如刀枪,可以用来杀敌,也可以用来害人。因此,受到师爷文化影响的人,便有不同的情况,或是接受了糟粕,或是汲取了精华,或是受到某些中性因子的影响后,自己再有不同的表现。那么鲁迅是一种什么情况呢？鲁迅是极有自主力,懂得如何拿来的人,对于"师爷气"中的糟粕,例如翻云覆雨、深文周纳、歪曲事实、颠倒黑白、锻炼人罪的师爷手腕之类,他是绝对不会接受,也绝对没有沾染的,陈西滢、钱杏邨、苏雪林等人对鲁迅的指责和讥讽,是不合事实,没有道理的。

那么,鲁迅风格中究竟哪些内容与师爷文化的影响有关呢?"鲁迅风"中究竟有哪些"师爷气"的因子呢?

鲁迅的气节和风骨,鲁迅的冷峻、严刻和深刻,鲁迅的精密和严谨,鲁迅的复仇心态,鲁迅的易怒多疑,鲁迅笔法的尖锐、犀利和老辣,鲁迅的冷静和看透世态,鲁迅的精明和谋略,都是与绍兴师爷的影响和师爷文化的浸染有关的。

鲁迅的风骨,他的特立独行的个性和傲岸不屈的硬骨头精神,从来源上说,首先是中国传统文化熏陶的结果,这当中,既有"富贵不能淫,贫贱不能移,威武不能屈"的大丈夫气概,也有魏晋士人特别是嵇康、阮籍的风骨,还有浙东刚健、坚劲的民风和明末清初以来反抗异族统治的精神。此外,还有尼采、施蒂纳等西哲精神的影响。这些来源之外,便是受到了绍兴师爷傲岸自尊的师爷骨气的影响。关于这种师爷骨气,章学诚的《章氏遗书》和俞鸿渐的《印雪轩随笔》中,都有典型事例的记载。我在《中国的师爷》一书中,也举了不少这方面的事例。本文前面曾谈到,绍兴师爷由于职业特点和幕德的修养,养成了一种傲岸自尊的师爷骨气,或曰师爷脾气,典型的表现就是箱子里放上回家的盘缠,随时准备卷铺盖就走。鲁迅对这种师爷骨气是很赞赏的,也深受其影响。

鲁迅的冷峻、严刻和深刻,鲁迅笔法的尖锐、犀利和老辣,是"鲁迅风"中极为突出的特点。"横眉冷对千夫指",是鲁迅之冷峻的自况;鲁迅又曾自评:"在中国,我的笔要算较为尖刻的。"(《华盖集续编·我还不能"带住"》)不论是鲁迅的友人,还是曾亵渎过鲁迅的人,都指出过"鲁迅风"中的这些特点。曹聚仁说:"鲁迅虽是操守很严的人,待人有时实在过于苛刻,尤其是他的笔尖。《两地书》乃是他们情侣间的信件,骂起人来更是不留情。"(《鲁迅评传》)寿洙邻说:鲁迅作诗,"硬语盘空,却少和婉之气"。苏雪林说,鲁迅的小说,用笔"深刻冷峻"。评论界更是历来把鲁迅的许多作品比作"投枪""匕首""解剖刀"。"鲁迅风"中的这些特点,究其文化渊源,可以上溯到先秦法家的冷峻,鲁迅曾经说过他自己很峻急,是中了韩非的毒;也可以追溯到魏晋时嵇康、阮籍的傲岸冷峻;还可以追寻到绍兴乡谚所说的"我有笔如刀"的乡风。若追寻更直接的文化渊源,那就不可忽视绍兴师爷的影响了。曹聚仁说的对:"鲁迅的风格,……有着'绍兴师爷'的冷峻、精密、尖刻的气氛。"(《鲁迅评传》)

绍兴师爷特别是刑名师爷,由于办案的职业关系,养成了一种冷峻、严刻的性格,练就了一支尖锐、犀利、老辣的笔,他们的文字,往往一针见血,有如刀刻一般深刻。绍兴名幕汪辉祖写过一副对联:"苦心未必天终负,辣手须防人不堪。"所谓"辣手",章太炎在《新方言·释言》里有如下解释:"今人谓从事刚严猛烈者为辣手,辣之言厉也。"绍兴师爷就是以"辣手"处事为文的典型。鲁迅直接间接地从绍兴师爷那里,从章学诚、李慈铭、祖父介孚公那里,接触到了绍兴师爷的这种"刚严猛烈"的"辣手",即冷峻、严刻、好"骂人"的师爷性格和师爷文风,接触到了绍兴师爷那支深刻、尖锐、犀利、老辣的如刀之笔;此外，他青少年时代受过法律文书的训练，能做出"字字精当，老吏弗及"的法律文书，也使他更易于了解刑名师爷的刀笔文字。鲁迅与绍兴师爷的这些联系，完全有可能使他受其影响。换句话说，鲁迅的匕首般的文字，与绍兴师爷的"一张苦嘴，一把笔刀"之间，肯定是存在着内在的密切的关联的。

鲁迅是一代国学大师，他做学问的精密和严谨，首先是由于继承了中国传统学术特别是乾嘉学派的优良学风，并吸收了西方近代科学的治学方法，但家乡地域文化中绍兴师爷之精密、谨严的思维方式和学风的影响也是原因之一。曹聚仁说，鲁迅做学问，"字斟句酌，老吏断狱似的下笔有分寸"，又说，鲁迅风格中有绍兴师爷的"精密的气氛"，就指出了鲁迅的学风与师爷学风的联系。

绍兴师爷吃的是断案（刑名师爷）和算账（钱谷师爷）的饭，加之幕德修养中有"尽心"一条，故养成了一种精密和谨严的思维方式及办案、理财方式（自然也深通如何圆滑办案、算账），亦即思维和工作中的"精密的气氛"。如果这种"精密的气氛"被用来治学，即像办案和理财那样治学，那么学问一定是会做得很严谨和精密的。绍兴师爷兼史学家汪辉祖就是这样的典型。汪氏写的《史姓韵编》《九史同姓名略》《辽金元三史同名录》三书，都有老吏断狱般的缜密，章学诚曾以"精详"二字评论《辽金元三史同名录》。胡适说汪辉祖是"以幕府判案的方法和整理档案的方法来整理学问的材料"，即是言其以治律的精神和方法治学。鲁迅治学所具有的"精密的气氛",就很类似绍兴师爷治律的精密。"《中国小说史略》,从搜集材料到成书,先后在十年以上。其书取材博而选材精,现代学人中,惟王国维、陈寅恪、周作人足与相并。"(曹聚仁《鲁迅评传》)细检《中国小说史略》,其间确实渗透着一种绍兴师爷断狱般的、字斟句酌的、精密的气氛。

鲁迅的复仇观念是颇为强烈的,有时睚眦必报,《女吊》可说是鲁迅复仇观念的化身。对于鲁迅复仇观念的强烈,人们都承认,鲁迅自己也有过自白。(见鲁迅《杂忆》《死》等文)鲁迅的这种复仇心,既源于绍兴民风中自古形成的复仇心态,也与绍兴师爷惯有的睚眦必报的"师爷气"的影响多少有些关系。

绍兴师爷除了自身就处在这种复仇乡风的熏染中,又加之职业的关系——依附官府,身处要津,有复仇条件(如刑名师爷陈秋舫之报复周福清),所以绍兴师爷的复仇心态尤为强烈,睚眦必报成为惯习。周作人谈到绍兴师爷说话的习惯时曾说:"听见绍兴师爷讲话,令人想起越王勾践仿佛在同文种等人商量,若曰:'亨个夫差个娘杀啦嗄,有朝一日总要收拾伊勒。'"(《知堂集外文·勾践的绍兴话》)绍兴师爷的这种说话神态和语言,清楚地反映了他们浓重的睚眦必报的复仇心态。鲁迅的复仇心态,应当说与绍兴师爷的复仇心态的影响多少有些关系。这不仅因为鲁迅曾生活在"师爷气"浓厚的氛围中,而且因为绍兴师爷的复仇心态,其实正是给予了鲁迅以深刻影响的绍兴民风中之复仇心态的一部分。

多疑和易怒,在鲁迅的性格中是很明显的。对此,鲁迅自己也承认,他曾自评说:"自己感到太易于猜疑,太易于愤怒"。周作人认为鲁迅的病故与他的多疑和易怒的性格有关,这是有道理的。鲁迅的多疑和易怒,集中表现在杨树达事件上。鲁迅这种性格形成的原因,是比较复杂的。比如,他的易怒,大概与他的倔强、有骨气有关;他的多疑,大概与他受到的流言和暗算太多有关,等等。但还有一个原因,就是与绍兴师爷的多疑、易怒的"师爷气"的影响有关。师爷判案,充当刑侦专家的角色,常常需要怀疑与假设,因而多疑成了他们职业性的思维和性格。傲岸严刻、"殊少敦厚温和之气"的师爷脾气,又使他们发怒骂人成为家常便饭。这些"师爷气",特别是易怒骂人的"师爷气",通过章学诚、李慈铭、周福清一脉,直接间接地浸染了鲁迅,成为他"太易于猜疑和愤怒"的原因之一。

鲁迅的冷静,使他"气宇沉稳,明察万物"(许寿裳语);明察万物,看透世态,又使他能够揭破社会的黑暗,洞悉众生相和揭发民族的劣根性。鲁迅的这种冷静和看透世态,自然首先是源于他的人格的俊伟、思想的超拔和学养的深厚,源于他自幼历经事变而体味了凶险的世态,但绍兴师爷那种冷静处事、洞悉世情、明察幽微的处事态度和眼力,也可能对鲁迅有所影响。清代名幕张廷骧在《幕学举要·序》中说:"幕虽小道,非洞达世情,周知利弊,焉能出而佐人?"绍兴师爷处在政治的幕后,懂得政治是怎么回事，又处在办案的前沿，深知民间秘事隐情，办案、算账又养成了他们冷静、沉稳的性格和办事态度，这些"师爷气"，自然对绍兴的民风有所影响，因而也多少影响到了鲁迅。

曹聚仁说，鲁迅是个精明和"有谋略"的人，这话有道理。从鲁迅对待书信和日记的态度与看法中，可以约略看出一些来。鲁迅谈到自己的书信时说："常听得有人说，书信是最不掩饰，最显真面目的文章，但我也并不，我无论给谁写信，最初，总是敷敷衍衍，口是心非的，即在这一本书中，遇有较为紧要的地方，到后来也还是往往故意写得含糊些。"（《鲁迅全集》，1938年版，第7卷，第20页）不能认为鲁迅这里说的是戏言，或是谦虚什么的，鲁迅是自我写实。鲁迅的这段话，确实反映了鲁迅的精明和"有谋略"。但鲁迅这段话中的"谋略"，其实也就是多一层考虑，多想一步棋，多留一点余地，而并非阴谋之类。

鲁迅的精明和"有谋略"，曹聚仁认为与绍兴师爷的影响有关，他说："毕竟他是绍兴师爷的天地中出来，每下一着棋，都有其谋略的。"（《鲁迅评传》）这话也有道理。绍兴师爷的职业就是为幕主出谋划策，为破案和征收钱粮赋税想方设法，为案中人的命运（或杀或纵）谋划设计，因之，绍兴师爷有一种职业性的精明和善于谋划的能力，他们的谋略常常是层出不穷的。鲁迅生长在绍兴师爷的天地中，受到绍兴师爷的精明劲儿和谋略气的熏染，完全是可能的。但曹聚仁说鲁迅"每下一着棋，都有其谋略"，实际倒也未必到了那种程度。

由于鲁迅是从绍兴师爷的天地中走出的，故对于师爷式的谋略常能看得出来。例如，他曾谈到过李慈铭的日记是背离了日记正宗而专门写给别人看的，这说明他对于这位曾做过师爷的绍兴大名士的精明和"谋略"洞若观火。

鲁迅·绍兴师爷·法家及其他

周作人认为，绍兴师爷的苛刻性格和师爷笔法是上承先秦法家的。他把师爷的苛刻称之为"法家的苛刻的态度"，又说，"师爷笔法的成分从文人方面来的是法家烈日秋霜的判断"。（《知堂集外文·目连戏的情景》）这也就是说，法家与绍兴师爷是大有关系的。

那么，法家与鲁迅是否有关系呢？显然也是有的。因为既然鲁迅冷峻严刻的风格、犀利的笔锋与"师爷气"有关，那么其远源自然就要追溯到先秦法家。实际上，鲁迅也明言过自己与法家有关系。他在《坟》的后记中说，自己背了些古老的鬼魂，"就是思想上，也何尝不中些庄周韩非的毒，时而很随便，时而很峻急。孔孟的书我读得最早，最熟，然而倒似乎和我不相干"。韩非是法家的集大成者，也可以说是法家的代表。"中了韩非的毒"，也就是受了法家的影响。鲁迅说他和孔孟不相干，其实并非完全不相干，比如与"自强不息，刚健有为"的精神就很相干。但是，鲁迅说这句话实际上是要突出两点，一是与没落的"孔家店"不相干,二是与庄周、韩非很相干;而说与孔孟不相干,就愈加突出了与庄、韩的相干。从鲁迅的这句话中可以看出,他是认为自己与法家很有关系,亦即受了法家的影响的。那么受了法家的哪些影响呢?所谓"峻急",也就是法家的冷峻、刻急、犀利的思维方式和文风,形象一点说,就是法家那种烈日秋霜般的风格。此外,鲁迅还受过法家的"人性恶"观念的影响。鲁迅对于"人性恶"是很敏感的,这成了他批判国民劣根性的思想渊源之一。

鲁迅受法家的影响,主要有两个途径,一是从古书中,从《韩非子》等法家著作中,再一个途径就是间接地从绍兴师爷那里。鲁迅是颇喜读《韩非子》的。《韩非子》的思维相当理智,文气又相当冷峻。鲁迅说他"中了韩非的毒",大概首先是因为他熟读了韩非的书。鲁迅从法家的书里所受的影响,比从绍兴师爷那里受到的法家的影响更为直接,但是很不具象;而从得了法家真传的绍兴师爷那里受到的影响,则是具体而鲜活的。钱理群说,绍兴师爷是鲁迅受法家影响的"中介",这个说法是很有道理的。

绍兴师爷历来都把自己所从事的幕业视为法家的孑遗,在他们眼里,申不害、韩非简直就是本业的祖师爷。在绍兴师爷写的书信、序跋、日记等文字中,常可见到他们自称是"事申韩之学""习申韩之业""取给于申韩之术"等等,明确地把自己当师爷看作是继承先秦法家之业。法家本是一学派,是向人主贡献用法治国的意见的,并非吃法律饭的业主,但他们的法律思想,制法、用法的主意，历来为后世吃法律饭的人们所宗。绍兴师爷就是这种吃法律饭者中的一大宗。他们在学习"幕学"的阶段，都要掌握基本的法律文献和法律知识，如《大清律例》《洗冤集录》及各种刑案汇编等等，都要熟悉各种法律名词，如"定谳""反噬""灭族""和奸"等等。这些法律文献和法律知识，都是上承先秦法家的。所以，绍兴师爷确确实实是在"事申韩之学""习申韩之业""取给于申韩之术"。

鲁迅对于绍兴师爷与法家的联系是清楚的。他在回复陈西滢讥讽他为刑名师爷的信中，有这样一句话："灭族呀，株连呀，又有点'刑名师爷'的口吻了，其实这是事实，法家不过给他起了一个名……"在这里，在有关法律业务的问题上，鲁迅几乎是把绍兴师爷和法家看作一回事的。的确，法家不过是穿了古装的绍兴师爷，而绍兴师爷又不过是穿了清朝服装的法家。"灭族呀，株连呀"，既是穿了古装的绍兴师爷给起的名，也是穿了清服的法家的口吻。这些穿了清服的法家，不愧是鲁迅与先秦法家的中介。鲁迅说他中了先秦法家的毒，这"毒"的重要传播途径之一，就是鲁迅故乡的那些穿清服的法家。所谓中了法家的"毒"，实际上是中了绍兴师爷的"毒"（即受影响）的另一种说法。

说到绍兴师爷的中介作用，其实，绍兴师爷不仅是法家与鲁迅之间的一个中介，而且是鲁迅与许多中国传统文化现象之间的一个中介。正如前文已经谈到过的：鲁迅的风骨，鲁迅的冷峻、深刻，鲁迅的复仇心态，鲁迅做学问的精密和严谨，其文化渊源中，都是既有绍兴师爷的影响，也有绍兴师爷作为中介的中国传统文化的影响。绍兴师爷之所以具有这种中介作用，是因为绍兴师爷本身就处在中国传统文化的熏陶中，他们本身就带有许多中国传统文化的遗传因子。因此，在说到鲁迅所受的影响时，有时很难分清哪些是绍兴师爷的直接影响，哪些是绍兴师爷作为中介的中国传统文化的影响。

鲁迅作品中的师爷的影子和"师爷气"

前面已经谈到，"鲁迅风"中有不少"师爷气"的因子，这里再具体谈谈鲁迅作品中的师爷的影子和"师爷气"。

《狂人日记》里的狂人，其原型据周作人说，是鲁迅的两个当过师爷的患精神病（迫害狂）的姨表兄弟。他说到这两个姨表兄弟时，有时隐其名，有时言其名曰郁大、郁四（有时又记作刘四）。关于这兄弟二人的情况，周作人在《〈狂人日记〉里的人》一文中记道："……事实上有两个生精神病的亲戚。一个是郁四，在华北游幕，忽然说同事要谋害他，逃到北京，告诉鲁迅说他们怎么追迹他，住在西河沿客栈，听见楼上的客深夜橐橐行走，知道是他们的埋伏，赶急要求换房间，一进去就听到隔壁什么哺哺的声音，也在暗示给他，他们到处布置好，他再也插翅难逃了。据说他那眼神十分可怕，充满了恐怖，阴森森的显出狂人的特色，就是常人临死也所没有的。鲁迅给他找妥人护送回乡，这病后来也就好了。他的老兄郁大也是同样情形，只知道他在由杭回绍的途中，遇见对面来一小船，欸然过去，听得船中人说话有'大少爷'三字，他立刻变色，说这即是他们一党，对他表示他们认识他，知道他今天回家来，以后就要来找他的。"（《知堂集外文》）

鲁迅写《狂人日记》，确实有原型，而且确实是鲁迅的当过师爷又患了迫害狂的姨表兄弟。鲁迅在《狂人日记·小引》中说，某君昆仲，今隐其名，日前偶闻其一大病，往访，则病者其弟也。然已早愈，所患盖迫害狂之类。这里所说的"病者"，实即鲁迅的患了迫害狂的姨表兄弟。鲁迅在这里基本用的是史笔；但未言患病者为兄弟二人，只曰一人，与周作人所说稍异，这大概是文学之笔。周作人所说的郁大和郁四，指的当是鲁迅的表兄阮和荪和表弟阮久荪。根据绍兴鲁迅纪念馆提供的资料，这阮氏兄弟都在外地当过师爷，其中阮久荪曾因患精神病到北京找过鲁迅，住在西河沿旅馆，鲁迅为他四处求医，并物色了一个干练的人送他回绍兴。（《鲁迅在绍踪迹掇拾》）这里所说的阮久荪的情况，与周作人所说的郁四的情况相同，郁四指的当就是阮久荪。或者，再加上一些也当过师爷的其兄阮和荪的影子。

在鲁迅作品中，最明显地晃动着绍兴师爷的影子和浸染着"师爷气"的作品就是《狂人日记》。不仅狂人的原型是绍兴师爷，狂人日记的内容也有"师爷语言"和师爷笔法。如："我还记得大哥教我做论，无论怎样好人，翻他几句，他便打上几个圈;原谅坏人几句,他便说'翻天妙手,与众不同'。"这段话,是狂人记大哥教自己怎样用师爷笔法做论文,教的是怎样把好人说坏,把坏人说好。判卷打圈和称赞"翻天妙手"的"他',指的都是教做论文的大哥。

周作人曾说过他小时候,接受过那种把好坏颠倒过来评说的"师爷笔法"的训练,例子就是本文第二节提到过的把"史称汉高祖豁达大度",翻转成了"帝盖天资刻薄人也"。周作人还曾举例说:老幕友的刀笔秘诀是"反复颠倒,无所不可"。要使原告胜,就说"他如果不是真吃亏,何至来告状";要使被告胜,就斥责原告说:"他不告而你来告状,是你健讼!"要使老者胜,就说"不敬老宜惩";要使少者胜,就说"年长而不慈幼,为何?"狂人的大哥所教狂人的,正是这种师爷笔法、刀笔秘诀。大哥所说的赞语"翻天妙手,与众不同",很可能是绍兴师爷之间经常用来称赞某师爷刀笔不凡的话。所谓"反复颠倒,无所不可",所谓"翻天妙手,与众不同",其核心在"颠",在"倒",在"翻",也就是师爷笔法中常见的"反做法"。

对于这种"反做法",鲁迅并没有一概排斥,而是汲取了其中的逆向思维方法,用做观察的工具。鲁迅将"反做法"中的逆向思维方法名之曰"推背",并解释说:"我这里所用的'推背'的意思,是说:从反面来推测未来的情形。"(《伪自由书·推背图》)实际上,鲁迅不仅用"推背"来推测未来,而且也用它来观察历史。鲁迅托言的狂人就是用这种推背法,亦即师爷的"反做法"观察出中国历史的真相的:"我翻开历史一查,这历史没有年代,歪歪斜斜的每叶上都写着'仁义道德'几个字。我横竖睡不着,仔细看了半夜,才从字缝里看出字来,满本都写着两个字是'吃人'!"一般人看历史总是惯于从表面看,所以看到的都是"仁义道德",但若是用推背法"颠倒"着看,"翻"过来看,看到的就是"吃人"二字。

不仅狂人的原型是绍兴师爷,也不仅狂人日记的内容有"师爷语言"和师爷笔法,还有一点也极为重要,就是狂人所患的病,实质上是一种"师爷病"。狂人所患的是迫害狂,这种病,是从事幕业的师爷们经常患的一种职业病。从这个意义上说,此病可以谓之"师爷病"(尽管并非师爷所独患)。师爷何以常患此病?这是因为,师爷特别是刑名师爷,由于职业的关系,常以刀笔决人生死,常以刀笔斩杀人犯或判人徒刑,而在这当中,又常有冤魂出之他们笔下。因此,"负罪感"成了师爷们的一种普遍的心态,他们时常心惊肉跳,时常做噩梦,仿佛感到或梦见死者或冤魂前来索命。于是极易患上迫害狂,成为天天惧怕被人谋害的狂人。清人纪昀在《阅微草堂笔记》中就记载了这种典型事例。阮久荪患的实际也就是这种"师爷病"。这种"师爷病"被鲁迅看在眼里,便被用来作为了狂人的病症的原型。刑名师爷是又杀人,又恐被人杀的(正像狂人所言:"自己想吃人,又怕被别人吃了。");狂人也正是被人吃,又吃过人的(狂人自谓:"我未必无意之中,不吃了我妹子的几片肉。")。从这点上来说,用绍兴师爷来作狂人的原型是再合适不过了。而从这一点又可以看出,《狂人日记》的原型,并非仅仅是哪一个师爷,并非只是阮久荪或阮氏兄弟,而应是整个的绍兴师爷。

《阿Q正传》作为一部伟大的讽刺小说,可以说是一部"师爷气"浓郁的作品。它的深刻、冷峻、理智、犀利,它的洞察世态和精熟人情,它的苦辣的讽刺和幽默,都让人隐隐地感到一种"师爷气"的存在,而且是一种正宗的"绍兴师爷气"。鲁迅所以能写出这部伟大作品,应该说是与他的绍兴师爷气质分不开的。蒋梦麟说过这样一段话:绍兴师爷因为谙熟法令律例,"养成了一种尖锐锋利的目光,精密深刻的头脑,舞文弄墨的习惯,相沿而成一种锋利、深刻、含幽默、好挖苦的士风,便产生了一部《阿Q正传》。"(蒋梦麟《新潮》,台北传记文学出版社1967年版)这种对《阿Q正传》的成因及特点的分析,是很有见地,很有道理的。明末绍兴师爷王思任可说是"含幽默、好挖苦的士风"的一个代表。王思任号谑庵,以善谑出名。鲁迅更是"锋利、深刻、含幽默、好挖苦的士风"熏陶出来的典型人物。可以说,没有"师爷气",就没有《阿Q正传》,鲁迅若没有"师爷气",也就写不出《阿Q正传》。

不知是有意还是巧合,鲁迅把阿Q也写得颇有"师爷气"。阿Q在男女问题上的学说是:"凡尼姑,一定与和尚私通;一个女人在外面走,一定想引诱野男人;一男一女在那里讲话,一定要有勾当了。"(《阿Q正传·恋爱的悲剧》)阿Q本非刑名师爷，但他的学说的内容却都关乎刑名案情，都是刑名师爷所关注的，他的论断和语言也分明都是刑名师爷式的论断和谳语。清代著名刑名师爷王又槐在他写的《办案要略·论犯奸及因奸致命案》里有这样一句经典的话："妇女孤行无伴，多非贞节。"（群众出版社1987年版）翻译成阿Q的话说，不就是"一个女人在外面走，一定想引诱野男人"吗？鲁迅又写道：阿Q为惩治有伤风化的尼姑和男女起见，"往往怒目而视，或者大声说几句'诛心'话，或者在冷僻处，便从后面掷一块小石头。"何谓"诛心"呢？这本是绍兴师爷常用的一种断案手法。"诛心"也叫"诛意"，是指所知道的疑犯行为尚不足以作为定案凭据时，而推究其居心蓄意以论定罪状的方法。一些高明的师爷（如汪辉祖）常常能在证据不足的情况下，以这种诛心之术令疑犯招供。这种"诛心"断案法衍伸为一种论说方法，便是所谓"掘到根底里"的"诛心之论"。阿Q的关于男女问题的学说，便源自绍兴师爷的"诛心"断案法，堪称绍兴师爷诛心之术的通俗版。阿Q"大声说几句'诛心'话"，所说的也正是那种从绍兴师爷的诛心之术衍伸而来的"诛心之论"，而其"诛心之论"的内容，又绝对少不了诸如"一个女人在外面走，一定想引诱野男人"之类的学说。

鲁迅作品中的"师爷气"，还常表现在他的爱"咬文嚼字"和擅长对"字缝"的洞察。鲁迅自谓："我常常要'挑剔'文字是确的。"（《华盖集·我的"籍"和"系"》）在鲁迅的作品中，特别是杂文中,"咬文嚼字"的情况太多了,例如对"学贯中西的学者"萧纯锦滥用"之"字的奚落,等等。这里所谓"字缝",是指字里行间隐而不显的东西,指文字背后的文字。鲁迅的洞察"字缝",或是从中发现对方的纰漏,据以攻之;或是从中看出世道人心和历史的真相。前一种情况,如女师大风潮中鲁迅著文驳斥所谓"女师大学生是'少数'"的责难(《华盖集·这回是"多数"的把戏》);后一种情况,如鲁迅擅读历史,从"字缝"里读出了"吃人"两个字。鲁迅的爱"咬文嚼字"和擅长对"字缝"的洞察,究其渊源,既有中国传统文人对文字的敏感,也有绍兴乡风对文字的偏爱(绍兴一向文风极盛),还有鲁迅师从章太炎所受的《说文》训练,此外,一个重要的渊源,就是受到了绍兴师爷的善于推敲文字和擅长从字缝里钻找的影响。

绍兴师爷断案或是算账,都需要文字周密,无懈可击。特别是刑名师爷,更是需要反复推敲文字,以使法律文书圆润周到,或是从字缝里寻出可乘之机,化险为夷。例如,某师爷将谳语"用刀杀人"改为"甩刀杀人",又有某师爷将"从大门而入"改成"从犬门而入",皆使判案结果迥异先前。这两例都是刑名师爷从字里行间觅出了机会,进而改变文字,从而改变了判案结果。绍兴师爷的这种"咬文嚼字"和擅长从字缝里寻出可乘之机的手法,对清代以来的文风影响颇大,受到这种影响而写出的文章和著作不胜枚举。鲁迅就是受到过这种手法影响的作家。心理学家潘菽在谈到师爷文风浸染中国文坛的情况时说:"古往今来,多少刑名师爷式的著作,专门在字句缝里钻找,讼师就是这么产生的。"(引自曹聚仁《中国学术思想史随笔·墨家与墨辩》)潘菽主要是从消极的意义上来谈师爷笔法的,并不全面。清代以来,文坛上的这神"师爷气"确实不少,但鲁迅并非"专门在字句缝里钻找",而是一则秉持正义而为文,二则在作文需要时恰当地使用这种方法。

结　语

鲁迅曾生活在遍布绍兴师爷的环境中和"师爷气"(即师爷文化)弥漫的氛围中,受到过绍兴师爷和"师爷气"的潜移默化的影响。鲁迅反感并拒绝了"师爷气"中的恶劣成分,接受了"师爷气"中的精华。鲁迅所受的某些中国传统文化因素的影响,是通过了绍兴师爷这个中介的,或是以绍兴师爷为中介之一。鲁迅的思想、性格和文风即"鲁迅风"中,留下了深深的"师爷气"的烙印。"师爷气"对于鲁迅的深邃、深刻的思想体系和鲁迅的精神风貌、人格风貌、文章风貌的形成,起过相当重要的作用。

周作人在形容法家的风格时,曾用过"烈日秋霜"四个字。这四个字造成的意象,很容易使人既联想起绍兴师爷又想到鲁迅。这是因为,"鲁迅风"和"师爷气"都有着烈日秋霜般的气氛。故此,本文用"烈日秋霜"四个字作为标题。

(刊于《鲁迅研究月刊》,2000年第9期)

燕京乡土入法眼，红尘万丈梦华图
——谈《清代北京竹枝词》

引　子

"闲谈不说《红楼梦》，读尽诗书是枉然"，读过《红楼梦》的人，特别是研究过《红楼梦》的人，都知道这句脍炙人口的诗，也知道这句诗反映出清朝人喜读《红楼梦》的情况。但这两句诗是我们通常所说的"古典诗词"的"诗"吗？不是的。准确地说，它是竹枝词。他的出处，是清朝人得硕亭写的竹枝词《草珠一串》。路工先生编的《清代北京竹枝词》收入了这篇《草珠一串》。《清代北京竹枝词》是一本有名的竹枝词选集，它的出名，不仅因为编选得好，还因为它被北京古籍出版社收入有名的"北京古籍丛书"中。多年前此书刚一出版，我就读了它，感觉收获很大而深爱之。我觉得它不仅具有较高的史料价值，还有赏心悦目的欣赏价值。我写的专著《行业神崇拜——中国民众造神史研究》和若干篇文史论文中，都曾引用过这本书里的材料。

平日闲翻此书，只消读三五首竹枝词，便仿佛被带回到清朝的老北京。

对于《清代北京竹枝词》这本书，我感觉学界对它的重视程度不够，研究成果少，书评也不多，除了路工在书首写的概括性介绍外，我还没有看到其他系统介绍此书的文章。本文拟介绍一下《清代北京竹枝词》的概况，并谈一点自己的阅读感受。

一、关于篇目、作者和编者

这本书名曰"清代北京竹枝词"，顾名思义，一是断了代，是说所选入的竹枝词，所吟咏的内容，都是清代的，二是确定了地域范围，是说所吟咏的物事，都发生在北京或京畿。这本书共收入了十三篇竹枝词，它的篇目和作者情况如下。

一、《燕九竹枝词》，作者孔尚任等，孔尚任是有名的传奇剧本《桃花扇》的作者。二、《都门竹枝词》，作者杨米人，本名杨瑛昶，号静香居主人，安徽桐城人，约生活在清乾隆嘉庆年间，曾居北京。著有《双珠记》《续板桥杂记》。三、《燕台口号一百首》，作者疑为查揆。查揆，浙江海宁人，生活在清乾嘉道年间，曾任顺天府蓟州知州。著有《筼谷文集》《菽原堂集》。四、《草珠一串》，又名《京都竹枝词》，作者得硕亭，又名得舆，清乾嘉时人。五、《续都门竹枝词》，作者张子秋，号"学秋氏"，江苏苏州人,清乾嘉时人。六、《都门杂咏》,作者杨静亭,通州人,约生活在清嘉道年间,曾任职于陕西榆林官署,因水土不服东归,长期潦倒京师,终日徜徉街巷,故熟知北京风物掌故。著有旅行指南性质的《都门记略》一书。七、《燕台竹枝词》,作者何耳,号易山,安徽歙县人,约生活在清道咸年间。八、《增补都门杂咏》,作者李静山,江苏绣谷人,诗人,大体活跃于清同光年间。九、《都门纪变百咏》,作者曒西复侬氏、青村杞庐氏,皆署别号。十、《京华百二竹枝词》,作者兰陵忧患生,署别号。十一、《京华慷慨竹枝词》,作者吾庐孺,署别号,清和人。十二、《百戏竹枝词》,作者李声振,河北清苑人,生活在清康熙年间前后。十三、另一《都门竹枝词》,作者佚名。

概括来说,这十几位竹枝词作者都是清朝人、文人学士,是关心北京风土掌故的人。他们的生平事迹大多不详,似都无大成就,也没做过大官,若不是留下竹枝词作品或文集,几乎无人知晓。他们当中有几位没在作品上署真名,《京华百二竹枝词》的作者还在篇末写了一句"风尘姓字不须问,且号兰陵忧患生",表示不想把真姓名示人。这可能是因为他们觉得竹枝词是小道,难登大雅,于是便像写小说的兰陵笑笑生、西周生那样署个别号。但他们毕竟留下了宝贵的竹枝词作品,为北京文化史平添了一抹亮色。在以上作者中,影响最大的是杨米人和得硕亭,后来的竹枝词作者都把他们视为楷范。

《清代北京竹枝词》的编者路工先生，是一位很有成就的文化人。如今知道路工的人不多，但回溯几十年，他可是大名鼎鼎。他原名叶德基，浙江人，是延安出身的文学家，诗人，解放后曾任文化部研究员，北京图书馆研究员。他精通古籍整理，有名作《访书见闻录》。他单独编著或与傅惜华等专家合编过不少广受学界赞誉的古籍选本，如《明清民歌选》《明代歌曲选》《十五贯戏曲资料汇编》《明清平话小说选》等，《清代北京竹枝词》也是其中一种。

自古以来人们不知创作了多少竹枝词，但经学者搜集、整理并成书出版的并不多，季羡林先生说过这样的话："有关竹枝词的专著或论文数量极少，引以为憾。"关于北京的竹枝词也出版得不多，北京地方史学者王灿炽编纂的《北京史地风物书录》仅录有二十余种。路工编选的这本《清代北京竹枝词》是一个优秀选本，值得清史、北京史、竹枝词的研究者、爱好者重视。

二、巴蜀民歌、文人诗体与《清代北京竹枝词》

竹枝词，简称竹枝，又叫竹枝曲、竹枝歌、竹歌，还有人叫它打油歌。此竹枝词非"赵宋词业"之长短句，也非曲艺范畴的鼓词之类。它本是创造于晋唐时代的一种民歌，乡野气息浓烈，后经文人之手改造，逐渐离开民歌原色，而成为文人手中的一种诗体。这种文人诗体以通俗、清爽、明丽为特色，与赵宋之词的精致典雅不同，这实际是它的老根儿——民歌特性的遗存。《清代北京竹枝词》里的作品，皆为文人所作，已少有原始民歌的粗放气息，已属于雕琢过的文人诗体了。

竹枝词的起源地一般认为是四川，刘禹锡说："竹枝，巴歈也。巴儿联歌，吹短笛，击鼓以赴节。"谓竹枝词乃巴蜀产物，不仅有词，还有曲有舞。这种唱词何以用"竹枝"命名？路工在《清代北京竹枝词》前言中解释说，"唱的时候，每句中间有'竹枝'的和声，所以叫做'竹枝词'。"但什么叫"竹枝的和声"呢？不大明确。戏曲史家任半塘先生在《竹枝考》一文中解释"竹枝词"取名的原因是："其始或手持竹枝以舞，故名。"原来如此。大抵因四川盛产竹子，故用作歌舞道具。

一本竹枝词作品的命名，一般都要标出"竹枝词"字样，如《都门竹枝词》《燕台竹枝词》等。但有时也并非必须标出"竹枝词"。如《清代北京竹枝词》所收的十三篇竹枝词，就有五篇没有"竹枝词"字样，即《燕台口号一百首》《草珠一串》《都门杂咏》《增补都门杂咏》和《都门纪变百咏》。但这些作品无疑都是地道的竹枝词。《草珠一串》又名《京都竹枝词》，这说明取名是可以变通的。

唐代文学家、诗人刘禹锡是竹枝词发展史上的重要人物，有人认为"竹枝词起源于中唐诗人刘禹锡"。（施蛰存《关于竹枝词》)刘禹锡是将含着野性的竹枝词雅化为文人诗体的圣手,他所创作的清爽、明丽的竹枝词脍炙人口,成为后代文人步武的榜样。"东边日出西边雨,道是无晴却有晴",就是出自刘禹锡之手的竹枝词名句。刘禹锡之后,文人写竹枝词的越来越多,降至明清两代及民国时期,作品已蔚为大观,《清代北京竹枝词》便是这大观中的一景。

竹枝词一般都是七言、四句、二十八个字,三平韵,形式与七言绝句相同。如杨米人《都门竹枝词》云:"传来日下旧闻多,市语方言费揣摩。人海人山图画好,挑灯闲写竹枝歌。"谓京城人多事繁方言杂。又李声振《百戏竹枝词》云:"百丈游丝放纸鸢,芳郊三五禁烟前。风筝可惜名空好,不及雷琴张七弦。"咏都人放风筝。都是七言、四句、二十八个字、三平韵。平声韵是竹枝词用韵的常体,念起来声调昂扬,朗朗上口,但也有用仄声韵的,念起来低沉一些,此为别体。上引两首北京竹枝词用的都是平声韵,念起来昂扬上口。如果细检《清代北京竹枝词》,可以看出其中绝大部分作品用的都是平声韵。我平时读诗词,喜欢平声韵的作品,念起来畅快,感觉心绪朝上。读竹枝词更有这种感受。

三、以纪风土为主的社会风俗史料

人们熟悉的唐诗宋词,从内容上说,可谓包罗万象,似乎宇宙和人世间的方方面面都可以入诗。但竹枝词的内容却有自己的侧重。《都门杂咏》的作者杨静亭谓:"竹枝词者,古以纪风俗之转移,表人情之好尚也。"词家唐圭璋先生说得更具体:宋元以降的竹枝词,"内容则以咏风土为主,无论通都大邑或穷乡僻壤,举凡山川胜迹,人物风流,百业民情,岁时风俗,皆可抒写。"(邱良任《竹枝纪事诗·唐序》,暨南大学出版社 1994 年版)笔者浏览过不少古今竹枝词,特别是细读了《清代北京竹枝词》,确如杨静亭所言,记录风土人情,乃是竹枝词最基本的功用和内容,若细言之,则如唐圭璋所述的那样。

竹枝词作者的目光所及,多在社会中下层的凡人俗事,然也不乏军国大事的侧影和波澜。翻览《清代北京竹枝词》,凡人俗事及军国大事会一起跃入眼帘。因之,从史料学上说,北京竹枝词主要是一种社会风俗史料,同时也是军国大事史料之一翼。若用民俗学的眼光看,它还是上好的民俗学资料。史家瞿兑之(铢庵)先生谓,竹枝词描写时世风俗,"最为社会史料珍品,独惜散漫未经整理耳"(《北梦录》)。《清代北京竹枝词》是一本整理过的竹枝词选集,亦即一本清代北京社会风俗史料集,其中每一篇，甚至每一首竹枝词都值得社会风俗史研究者重视。

试举几例。杨静亭《都门杂咏》将所吟社会现象分为若干"门"，有"风俗门""对联门""翰墨门""古迹门""技艺门""时尚门""服用门""食品门""市廛门""词场门"等，每"门"之下包括多首竹枝词，分咏不同的事物，如"市廛门"含"大栅栏""花儿市""东西巷""茶叶店""灯市""雀儿市"等多首竹枝词。这些"微观史"题目的竹枝词，涵盖了社会风俗史的许多方面，是研究这些方面历史的有价值的史料。"大栅栏"一首云："画楼林立望重重，金碧辉煌瑞气浓。箫管歇余人静后，满街齐响自鸣钟。"可见当年大栅栏商业繁华之盛况。这是一条珍贵的清代北京商业史史料。佚名《都门竹枝词》云："公会筵开白昼间，嗷嘈丝管动欢颜。新排一曲《桃花扇》，到处闻传四喜班。"可见晚清"四大徽班"之一的四喜班在京城演出《桃花扇》的盛况。《桃花扇》是一出包含浓厚"亡国之痛"情绪和"夷夏之防"思想的戏剧，能在天子脚下大演特演，可知晚清朝廷对防范"夷夏之防"思想已远不如清初时严厉。这既是一条珍贵的清代演剧史料，也是一条满汉关系史和清代政治史的珍贵史料。对于清代北京竹枝词的史料价值，有眼力的史家自会重视和利用，著名北京史地专家张次溪先生就利用清代北京竹枝词写过论文《清人竹枝词中之燕都市场与庙会史料》，推进了清代北京经济史的研究。

四、浅显的语言，俚俗的事

竹枝词是一种眼光向下、向民间、向广处看的诗体，是地道的俗文学。用通俗易懂的诗句，记录琐细的市井、乡野之事，是它行文的常态。清人翁方纲《石洲诗话》云："《竹枝》本近鄙俚。"鄙俚者，粗浅通俗也，说的是实情。一翻开《清代北京竹枝词》，便会感到字里行间的市井俚俗之气扑面而来。《燕台口号一百首》的引言，称自己所作的竹枝词是"摭其俗例方言及土物之猥细者，作口号若干首"，清人吴翯说杨米人的《都门竹枝词》"其词之俚，几于无择"。这些自谓或评说，都道出竹枝词以浅显语言吟咏俚俗之事的特色。这种俚俗特色，充溢在《清代北京竹枝词》的作品中。

例如，何耳《燕台竹枝词》的二十首竹枝词，题目有"太平鼓""烟儿爆""冰床""皮耳朵""冷布""裱糊顶格""煤炉""硬面饽饽""柳木牙签"等，都是极其琐细的俚俗事项。"太平鼓"一首云："铁环振响鼓蓬蓬，跳舞成群岁渐终。见说太平都有象，衢歌声与壤歌同。"太平鼓上装有铁环，舞动起来鼓皮声与铁环声并作，这是辞旧迎新的人籁。在街衢之上跳舞庆贺，乃是太平之象，仿佛尧之时唱《击壤歌》一样。"硬面饽饽"一首云："硬黄如纸脆还轻，炉火均时不托成。深夜谁家和面起，冲风唤卖一声声。"均匀火候烤出的硬面饽饽又黄又脆，但又有谁知道卖家深夜制作、迎风卖售的辛劳呢？这些竹枝词所吟咏的，都是普通老百姓最日常、最琐细的生活，用词也浅白易懂。

竹枝词虽是俗文学，大多浅显易懂，但有时也引用典故。如《京华慷慨竹枝词》"硕学通儒"一首云："杜钦谷永嗟何在，殷浩刘铉负盛名。到底功名非学问，读书种子莫凋零。"前二句典故叠加，涉及四个历史人物，须查词典才能懂。竹枝词用典，乃文人之积习所致。比较各地的竹枝词，北京竹枝词用典比较多，大概因为北京是文化古都的缘故吧。

竹枝词用语虽浅显，但并非没有文学性。如孔尚任《燕九竹枝词》咏燕九节云："千里仙乡变醉乡，参差城阙掩斜阳。雕鞍绣辔争门入，带得红尘扑鼻香。"相传元代道人丘处机于正月十九日仙去，京师以此日为燕九节，民众会于白云观祝拜祈福。词中，斜阳洒在高高的城阙上，装饰着秀美雕鞍的骏马载着远道而来的士女，争相祭拜，平时清净的仙人之乡，此时变为百姓如醉如痴的醉乡。寥寥四句，便把燕九节的风貌勾画了出来，灵动之笔使这一宗教性风俗带上了诗意。

五、独具帝都色调的京味竹枝词

清代北京是京师，是帝王之都，所以北京竹枝词也带有浓厚的帝都色调，这种色调是其他地域的竹枝词所不具备的。这是一种带京味的竹枝词。

京城在天子脚下，气派恢宏，所谓"无人不有，无物不有，无事不有"。《草珠一串》云："帝京景物大无边，梦笔生花写不全。时尚土风朝暮改，年年沧海变桑田。"言帝都之气象与帝都之变迁。

北京万方辐辏，有"人海"之称，杨米人《都门竹枝词》云："晴云旭日拥城闉，对面交言听不真。谁向正阳门上坐，数清来去几多人。"此为典型的京都景象，人山人海，摩肩接踵，即使对面交谈，也听不清对方在说什么。

北京是官宦和各省科考士子汇聚之地，同乡会馆（试馆）云集。《燕台口号一百首》云："团拜同年兴便增，传单分子乐应承。长安会馆知多少，处处歌筵占绍兴。"同年科举考中的士大夫每逢喜庆团拜之日，便在会馆里大张宴席，观剧庆贺。这种会馆里的官宦风习，为京师所独有。

京官穷，俸禄不敷生活之用，便设法捞钱，此为清代官场一大怪现状。佚名《都门竹枝词》云："最是长安居不易，京官一例总清贫。算来还是郎曹好，到底多分印结银。"京官总体清贫，但侍郎、郎中一类官员，毕竟还能多分一点"印结银"（给同乡签署担保书获得的收入）。

以上这些吟咏京师独有事物的竹枝词，是典型的京味竹枝词。

京味竹枝词有一个重要特点是政治气息浓厚。史家顾颉刚先生在《北平歌谣续集序》里说："北平是旧日的国都，这地方的人民和政治的关系比较密切，感触稍多，所以常用时事编入歌谣，不似他处的不知有国。……如曹吴段张的打仗，如执政府的接活佛，都已编入歌里。"（李素《北平的歌谣》，载梁国健编《故都北京社会相》，重庆出版社1989年版）顾先生所说的虽是民国时的北平，但清代北京的情况也一样，因为成因相同。清代北京人，包括士大夫和一般平民，对于宫廷政治、国家政情的知晓，有一种"近水楼台"的便利，长期的耳濡目染，使他们对政治时务比较敏感，这种特点反映到竹枝词作者笔下，便是北京竹枝词中有许多吟咏国家政情的篇什。例如，佚名《都门竹枝词》几乎全是写官场，《都门纪变百咏》全是写义和团和庚子国变，《京华百二竹枝词》几乎全是写维新变化。

六、流行时尚的记录和讥刺

记录和讥刺流行时尚，是竹枝词的一大功能，是竹枝词吟咏风土的一项重要内容。调侃、谐谑和嘲讽，是竹枝词常用的笔调。清代北京竹枝词的这种笔调要比外域的竹枝词浓重。

同是写时尚内容的作者，怀抱的志趣可能不同。有的只是为自娱，有的则怀有移风易俗之志。后者的作品常用嬉笑讥刺笔调，写出来有点像讽刺诗。《都门杂咏》的作者杨静亭、《草珠一串》的作者得硕亭，都属于后者。杨静亭在自序中说自己写诗的立意是"隐寓箴规""默存讽谏"。得硕亭在自序中说："竹枝之作，所以纪风土，讽时尚也。然于嬉笑讥刺之中，亦必具感发惩创之意。故诽词谑语……志在移风易俗，聊为遒铎瞽箴……"明确道出自己写竹枝词是有所寄托的，是为移风易俗的。写吟咏时尚的竹枝词，必须眼光敏锐，善于观察，擅长写这类竹枝词的作者，多少都有一点新闻记者的潜质。

《清代北京竹枝词》收录了很多记录时尚的竹枝词，如《京华百二竹枝词》集中记录了清末维新、"西风东渐"的景况。开篇词云："大清宣统建元年，事事维新列眼前。闲写竹枝词百二，可能当作采风篇。"明确说这一百二十首竹枝词，是以朝廷的维新措施及所带来的社会变化作为采风、吟咏对象的。如咏新军军服："定章军服精神好，旧式冠裳可弁髦。试看知兵两贝勒，不穿短褂与长袍。"谓新军穿上了西式军服，军威雄壮，掌兵的两位贝勒爷穿上新军服后面貌一新。咏留学生："各国归来留学生，一经朝考上蓬瀛。可怜不及格人在，如要谋差须自行。"清末留学海归颇受朝廷器重，但报考官衔时若成绩不及格，也须自谋生计。咏新女性："或坐洋车或步行，不施脂粉最文明。衣裳朴素容幽静，程度绝高女学生。"维新后的京城女性，特别是女学生，人身更加自由，服饰趋向淡雅，封建礼教的束缚开始被挣脱。

杨静亭《都门杂咏》专门设置了一个"时尚门"，吟咏京城流行的各种时尚。"眼镜"一首云："方鞋穿着趁时新，摇摆街头作态频。眼镜戴来装近视，教人知是读书人。"因戴眼镜的多是读书人，读书人受尊敬，所以有人便假装近视眼，也弄来一副眼镜带着。"行医"一首云："满墙贴报博声名，世代专门写得清。怂恿亲朋送匾额，封条也挂御医生。"墙上贴满宣传自己是名医后代的广告，请亲友当"医托"送匾额，还自夸当过御医，这是当时民间医生的生意经。

有的竹枝词作者颇具胆量，讥刺之笔直指官府衙门。《草珠一串》云："衙署如林认弗全，缙绅未载数千员。就中岂乏丝纶选，不尽庸庸费俸钱。"谓衙署太滥，冗员太多，单是《缙绅录》漏载的官员就达数千之众。又谓官员中并非没有人才，但庸碌素餐之辈实在太多。这实际是一首政治讽刺诗。又云："做阔（原注：京师名学大气派者曰做阔）全凭鸦片烟，何妨作鬼且神仙。闲谈不说《红楼梦》（原注：此书脍炙人口），读尽诗书是枉然。"这是一首学界风气讽刺诗。讽刺京城有些大牌学者摆架子，吸鸦片，虽看着像神仙，实则离鬼不远矣。又似暗讽士人中流行的一种风气——以能侃《红楼梦》为逞才的标志，而正经诗书读得好却不算本事，似有一点"读红别忘读诗书"的劝学味道。

七、慷慨忧愤的竹枝词

读《清代北京竹枝词》的作品，感到不少作者是忧国忧民，愤世嫉俗的人。社会的不平，腌臜的世相，当道的腐朽，外敌的侵凌，都在他们笔下有所揭露、嘲讽和抨击。

吾庐儒的《京华慷慨竹枝词》充满了慷慨激昂的情绪，一首首带刺的竹枝词，像是响箭，刺痛污浊，警醒世人。"外务部"一首云："犹冀功高曹利用，谁言心似张邦昌。勋名直越史弥远，忠爱何如石敬瑭。"讥讽晚清政府的卖国嘴脸，谓外务部的官僚，貌似想学拒绝割地，促成"澶渊之盟"的曹利用，实则心肠犹如卖国求荣的张邦昌、史弥远和石敬瑭。"皖北人相食"一首云："不见流民郑侠图，实官捐害到当涂。向来人命如儿戏，赤野青苗惨不如。"宋代官吏郑侠看到流民困苦之状，令画工绘图上奏，神宗看后彻夜难眠，遂下自我批评的"责躬诏"，并罢去伤民诸法。此诗以古喻今，痛责当时清朝官吏不顾百姓死活，造成饿殍盈野的惨状。

清末兴起了不缠足运动，但北京的妇女偏于守旧，放足行动迟缓。兰陵忧患生《京华百二竹枝词》云："坤鞋制造甚精工，争奈人多足似弓。庚子已过尚依旧，几时强迫变颓风。"注文云："以北京首善之区，放足之风，仍未大开。庚子岁以缠足致累，尚在目前，事过辄忘，积习中人，一深至此。"作者忧患意识极强，感叹本是首善之区的北京，庚子国变之后放足风气仍未大开，以致制作精良的新式女鞋卖不出去。词中强调"庚子已过"，是感叹京城妇女明明在事变中因缠足加重了伤亡，而事变过后，却仍是三寸金莲。诗人叹息、忧愤，对卑劣之习深重的国民抱以深深遗憾。

八、义和团史料一束

清代北京竹枝词虽多为市井题材，但也有反映和记录时代风云的作品。《都门纪变百咏》就是一篇专门吟咏义和团运动和庚子国变的专题作品。这篇作品史料价值颇高，从中可看到许多在正史中难见的历史细节，特别是能看出一般北京居民对义和团的一些感受和看法。作者在每首词后面都加了注文，有助于深入了解史实。

开篇词云："初起山东号义民，忽延保定忽天津。俄惊辇下纷纷遍，真似神仙会驾云。"注文云："团民起于山东、直隶接壤之处，延及保定、天津，今年三月间，流入京师，胁从益众，踪迹飘忽，相传有驾云之术。"不须读专门史书，单从这几句简略的诗句和注文中，便可约略了解义和团的起源地、发展路线、迷信状态和朝廷反映。

又词云："才过杨村半日程，一千精锐泰西兵。赴援无计通前路，陷入重围不放行。"注文云："西员续调救援使馆之洋兵，由天津入京，行至杨村左近，被团民围住，不能前进，仍回天津。"从天津驰援北京使馆的上千名精锐西兵，被英勇的义和团包围、吓退了，这是义和团的一次大胜利。这次战斗在义和团史料中不乏记载，但记入竹枝词，则易于流传，能起到鼓舞人心的作用。

又词云："洋气须教一例除，先烧电线火轮车。琉璃河接长辛店，此是鹏程发轫初。"注文云："五月一日，拳民……焚拆琉璃河、长辛店一带铁路，并毁电杆。"此为义和团盲目排外的情况，凡带洋味的东西，都要毁掉，京郊琉璃河、长辛店一带的火车、电线，首先被毁。

又词云："烧香供水喊连天，白混青皮一气联。吓杀人家小儿女，纷纷罗拜大门前。"注文云："自五月十六日起，每至夜分，满街喊声大作，令各家烧香供水，其势汹涌，居民大惧。"此言团民命令京城居民为自己提供饮水，并焚香为神拳事业祷祝，但他们说话粗野，呵斥百姓，吓得百姓直下跪，一些地痞流氓也跟着起哄捣乱，使团民名声大受损害。这种细致入微的历史记录，在义和团史料中是稀见的，特别是京城百姓对团民行为的反映，更是少见的史料，因而十分珍贵。

九、发现鲜为人知的史实

好书必须细读,细读《清代北京竹枝词》,可以发现不少鲜为人知的史实。这些珍贵史料,许多掩藏在诗句后面的注解中。若诗、注兼读,所记历史情况可以一目了然。试举《京华百二竹枝词》里的几例。

其一,今日的正阳门外,楼宇新造,马路平阔,惜无树木花草。清末则于大道两旁植杨柳,种马缨花,似成一林荫道。词云:"正阳门外最堪夸,王道平平不少斜。点缀两边好风景,绿杨垂柳马缨花。"注文云:"正阳门外,马路平坦,两旁栽种杨柳、马缨各树,红绿相间,映带鲜新,往来行人,乐而忘倦。"清末正阳门外的这一景象,若非写入此词此注,恐怕早已淹没无闻了。当时市政当局竟有如此绿化之举,难能可贵。

其二,现代交规不许违章停车,清末北京似已有此萌芽。词云:"一平马路真如砥,信步行来趣更奢。眼底耳根两清静,从今不见破骡车。"注文云:"马路既修以后,车辆不得任意停放,从前骡马驴诸车,不得复见,两边车马之声,遂绝于耳矣。"马路一修好,便规定畜力车不许随意停放路边,因之行人走马路更加通畅,噪声之类问题也有了改观。

其三,北京何时开始有公厕?何时开始有清理污秽的环卫车？清末也。词云："粪盈墙侧土盈街，当日难将两眼开。厕所已修容便溺，摇铃又见秽车来。"注文云："各街遍修厕所，不准随意便溺。街巷禁止倾倒秽物，备有车辆，装载居民粪土，以摇铃为号，人皆便之。"北京居民古时习惯在墙根儿便溺，在街道上随意倾倒粪土垃圾。清末市政当局在北京普遍修建了公厕，设置了清污的"环卫车"，随意便溺等状况遂有了改善。

其四，谁都知道菜市口是清代京城刑场，戊戌六君子便殉难于此。此刑场是何时废弃的？为何废弃？词云："当年弃市任观刑，今日行刑场筑成。新旧两般都有意，一教警众一文明。"注文云："自前明即在菜市刑人，本朝仍之。每遇刑人于市，行者观者，动为塞途。今于斗鸡坑地方建筑刑场一所，门墙室宇，颇为高宏，既益卫生，复合文明之举。"废弃菜市口刑场后，建筑了一座新式刑场，封建性的杀鸡吓猴的"弃市"，进化为相对文明的行刑。这是中国法制从野蛮走向文明的一个重要事件。

再举《都门纪变百咏》中的一例。人们多知义和团团民中有红灯照，其实还有黑灯照。"军中有女气难扬，天使神兵便不妨。寡妇娇娃齐奋勇，红灯挂后黑灯张。"注文云："团中有所谓红灯照者，均以十四五岁闺女充之，衣履皆红色，相传能避火炮。黑灯照，则皆青年嫠妇也。"红灯照、黑灯照，皆女性团民，红灯照由未婚女子组成，黑灯照由青年寡妇组成。一般认为，红灯照得名于其手提红灯笼，那么黑灯照便是手提黑灯笼了。黑灯笼不多见，然确有之。

上述这类鲜为人知的史实，书里还有一些。何以会出现这种珍贵史料被忽略的情况？我想，这与人们对竹枝词的史料价值的估计不足有关，更对这本《清代北京竹枝词》的史料价值的认识和利用不够有关。应当重视瞿兑之先生所说的竹枝词"最为社会史料珍品"这句话，重视《清代北京竹枝词》所包含的珍贵史料的揭橥和利用。

读之快哉

燕京乡土入法眼，红尘万丈梦华图。《清代北京竹枝词》正是一部以具有洞察力的法眼，观览和描摹北京风土的竹枝词，堪称一幅清代北京版的清明上河图。古人云，"以世眼观，无雅不俗；以法眼观，无俗不雅"，杨米人、得硕亭等十余位竹枝词作者，既具平易之世眼，又具奇崛之法眼，凡清代北京风土事物，无论是俗是雅，皆能以通俗清丽的诗句道出，诚大俗大雅之手笔也，读之能不快哉！

（刊于北京文史馆编《北京文史》，2016年第2期）

历史的人证
——文史资料随感录

文史资料（政协编）原是"内部书"，高干读物，是限制流行的，我刚成年时曾向一高干子弟借阅过几册，读之，一种浓重的沧桑感笼罩在心头，兼而还有一种神秘感和荣耀感，然终因文化太低，读后懵懵懂懂，除记住了一个德国军事顾问出了一个用碉堡围困苏区的坏主意外，几乎没留下什么记忆。"文革"后，文史资料成了普通读物，我也因读了大学历史系而有了阅读能力，遂开始大量阅读文史资料。由此，不仅获得了很多历史知识，也懂得了文史资料的重要价值。今将若干读书心得，以分段札记的形式，录之如下。

文献史料学应大书"文史资料"一笔

文史资料（政协编），实即"晚清民国史料"；近些年，又加入了"共和国史料"。

文史资料已出版多年，文字多达十几亿，乃是一部旷世的巨型文献史料。但我感到史学界对其价值的认识却很不够，利用就更不够。从一定意义上说，文史资料尚处于一种"养在深闺人未识"的状态。翦伯赞先生写的《史料与史学·略论中国文献学上的史料》（北京大学出版社1985年版），是一篇比较全面论述中国史料学的论文，所谈到的史料包括经史子集、甲骨文、汉简、碑铭、墓志、档案、宗教经典、戏曲、说部等许多项，甚至谈到了信函、账簿、报刊和传单，但却没有文史资料。已出版的一些中国近现代史料学著作，虽或谈及文史资料，但多是一笔带过，对其价值的估计很不够。黄裳先生曾把文史资料称为"掌故汇编"，虽也不错，但给人估价不足之感。因为文史资料绝非一般信笔写来的掌故，而是郑重写出的史料。总之，文史资料的文献史料学价值确实被忽视了。

文史资料之价值被忽视的原因，也许与晚清民国的档案比较丰富有关。但实际上，档案的史料价值是不能替代文史资料的价值的。档案是历史过程中自然形成的文本，固然可贵，但毕竟不是"三亲"者专门记史，且时有零散之弊。文史资料则是"三亲"者即历史的当事人所书写的专门记史的文献，是历史的人证。这些"历史证言"，在切近历史原貌，还原和证实历史上，很多时候不仅可以和档案相媲美，甚至胜过了档案。比如，在反映历史的曲折过程和人物的性格、心态等方面，就不亚于档案甚至超过档案。所以，不能说文史资料的价值一定低于档案，而应该说各有千秋，可以互补。

我认为，文史资料应该在中国文献史料系列中占有相当重要的位置。谈中国文献史料学，应该有文史资料的一席之地。如果具体到"晚清民国史料学"或"中国近现代史料学"，就更应该包括文史资料。忽视甚至弃用这一大宗史料，那将是一大损失。

甲骨文刚被发现的时候，章太炎先生认为是假的，后来知道了它的重大价值。敦煌文书国人一开始也不重视，后来知道是无价的宝贝。八千麻袋明清档案起先几乎要被当作废纸处理，后来才为它建立了专门的档案馆。我想，文史资料也是会经历一个从不够重视到高度重视的过程的。中国文史资料馆的落成，实际就是文史资料的价值开始被高度重视的一个表征。

全方位存留史料

历史是丰富多样的。有政治史、军事史、经济史、外交史、文化史、教育史、科技史、艺术史、宗教史、民俗史，等等；有一国之史，一地之史，一家之史，一人之史，一座寺庙之史、一座桥梁之史、一幅画作之史、一条道路之史，等等。记载这丰富多样的历史有各种历史体裁，如通史、编年史、断代史、国别史、专门史、人物传记、大事记、地方志、家谱、寺庙志、民俗志、山水志、回忆录，等等。

文史资料与上述记史体裁不同，它不是单一地记录某个方面、某种类别的历史，而是全方位地记录和留存史料，凡是值得记述的历史，凡是有价值的史料，都属于它的记录和存留范围。若想了解和研究晚清以来的中国历史，无论是国家的宏观历史，还是社会方方面面的中观、微观历史，无论是朝廷政要、社会名流的史迹，还是三教九流、杂色人物的掌故，几乎都能从文史资料中找到有用的材料或线索。

可以说，文史资料是一座蕴含着无数矿藏的宝山，是一幅令人目不暇接的历史画卷。试问，以文史资料如此全方位地反映晚清以来的历史这一重大优点而言，哪种类别的文献可以与之相比或替代它呢？

文史资料的第一等价值是"三亲"

史料的真实性、可靠性是分层次的。史学尤重第一手史料。诚如喷泉出水、血管出血，亲历、亲见、亲闻所写出的史料自然是最切近历史原貌的史料，是第一手史料，居于史料的高层次。所以，文史资料的第一等价值是"三亲"。文史资料也可以称为"晚清民国以来三亲史料"。

历史上的许多文献资料，虽也能证史，但因不是"三亲"史料，其可靠性就多多少少地要打折。《史记》是很可靠的史料，但司马迁对宫廷史实的记述并非他亲历所得，故比不上溥仪、溥杰所亲笔撰写的宫廷生活史料更真切、更细致。野史笔记里虽也有些"三亲"史料，但因不是正规写史，比较随意，故有时可靠性也要打折，须参证其他史料以求真；而文史资料的撰写者则都是抱着极郑重的写信史的态度写作的。戏曲、说部等资料，虽也能证史，但终究只是折射历史的史影，更不可与文史资料这种直接史料相比。

高明的史学家，不仅在采择史料时高看"三亲"史料，倘有条件，自己也会"采铜于山"，亲自做访查第一手史料的工作。《史记》的资料来源，虽多为文献，但也有司马迁的采访资料。如他采访李广，写下了李广"循循如鄙人"；他还亲至孔子故宅，记下亲见的情况。这就有点像写文史资料了。顾炎武为写《昌平山水记》，风霜驴背，亲至昌平考察，所以《昌平山水记》也可说是一部"三亲"之书。《资治通鉴》是司马光编纂的，虽也可靠，但非"三亲"史料。

"最权威作者"写"最权威史料"

文史资料的很多篇章，都是由最权威的作者写的。所谓最权威，是指他们最知情，由他们来写某一史料最合适、最可靠，以至具有无可替代性。就像刘澜涛同志举例所说的，"《我的前半生》是皇帝写皇帝的生活，别人谁也写不出"。由最权威的作者写出的史料，必然是最权威的史料。

这类"最权威作者"所写的"最权威史料"，举不胜举。例如，冯国璋之子冯家迈写的《回忆我的父亲冯国璋》，康有为之女康同璧写的《回忆康南海史实》，戴笠亲信沈醉写的《我所知道的戴笠》，指挥渣滓洞大屠杀的徐远举写的《重庆渣滓洞大屠杀案真相》，建造钱塘江大桥的茅以升写的《钱塘江建桥回忆》，参加东京大审判的梅汝璈写的《关于谷寿夫、松井石根和南京大屠杀事件》。又如，东北"剿总"副总司令杜聿明写的《辽沈战役概述》，东北"剿总"副总司令兼长春守城司令郑洞国写的《从猖狂进攻到放下武器》，东北"剿总"副总司令兼锦州指挥所主任范汉杰写的《锦州战役回忆》，辽西战役的国军指挥官、第九兵团司令廖耀湘写的《辽西战役回忆》等。

这些由"最权威作者"写出的"最权威史料"，对于相关问题的研究者来说，是必须参阅的史料。不参阅则研究时可能无路可走，或是舍近求远。

当然，所谓"最权威史料"，只是相对而言，并非就不能商榷和补正了。因为，历史往往是复杂的，人的经历和眼界也是有局限的。存留文史资料有条原则叫"诸说并存"，很好；对于"最权威史料"，也应该如此。

文史资料的具体性、微观性

治史如断狱，断狱要证据，证据重细节。有细节的史料是证据力最强的史料。这种史料即微观史料。没有微观史料，光有大事记，历史就好像没有血肉的骨架。

中国传统史书崇尚简洁，微观史料不多。《尚书》《竹书纪年》《左传》，细节都很少。《史记》《资治通鉴》多一些，但在今人眼里，倘能再多些就更好。野史笔记里的细节多，但是否可信要考辨。民国以后盛行章节体史书，眉目虽清晰，也易于了解历史的大关节目，但细节很少，读后有空泛之感，必须参读相关史料才成。

文史资料的一个巨大优越性，就是它是一种强调写历史细节的文本，为揭示历史的真相提倡把史实写细，不惜笔墨，故文史资料具有很强的具体性、微观性特征。从文史资料那篇篇有血有肉的记录中，人们可以真切地了解到历史真相。

试举韩复榘被杀一例。蒋介石杀韩复榘，是民国史、抗战史上的一件大事，但一般史书都只有简略记载。文史资料的记述则相当详尽。如王一民《关于韩复榘统治山东和被捕的见闻》一文（《文史资料选辑》第十二辑）记述：韩复榘被捕前，蒋介石曾质问韩复榘："我问韩主席，你不发一枪，从黄河北岸，一再向后撤退，继而放弃济南、泰安，使后方动摇，这个责任，应当是你负担！"韩复榘毫不客气地回敬说："山东丢失是我的责任，南京丢失又是谁的责任呢？"韩的话还没说完，蒋正颜厉色地截住韩的话，说道："现在我问的是山东，不是南京！南京丢失，自有人负责。"韩正想开口反驳，身旁的刘峙拉着韩的手说："向方，委座正在冒火的时候，你先到我办公室休息一下吧。"刘峙装着很亲热的样子握着韩复榘的手走到院内，对韩指着一辆早已准备好的轿车，说："坐上吧，这是我的车。"韩坐上后，刘峙说："我还要参加会议去。"说时就把车门关上了。车里的两人分坐在韩复榘的左右，出示逮捕令说："你被捕了！"韩起初以为这二人是刘峙的副官，看了逮捕令，才知道他们是军统特务。

关于韩复榘被杀的具体过程，孙桐萱《韩复榘被扣前后》一文（《文史资料选辑》第五十四辑）记述：1938年1月24日，韩复榘在被羁押的小楼里被枪杀。这天晚上七点，两名特务上楼说，何（应钦）部长请你说话，又问韩家里有事否，说："你写信，我们可以送到。"韩说："我没有家。"随即下楼，走到楼梯中间，对特务说："我的鞋小，有点挤脚，我回去换双鞋。"刚转过身，背后就开枪了。韩回过头，只说了声："打我的胸。"就倒在血泊中。

这种对历史的具体细致的记述，不仅对历史研究有大用处，还可以为影视创作提供可信的历史情节。上述韩复榘被杀的细节，就被影视作品所吸纳。这有助于大众了解真实的历史。

文史资料的补缺作用

文史资料的补缺作用强。有些史书特别是记录晚清民国史之书，如果某方面的史料缺失或比较薄弱，文史资料常能补之。

比如，研究清代太监史对于研究清代政治史和中国皇权史有重要作用，但《清史稿》里却没有以往正史《宦者传》那类专门记述。文史资料却可以起一定的补缺作用。文史资料里有好多篇关于太监的史料，如马德清等《清宫太监回忆录》、温宝田《关于太监"小德张"的回忆》、爱新觉罗·恒兰《清廷太监杂记》、信修明《老太监的回忆》、孙耀庭《中国最后一位太监》等。这些太监史料都相当难得，因为，"三亲"者极少，而太监本人又极不愿提及那些丢脸和心酸的往事。

由于文史资料存留了不少太监史的第一手史料，我们便可以具体了解到清代太监的来源、他们当太监的原因、被阉割的过程、他们的生活和心理、他们与政治的关系等许多情况。其中有的篇章还能纠正人们对太监的一些传统看法。比如，历史上宦官专权危害很大，太监又是那种"半个女人"的样子，所以，一般人的印象是凡阉人必坏，必丑恶，尽管东汉造纸的蔡伦、明朝下西洋的郑和也是太监，但并没改变人们对太监的绝对化认识。文史资料里则有一篇《记维新运动中的宦官寇连材》，记录了一位拥护光绪，为戊戌变法献身的义烈宦官，使人们得以认识到：太监里面也有好人，有义士，为戊戌变法做出牺牲的不仅有六君子，还有一位好太监。

又如，文史资料可以补八旗史料之缺。在清朝历史上，八旗的作用极大，但史籍中关于八旗的专书却并不多，只有《八旗通志》和若干八旗谱牒等，而这些书所记录的多是八旗制度和宗族方面的内容，对八旗兵丁的历史和生活则记录极少。清代档案中有不少八旗史料，但须耐心爬梳整理后才能利用。老舍的《正红旗下》虽是八旗历史的写照，但毕竟不是真正的历史记录。

文史资料里有多篇关于八旗历史和旗人生活的史料，对于研究八旗问题有重要作用。如张廷栋《杭州旗营与八旗子弟》、于城、崔智泉《广州八旗军队的变迁》、金祥斋、邵义斋《清末旗丁的生活》等。我的大学毕业论文是《八旗生计问题述略》，就曾利用过文史资料里的八旗史料。比起《八旗通志》等古籍来，文史资料里的八旗史料对历史的反映更加清晰，文字也易读，故成为我了解八旗历史的一条捷径。八旗文献档案原件不好读，但先读了文史资料里的八旗史料，就容易读了。

文史资料与史实考证

文史资料对于考证史实很有用处。它可以作为考史的证据，帮助解决一些考证难题，即使难题不能完全解决，也是一种有益的参考。许多历史情况，"大路货史料"里难觅，或是不确切，但在文史资料中可以觅得相关的史料，得知确切的史实。

比如，西安事变情况复杂，涉及的问题和人物极多，要搞清楚西安事变全部、真切的历史殊为不易，即使到了今天，也不能说关于西安事变的问题都彻底搞清楚了。文史资料中有大量关于西安事变的史料。如孙铭九《与西安事变有关的思想准备》，应德田《西安事变之前的张学良将军》，王玉瓒《西安事变捉蒋的一些参考资料》，何克《回忆临潼兵谏》，宋文梅《拘留中的蒋介石》等，数量多达百余篇。这对研究、考证西安事变的诸多问题有极大帮助。

又如中山舰事件，史学界一般认为是蒋介石有意制造的，但学者杨天石以西山会议派邹鲁的"反间计说"为线索，利用档案、蒋介石日记和文史资料，写出了《中山舰事件之谜》一文，对此事件的起因提出了新说。此文被胡乔木誉为是"一篇具有世界水平的文章"。杨天石曾著文说，他之所以能写出这篇文章，除利用了没公布的档案外，还与参考了曾扩情写的《蒋介石盗取政权和蓄谋反共》《包惠僧回忆录》等大量文史资料分不开。

又如红军长征"密电"问题，及相关的张国焘是否曾要加害毛泽东、张闻天等中央领导人的问题。关于此问题争论很多，或云确有"南下，彻底开展党内斗争"的密电，或云其实并无密电，或云张国焘确有加害毛张等之心，或云张国焘只有野心而并无杀心。文史资料里有一条沈醉提供的材料可以作为研究这些问题的重要参考。

沈醉在《张国焘在军统》一文（沈美娟主编《沈醉回忆作品全集》，九洲图书出版社 1998 年版）里记述，一次张国焘和他去戴笠家赴宴，回程同车时，张向他表示了对戴笠总是向人介绍他是"共产党第三号人物"的不满，张国焘说："在长征途上，要是我心狠手辣一点，我在共产党内的地位就不是第三第二了。"这是一条很难得的史料，它说明了一个问题：张国焘在长征路上确可能萌发过加害毛张等中央领导人之心，但后来他又自我消除了这一杀心。这条材料虽不能说明有无密电，但可以作为"如确有密电，则内容极可能为欲危害毛张等人"之论点的一个旁证。

又如，关于行业神崇拜，正史里没有记录，文人笔记里也少见，但文史资料里却有不少。因为文史资料要记述行业史，这就涉及行业信仰和行业创始人问题，于是就记下不少行业祖师崇拜的情况。我写过一本《行业神崇拜——中国民众造神史研究》，很多史料都是从文史资料里爬梳出来的。绍兴师爷崇拜谁为祖师？遍觅群书不得。查文史资料，陈觉民《绍兴师爷的兴衰》一文（浙江文史资料选辑》第二十六辑）云："绍兴师爷的起源，有人说是肇始于清朝雍正时候的邬先生。邬先生是绍兴师爷的祖师，这是越中老幕友所公认的。"由此知道了绍兴师爷所崇拜的祖师是何许人。

人物史料渊薮与人物心态史料

文史资料的内容，大量的是写人物的，它是晚清以来人物史料的一大渊薮，是反映这个时期人物面貌的可靠而真切的史料。

好的人物史料，一是要真实可靠，二是要真切鲜活。刘义庆的《世说新语》是记录魏晋风度的好史料，魏晋人物的音容、语言仿佛活在纸上。但其材料来源多为笔记杂书，非刘义庆"三亲"所得，故有些人物故事难说是百分之百的真史。历代正史中的人物史料，除司马迁等少数史家写得比较真切生动外，多数是干巴巴的，有的甚至像履历表。这与旧史书的体例有关。

文史资料里的人物史料，则符合"好的人物史料"的标准。即：一，真实可靠或基本可靠（当然，也有一些因记忆有误或观点原因导致不完全真实的情况）。文史资料的撰写者都是"三亲"者，他们有条件写出真史，在周总理"要真实，要实事求是"的号召下，他们更是立意要写出真史。二，真切鲜活。其重要标志之一，是文史资料里有许多可以窥见人物心态的史料。

梁启超说，欲了解历史，须了解古人之心。确实，不了解历史人物的心态，对历史人物的了解就是肤浅的。我国传统史书着重记事，不重记心，留下的心态史料不多。荆轲的"风萧萧兮易水寒"，陈胜的"燕雀安知鸿鹄之志"，晋惠帝的"何不食肉糜"，都是反映历史人物心态、性格和思想的绝佳史料，但这类记载实在太少了。

文史资料是比较注重记录人物心态的，因而存留下了很多心态史料。这些心态史料对于研究历史人物的真实面貌具有很高的史料价值。

心态史料的可靠性不同于一般史料，极为强调来源的可靠，换句话说，心态史料必须出自"三亲"者特别是历史人物本人或身边人的手笔才可信，因为他们是"心态当事人"或是最了解历史人物的真实心态。文史资料的撰写者正具备了这种条件。

试举一条谭延闿的心态史料。谭曾任国民政府行政院长,被人称为"伴食画诺"的"活冯道"。他主持行政院会议时,经常闭目养神,对讨论的问题从来不置可否。对这个身任要职的"大人物"的庸人行为,一般人很难理解,不知他究竟抱着一种怎样的心态。陶菊隐《记谭延闿》一文(《文史资料选辑》第五辑)给出了答案。原来,谭延闿处世,有"三不主义"守则和"二字秘诀"。即"一不负责,二不建言,三不得罪人";一个"中"字,一个"混"字。1929年春,唐生智任军事参议院院长时,谭延闿向唐流露了两句真心话:"古人所称'允执厥中','中'字是人生的第一妙诀。此外,还有一个'混'字,是人生的第二妙诀。"谭延闿所奉行的这个"中"字妙诀,其实与古代哲学中的"允执厥中"并不搭杠,不过是一种模棱两可、首鼠两端的庸人哲学而已。"混"字,则可谓他不负责、不建言的心理基础。了解了谭延闿这"三、二心态",也就懂得了他为什么被人称为"伴食画诺"的"活冯道"。陶菊隐提供的这条心态史料,对研究谭延闿其人真是大有用处。

投敌当汉奸的人究竟是一种什么心态?黄广源《孙良诚投敌及其下场》一文(《文史资料选辑》第五十四辑)提供了重要的心态史料。孙良诚就任伪第二方面军总司令后,手下人赵云祥对他说:"想吃肉就不要怕有腥气,我们拥护你当了总司令,可以保存实力,笑骂暂且由人笑骂,只要将来走向光明,依然名利双收，这叫曲线救国嘛。"这些话反映的不只是孙良诚、赵云祥的汉奸心态，也是当时汉奸的普遍心态。

此文还记录了伪军部队下级官兵中流行的一首顺口溜："抗战五年多，和平二年半；什么都不落，落个当汉奸。自觉低一头，更怕熟人见；浑身是臭气，终生洗不完。"这是一种堕落之后痛心而又无奈的心态。这种心态说明这些伪军多少还有一点中国人的良心，而这点良心也就成了一些伪军能接受八路军的策反的重要原因。

给人以历史现场感的史料

好的史书，能给人一种历史现场感，让人感到历史人物和事件就像在眼前。但这种史书并不多。正史里大概要数司马迁的记述给人的历史现场感最强了，荆轲刺秦，霸王别姬，千古以下犹动人心魄。但这终究不是司马迁亲眼所见的场景，而主要得力于历史传闻和司马迁过人的笔力。

文史资料则是一种含有大量具有历史现场感的史料的文献。这些史料的撰写者，许多人当时正在史事发生的现场，是亲眼目睹了历史场景的人。读他们所写的记述历史场景的史料，常会过目不忘，史事就像烙在了脑海里。

如周大文《张作霖皇姑屯被炸事件亲历记》一文（《文史资料选辑》第五辑）所写的两段史料。

一是张作霖在皇姑屯被炸前与日本人闹翻的场景。文中写道，日本代表芳泽用恫吓的口吻对张作霖说："张宗昌是你的部下，他杀死几十名日本侨民，你要负责。"张作霖听罢勃然大怒，从座位上站起，把手里的翡翠嘴旱烟袋猛力向地下一摔，磕成两段，声色俱厉地冲着芳泽说："此事一无报告，二无调查，叫我负责，他妈拉个巴子的，岂有此理！"说完之后，扔下芳泽，怒气冲冲地离开了客厅。

日本人杀死张作霖，盖源于张不听话。在这段场景记录中，张作霖不听日本人摆布的神态跃然纸上，他的骂声仿佛我们今天还能听到。这是一条张作霖不听日本人话的绝好史料。

再一个是张作霖挨炸后的场景。张作霖皇姑屯被炸后，浑身是血，生命垂危，对卢夫人说："我受伤太重了，两条腿都没了（实际腿没断），恐怕不行啦！告诉小六子（张学良乳名）以国家为重，好好地干吧！我这臭皮囊不算什么，叫小六子快回沈阳。"说完不久，便瞑目长逝了。

这段场景记录非常重要。从张作霖的话里，能看出他的爱国思想，看出他对张学良的要求、期望和安排，也能让人深切感觉出当时国势的危殆。这段话实际成了张作霖的政治遗嘱。这段史料对于了解张作霖父子的历史和为人具有重要价值。

了解中国民族资产阶级历史的第一手史料

了解和研究中国民族资产阶级意义重大。如果对民族资产阶级无知,则必对近现代中国国情无知,必对新民主主义革命理论无知,必对毛泽东关于民族资产阶级的论述不理解,甚至对五星红旗的含义、政协会徽的含义也不能理解。

读文史资料,乃是了解民族资产阶级的一个门径。文史资料里有不少民族资产阶级代表人物撰写的"三亲"史料,具有很强的权威性,实为反映民族资产阶级历史的第一手史料。

这些史料可以说明许多问题。比如,中国的民族资产阶级是怎么来的?他们与欧美的资产阶级有何不同?为什么民族资产阶级最终没跟蒋介石走而成了共产党的朋友和拥护者?这些问题,只要细读几篇文史资料就会有深刻的了解。

具体个案,如"虎牌猪鬃"这个驰名全球的民族企业,它是怎么发展起来的?是怎样受到帝国主义的歧视和排挤的?又是怎样同美国商人竞争的?怎样击败官僚资本的?后来又是怎样纳入国家计划轨道的?读一读"虎牌猪鬃"企业家古耕虞的《我经营猪鬃二十余年的回顾》一文,就全清楚了。

毛泽东曾讲过,中国民族资产阶级的一部分是从封建商人中脱胎演化出来的。这个"虎牌猪鬃"的历史便是一个极好的实例。据古耕虞自述,"虎牌猪鬃"的前身是一个封建性的川帮企业，后来逐步发展成了一个现代化资本主义大企业。古耕虞的自述可以作为毛泽东论点的一个注脚。

可贵的国军抗战史料

从否定或不提国军抗战功绩，到承认和如实介绍国军抗战功绩，这是历史观和政策的双重巨大转变。但国军抗战史料在哪里？台湾史馆里肯定有不少，但大陆人不易看到。大陆各地的抗战纪念馆虽然有些介绍，但很简单笼统，离全面具体地介绍差得很远。

文史资料则保存了较多的国军抗战史料。以下是《文史资料选辑》和《文史资料存稿选编》中关于国军抗战史实的分类题目："国民党的正面战场""中国远征军""东北军爱国官兵奋起抗战""一二八淞沪抗战""长城抗战""察哈尔抗战""绥远抗战""七七事变与冀鲁抗战""八一三淞沪抗战""南京保卫战""晋绥抗战""徐州会战""豫东作战与黄河决堤""武汉会战""湖南抗战""中原抗战""闽浙赣抗战""粤桂黔滇抗战""远征印缅抗战"。从这些分类题目可以看出，国军抗战的基本史实在文史资料里都已经基本记录下来了。此外还出版了专书《原国民党将领抗日战争亲历记丛书》12册。

这些史料的撰写者都是国军抗战的亲历者，许多人还是重要战役的指挥者、参加者，因此这些史料都是国军抗战的第一手史料。但这批国军抗战史料,过去并未受到社会的广泛重视,学界的重视程度也还不够。实际上这是一宗了解和研究国军抗战史事的极重要的史料,是必读史料。它能告诉世人许多闻所未闻的国军抗战功绩,纠正以往"国民党只反共,不抗日"的错误印象。对于抗战史研究者来说,它又具有高度学术研究价值,将这些文史资料与档案等史料结合研究,相互参照发明,可以更加准确地评定国军在抗战中的作用,进而准确地评价中国战场(包括正面战场和敌后战场)在整个国际反法西斯战争中的地位。

但是,国民党在抗战中的表现和作用是两面的,既有功绩,也有战败、溃逃和破坏统一战线等问题。文史资料对这些坏的方面也做了如实记述。

陈长捷写的《忻口战役追记》一文(《文史资料选辑》第五十四辑),是客观记述忻口战役的一篇重要史料。既记述了国军部队对日寇的浴血苦战,也记录了一些参战部队战败溃逃的情况。例如,记述了郝梦龄师长、刘家骥副师长在与日寇混战搏斗中一起阵亡;十九军的两个团,数日剧战消耗,伤亡惨重,团长鲁义欧阵亡;川军不但武器简陋,且临冬仍穿单衣,却拼死杀敌;南怀花、红沟两地战况惨烈,山坡和谷地间遍布"无以数计的敌我遗尸、遗械,迫于激战,弗克清理"。文章也记述了太原警备司令曾延毅领头逃跑,致使全城军心动摇等国军抵抗不力的史实。

幸亏文史资料里存留了这么多国军抗战史料,使诸多历史真相未被湮灭。试想，如果当年没有留下这些史料，我们的损失该有多大，再想了解这些史料所记述的史实，特别是种种细节，又该有多难啊！

迷信与民国军政要人

"不问苍生问鬼神"，政界人物迷信鬼神和巫祝，把政坛和社会搞得乌烟瘴气，是个历史现象。汉代有巫蛊之祸，对当时的国家政治发生了极大影响。降至民国，虽倡言开启民智，然迷信风气仍很盛，许多民国军政要人竟也狂热地膜拜鬼神、信用巫祝，这对民国政治产生了相当的影响。研究民国史，不能不研究这个现象。但相关史料不多，第一手史料就更少。

文史资料里有一些这方面的第一手史料。蒋尚朴《刘神仙与四川军阀》一文（《文史资料选辑》第七辑）记述了一个典型事例。1925年到1933年，中国曾发生了一件"刘神仙闹四川"的大事。刘神仙本名刘从云，是个算命先生，自创了"孔孟道"，自任"道主"，此人极富政治野心，以"浩劫将至"等邪说蛊惑人心，网罗了大批道徒。四川军政绅商各界的许多头面人物也被他拉入道中，如刘湘、潘文华、唐式遵、王瓒绪、王陵基、范绍增、邓锡侯、贺国光、刘文辉、杨森、田颂尧等军政要人都成了他的道徒。这些军政道徒对他趋奉惟谨，在一段时间里刘神仙几乎成了四川的无冕皇上。刘湘理政治军，皆听命于刘神仙，正式委任他为军师，军事计划都由刘神仙制定，刘湘来执行。时人称刘湘是"以神治军，以军乱政，以政虐民"，足见刘神仙的影响之大。红军长征路过四川时，刘神仙指挥的部队还与红军打过仗。电视剧《长征》演了这个刘神仙。

《刘神仙与四川军阀》的作者蒋尚朴，是刘神仙的亲信道徒，曾代表刘神仙与各路军阀频繁往来，深知诸事内情，因而他写的这篇史料价值很高。

西安事变后国民党人思想变化一例

西安事变最重大的成果是国共合作，形成了抗日民族统一战线。此外，还有一个重要果实：共产党的影响和威望因此事变而扩大，而提高，一些原来仇视共产党的国民党人经此事变而对共产党有了好感，甚至刮目相看。对于这两方面的情况，文史资料里有具体详实的记述。

如邓汉祥《刘湘与蒋介石的勾心斗角》一文（《文史资料选辑》第五辑）记，四川军阀刘湘原是个极端反共的人，在任二十一军军长时，对共产党人残害很多，"三三一"惨案中杨闇公惨死，数百人死伤，他虽然不是主谋，但也负有重要责任。但西安事变后，刘湘听说是因为共产党主张不杀蒋介石，张学良才把蒋放了，始而诧异，后经几天的思考，遂对共产党看法大变，他对人大声说："共产党真是以国家大局为重，不计恩怨。共产党经过长征，到北方不久，在军事、政治、经济各方面尚待布置。这时如果把蒋介石杀了，全国不知有几人称帝、几人称王，必然演成混乱局面，徒为日本人造机会而已。这事确是为国家大局着想，抛弃历年和蒋的积怨，标举外御其侮的大义，并且有当家做主的风度，非有伟大的眼光和气魄，决不能做到这步。"

此文作者邓汉祥是刘湘的下属，对刘湘的思想变化及原因有深切的了解，他对刘湘的转变评论说：是共产党的伟大气魄感动了刘湘，使刘湘开始转变以往的反共态度。邓汉祥又举了一个刘湘转变的实例：在西安事变后的一次反共气氛浓烈的国民党中央全会上，刘湘却提出了国家急需"集中人才，精诚团结，解放言论，发扬民气"的主张，这实际是在委婉地表达希望国民党转变以往的反共政策。

记述下层史

文史资料有个很大的长处是记述晚清以来的下层史。这个"下层"，既包括政权的下层，也包括社会的下层。了解下层史，对深入了解当时的国史和国情有极重要的作用。

这种记录下层史的写史方法，迥异于旧式的官修史书。旧史书的目光总是向上看的，主要记述帝王将相、军国大事、朝章国故等，只有作为史料"偏师"的笔记野史、地方志、风俗志等书里才有些下层史记录。文史资料则是既记述高层史，也记述下层史。特别是各区域文史委编纂的文史资料里，关于政权下层、社会下层之史的记录就更多。举两个例子。

一、记述国民党基层史。历来研究国民党史，大多只是研究其上层史，很少涉及国民党基层的历史。所以，人们对于国民党的基层是怎样运作的，是怎样统治一方的，知之甚少。曾任国民党河北滦县县党部代理书记长的王建功在《回忆国民党滦县县党部1941年以后的组织沿革》一文（《滦县文史资料》第八辑）中，对自己所掌握的情况做了详细的介绍和说明，使我们得以看到国民党基层组织架构及其历史的一角。

二、记述娼妓、乞丐、盗匪、赌博、毒品等行业的历史。这些行业虽然都处在社会底层，被目为"猥贱"行业，但历史悠久，从业人员很多，所起的社会作用不可小觑。但能撰写这种行业史的人极少，特别是这些行业的从业者大多没文化，或碍于脸面，故很难也很少操笔撰写关于本行业历史的文字。所以，这些行业的史料非常难得。文史资料里存留了一些这类"三亲"史料。如刘国兴《清末以后的广州娼妓》，崔显昌《解放前四川乞丐的形形色色》，李然犀《旧天津的混混》，商衍鎏《清末广东的"闱姓"赌博》，张文钧《旧社会吸毒、贩毒琐记》等。

研究中共党史的辅助史料

了解和研究中共党史，一般多从"党史资料系列"中寻觅史料。但实际上，文史资料中也有不少对研究中共党史有用的史料。只是因为这些史料含藏在文史资料中而较少为人所知。这些史料可以作为研究中共党史的辅助史料。

例如，国民党是怎样策划围剿苏区的，其具体部署是怎样的，对长征中的红军是怎样围追堵截的，文史资料里就有很多史料。其篇目，如戴岳《记第一次"围剿"中央苏区的龙岗之役》、宋瑞珂《蒋介石对中央苏区留守红军的"清剿"》、胡汉文《汤恩伯对瑞金的残暴》、沈鹏《第十师"围剿"苏区的三次战斗》、严翊《记田颂尧第二十九军堵击红四方面军的情况》、孟全禄《参与围攻河西走廊倪家营子红军的片断回忆》等。

皖南事变是研究中共党史必须弄清的一件大事。这就必须要弄清国民党是怎么策划事变的，其阴谋活动和实施过程是怎样的，弄清了这些，才能真正弄清皖南事变的真相，才能正确地解读相关的中共党史问题。文史资料里有不少相关史料。其篇目，如董南辕《皖南事变前的阴谋活动》、沈少巽《皖南事变中国民党军六十二师动态》、岳星明《有关"皖南事变"反动阴谋的回忆》、张盛吉《皖南事变侧记》等。

研究中共党史，必须知道改组派是什么。中共搞"左"倾"肃反"时，"改组派"是个大帽子，很多共产党精英都因被指控为"改组派"而被杀。但究竟什么是改组派，往往是被杀者不明白，杀人者也并不很清楚。在中共党史资料系列中，关于改组派的史料很少，在文史资料里则有一些。可贵的是，文史资料里的这些改组派史料，基本都是历史上当过改组派的人写的，这些改组派史料堪称是最权威的了。如罗方中的《关于改组派的一鳞半爪》等文，基本说清了改组派的内幕和历史。

托派，也是研究中共党史时经常提到的。托派是现代政治史上一个很重要的政治派别，与中苏两党的历史密切相关。托派的历史情况是必须要弄清的，但第一手资料却很少见。一般人对托派的一点知识，大多是从中共党史著作的注释中获得的。文史资料中则有若干篇史料很有助于了解托派的历史情况，如濮清泉写的《中国托派的产生和灭亡》就是一篇很有用的史料。

研究中共统战史、统战理论和政策，必然要了解统战对象的历史。但统战对象史料很少见于中共党史资料系列，而主要在文史资料中。如王昆仑、王炳南、屈武写的《中国民主革命同盟史略》，司徒丙鹤写的《司徒美堂与美洲洪门致公堂》，既是研究民盟和致公党的直接史料，也是研究中共统战史的辅助史料。

关于存留"文革"史料

存史，是文史资料的主要功能之一。所谓存史，自然要存全面之史，而非片面之史。治、乱、兴、衰的历史都要存，正面、负面的历史都要存，这才是完整的史料。唯有如此，才能真实、完整地反映中华民族的历史，反映中华民族虽历经坎坷却仍然勇猛精进的伟大历程。

鉴于不少国人患有粉饰之病，畏惧"报忧"，故应特别强调文史资料应担负起存留中华民族坎坷历史的责任。这是民族大义，是向子孙万代负责。存留建国后历次政治运动的史料，特别是存留"文革"史料，是体现这种民族大义的重要表现。"在齐太史简、在晋董狐笔"，存留"文革"史料，应具有文天祥所表彰的这种正气。

近年来，为"文革"翻案的思潮颇为汹涌，"文革"史在一些人笔下已不是浩劫，而是一场"革命的狂欢"。这就需要正本清源，让世人了解真实的"文革"史。"欲灭其国，先灭其史"，对这句古语，人们有多种解释，然在我看来，实也可以解释为："欲乱中华，先灭'文革'史"。倘若真的把人们的"文革"记忆都抹去了，"虚无"了，"文革"是一定会卷土重来的，只不过会换另一种形式而已。

邓小平说："文化大革命已经成为我国社会主义历史发展中的一个阶段，总要总结……"文史资料的记史范围早已从晚清民国史扩展到了共和国史，怎么能不记述"文革"史？资政、育人是文史资料的重要功能，而"文革"史对于当代中国人具有重大的启示意义，怎能不下功夫记述？如今许多年轻人已不知"文革"为何物，或竟相信那真是一场"革命的狂欢"，老一代怎能不负起把"文革"的血色真相告诉后代的责任？

"文革"究竟是个什么样子？如何了解"文革"？光是看《关于建国以来党的若干历史问题的决议》是看不大明白的，因为那里只有结论，没有史料。《"文革"简史》之类简括的史书也只能给人一个囫囵的印象。文史资料中的"文革"史料，则能告诉人们许多真切的"文革"真相。

对于"文革"的高层大事，党史学界记录的比较多，了解起来不算困难，但要了解中下层"文革"史，特别是底层微观史实，就离不开文史资料一类书了。

《同安文史资料》第二十五期有一组记录福建同安县"文革"的史料，让我们看到了一个县的底层"文革"史是什么样子。如李蔡林《"文化大革命"期间同安的"文攻武卫"》一文，让我们看到了江青的一句"文功武卫"在南方边陲县镇发生的可怕效应；曾清泉《"文革"清队中汪前村的大冤案》一文，又让我们了解到"文革"中冤狱遍地，即使一个小村子也难逃厄运。

但不知怎么，现在文史资料中的"文革"史料越来越少了。难道真无事可记了么？不。那漫长的十年浩劫，值得记述的事还不知有多少呢！对于"文革"史料，从舆论宣传上讲，应该宜粗不宜细；但从历史研究上讲，从史料学上讲，则应该宜细不宜粗，这是历史学及史料学的天性。文史资料不是报纸电台，不那么"敏感"，它具有存留"文革"史的天然优势。处理"文革"史料，应注意两个区别：一是舆论宣传和存史的区别，二是撰写"文革"史料和出版"文革"史料的区别。该写、该存的要写，要存，但不等于都能用于宣传，都适宜出版。总的处理原则是：实事求是，从实际出发。

直笔与曲笔

文史资料《发刊词》提出,"写文史资料要秉笔直书"。

秉笔直书,就是写史要用直笔,不用曲笔,要不溢美,不掩恶,不夸大,不缩小,实事求是。已出版的绝大部分文史资料都可以说是秉笔直书的史料。试举二例。

一是黄埔军校学生菅树元对黄埔军校的记述。

蒋介石长期担任黄埔军校校长,国共分裂之前、之后都是,前期的黄埔军校中有周恩来等共产党人做教官,后来就没有了,那么对国共分裂之后的、没有共产党人的黄埔军校该怎样记述和评价呢?是否也应该一是一、二是二地记述?好的方面是否也应该记述和肯定?菅树元的记述做到了秉笔直书。

菅树元在《回忆我在黄埔军校的经历》一文(《滦县文史资料》第八辑)中写道,抗战期间在校两年,学校强调"军令如山,党纪似铁",也进行民族大义和团结抗日的教育,讲"军人魂即成功成仁",军人要有视死如归,马革裹尸的意志,一定要抗战到底。黄埔学生的胸前都佩戴符号,正面写姓名、队别,背面印有"爱国家、爱人民;不怕死,不爱财"十二个字。平时强调"精神胜于物质",强调"牢记国耻",倡导学习苏武、岳飞、文天祥、史可法、林则徐、关天培、邓世昌、葛云飞等民族英雄。菅树元还写道,著名诗人、教授汪静之常被请到学校来讲课，讲《孙子兵法》和《曾胡治兵语录》，讲岳飞的《满江红》和文天祥的《正气歌》。

从这些记录可以看出，黄埔军校当时的教育还是能以民族大义为重的，抗日救亡是当时黄埔军校教育的主要方向。菅树元的记述，可谓秉笔直书。他不怕被人指责为"替国民党说好话"，他没有因蒋介石是黄埔军校的校长就抹杀上述史实。

二是郑庭笈对戴安澜抗日史事的记述。

国军师长戴安澜是著名的抗日将领和烈士，率所部远征军出征缅甸殉国后，毛泽东、周恩来、朱德、彭德怀等中共领导人送了挽联，高度评价了戴安澜。但戴安澜打仗是否总是高明的？如果有错误，是否也要写出来？是否应该为贤者讳？

郑庭笈是秉笔直书的。郑是戴安澜的直属部下，与戴师长一同远征缅甸，他在《戴安澜的战略失误》一文（《文史资料选辑》第一六三辑）中写道：戴师长的殉国与他主观上犯了战略原则错误有关，由于戴师长的指挥失误，部队伤亡很大，诸将领进言，戴师长却坚持己见，终至造成严重后果。戴师长是个个性很强的人，不容易被说服。

原来，戴安澜的指挥失误，乃是他阵亡的重要原因。而这个失误还不小，是战略性的。郑庭笈的文章，可谓董狐之笔。这完全是对历史负责，绝不会影响对戴安澜伟大抗日功绩的评价。

文史资料里也能见到少量的曲笔。

对阎锡山在抗战中的表现怎么评价？能否因为阎锡山曾有

过与日寇妥协勾搭的行为就说阎是汉奸？有的文章是视阎为汉奸的。

赵承绶《我参预阎锡山勾结日寇的活动情况》一文（《文史资料选辑》第五十四辑）说，阎锡山在抗战期间是假抗日、真反共，他在日本留学时就"种下了汉奸根"，抗战中与日寇勾结，"汉奸真相毕露"。赵承绶又描述阎锡山的样子说：阎"身穿绸大衫、头戴草帽，还戴着一副黑色眼镜，俨然一个舞台上的汉奸形象。"

这是在用曲笔记述阎锡山。实际上，阎锡山不是汉奸。总体来看，阎锡山同共产党在山西结成了抗日民族统一战线，对抗战是有功的，虽然他曾有过对日妥协勾结的行为（阎有所谓"在三个鸡蛋上跳舞"之说，日寇是鸡蛋之一），但主要是为了自我"存在"，并不是要投降当汉奸。

但赵承绶为何要那样写呢？我想，这大概是因为赵承绶曾遵照阎锡山的指令与日寇勾结过，他那样写，一是想表现一下自责，二是有点反戈一击的意思。不少撰写文史资料的战犯、日伪人员和国民党军政人员都曾有过这种心理。以这种心理支配写史，便会产生曲笔。

文史资料中的一些曲笔还与"左"的思想影响有关。黄维曾提过这样一条意见："我认为过去写的文史资料，对陈诚太不公平了。陈诚也做过一点好事。我知道他在台湾也做了点好事。"（刘沉刚《赴京征集文史资料访问记》，见《周恩来同志倡导政协文史资料工作四十年纪念集》）这条意见有合理之处。那种对陈诚完全否定，完全不提及他曾做过好事的曲笔，无疑与"左"的思想影响有关。"左"的思想与实事求是原则完全不相容，是文史资料真实性的破坏者。

一个哲理的史证

文史资料虽然不是哲学书，但它可以提供事实来证实哲理。这也是文史资料的一个功能。比如，人是可以变的，好人坏人在一定条件下是可以转化、互变的，这一关于人的辩证法，在文史资料里就可以找到很多实例。

沈醉写的文史资料中就有这样的典型事例：不少中共党员叛变后当了军统特务，而一些军统特务经过共产党的教育改造成了新人。张国焘是前者的典型，沈醉本人是后者的典型。

张国焘曾是中共重要领袖之一，叛变后当了军统特务。沈醉在《张国焘在军统》一文（沈美娟主编《沈醉回忆作品全集》，九洲图书出版社1998年版）中，详细记述了张国焘在军统中的种种行为，如张怎样废寝忘食地琢磨对付共产党的办法，怎样开办"特种政治工作人员训练班"，给特务传授对付共产党的技能，怎样教给特务策反共产党方面的人员，怎样策划让特务打入延安等。还记述了张国焘总想着要报在共产党时的所谓"大恨深仇"，以及张的腐化生活等。

沈醉在文史资料里又记述了他本人和徐远举、周养浩经过教育改造，在政治上有重要进步的情况。沈、徐、周，原来都是罪恶深重的军统特务，但在共产党伟大精神和政策的感召下，有了改恶从善的行动。在"文革"中，造反派逼迫他们承认诬陷老干部的虚构事实，逼迫他们承认韩子栋（《红岩》中的华子良原型）是打入共产党的军统特务，逼迫沈醉承认张露萍等七位烈士不是共产党员而是军统特务，但沈醉等坚决不承认，保护了被诬陷的老干部，保护了韩子栋、张露萍等英烈的清白和英名。特别是沈醉，由于他不懈地向上反映张露萍等人的真相，终于使得知情人叶剑英元帅耳闻了此事，于是亲自做了证明，使张露萍等七人的革命烈士身份得到了确认。

文史资料的这种以史实证实哲理的功能，以往人们重视和利用得不够。以文史资料育人，不能忽视这一功能。倘若哲学教授的案头放一套文史资料，他的文章和教案想必会更加丰富生动和具有说服力。

有关文学名著的史料

读文学名著，常需要了解相关的史实、掌故。例如，读《红楼梦》，需要了解曹家历史和清朝的制度风俗；读《孽海花》，需要了解赛金花其人和晚清的国势官场。但这种有关名著的史料往往不好找，需要下功夫才能得到。但关于清代以来一些文学名著的史实、掌故,却可以在文史资料中查到不少。试举三例。

一、关于《红楼梦》。此书第二十八回有小厮踢石球的描写,踢石球是怎么回事?历史上是什么样子?陈诏《红楼梦小考》中略有介绍,但所引史料并非亲历者所述,故读后有隔膜之感。北京籍满族人赵书在文史资料中记述,他曾找过醇亲王之子金友之(溥仪溥杰之弟)询问过踢石球的事,答曰在北府(醇亲王府)时常见到太监踢这个球,并说"那是赌博,输了要付对方钱的"。

这是一条"三亲"史料,对了解《红楼梦》踢石球的掌故颇有帮助。看来,清王府里也曾有过踢石球运动,太监竟还是"运动员"。还能看出,太监原来也好赌博,并不那么老实,并不总是低眉顺眼"嚒嚒嚒"的。

二、关于《孽海花》。曾朴写的《孽海花》是一部夹杂和涉及了许多晚清史事的小说,许多情节都不是虚构的。那么,究竟哪些情节是虚构的,哪些又是真史呢?文史资料中有万武、徐养疾《关于〈孽海花〉的一些史料》(《文史资料选辑》第九十四辑)一文,对解决这个问题很有帮助。小说的主角是赛金花,书里涉及了庚子之变那一段史事,那么,历史上的赛金花究竟是怎样的,庚子之变期间赛金花的表现如何,她与联军司令瓦德西说过些什么,她对北京城究竟做过什么好事,曾朴与赛金花是什么关系,对这一系列问题,《关于〈孽海花〉的一些史料》一文都做了回答。

三、关于戏剧《杨三姐告状》。《杨三姐告状》是根据民国年间发生在河北滦县的一件司法奇案编成的。关于此案的真实情况，赵庆江《杨三姐告状的有关史实三则》一文（《滦县文史资料》第八辑）有不少披露。如杨三姐告状时滦县大堂的规制，天津高等法院派员到滦县高家狗庄开棺验尸的经过，凶犯高占英被枪毙的曲折过程等。看了这篇史料，不仅知道了戏剧与历史的异同，更对此案发生时的国势、官场、民情，特别是司法状况有了深入了解。

兴亡启示录

读文史资料，可以得到许多兴亡成败的启示。司马光的《资治通鉴》是古代至宋代的兴亡启示录，文史资料则是清代民国以来的兴亡启示录。国民党的兴衰成败，就可以从文史资料里寻出清晰的轨迹，从而给人以深刻的启示。

国民党原本是一个生机勃勃的革命政党，是伟大的孙中山先生创立的，国民党里也不乏优秀的人才，国民党也干了北伐、抗日等好事，但为什么后来被推翻了？只要看一看文史资料里原国民党骨干写的真实生动的史料，就完全明白了。

我们可以看到国民党是怎样由革命力量演变为反动力量的，看到国民党究竟干了哪些逆历史潮流的坏事，实行了哪些伤天害理的政策，国民党政府是怎样贪污腐败的，他的大批高级干部是怎样过腐化生活的……我们还可以从国民党的兴衰史中看出不少规律，如独裁政权是不能长久的，贪污腐败是最丧失人心的，特务政治是最让人痛恨的，等等。

国民党腐败，大批官员腐化，乃是国民党败亡的最主要原因之一。具体情况如何？文史资料中有不少这类史料。姑举二例。

一、国民党的大劫收。抗战后，国民党政府利用接收敌伪物资财产的机会，大搞劫夺和贪污，把接收搞成了"劫收"，疯狂敛财，"五子登科"，结果大失民心，为日后败亡打下了重要基础。深知"劫收"内情的原国民党政府监察委员何汉文，在他写的《大劫收见闻》一文（《文史资料选辑》第五十五辑）中，对国民党的大劫收做了相当具体细致的披露。例如，对混乱不堪的接收部署、乌烟瘴气的接收过程、令人嗔目的贪污案件、巧立名目的劫夺手法等史实，都做了详细的披露，结论是：国民党的大劫收，"其贪污数量之大，范围之广，情节之复杂恶劣，为古今中外所仅见"。

二、上官云相的自私与腐化。上官云相是国民党高级将领，皖南事变的祸首之一。此人又是一个品质很坏、生活腐化的人。他的参谋处长武之棻在《我所知道的上官云相》一文（《文史资料存稿续编》，《军政人物上》，第19册）中写道：上官云相为人极端自私、腐化，他曾说，"人生一世就是为了安乐，活着不快活还有什么味道"，他治军，提倡军人要为名为利，认为"凡对名利淡薄，甚至无动于衷的军人武将，是不堪重用的"，他对吃最讲究，一个西餐厨师，两个中餐厨师（一个做京津菜，一个做苏杭菜），他在北京、济南、上海、杭州、庐山都有房产，有三辆小汽车，他好嫖好赌。

从文史资料提供的这类史料中，人们可以更加了解国共两党的区别，更加懂得为什么国民党军队总打败仗，为什么抗战后仅仅三四年时间，一个手握强大军事力量的政权就灰飞烟灭了。

（刊于《文史学刊》第一辑，中国文史出版社 2014 年版。原题为《来自历史现场的证言——文史资料随想录》）

看《少帅》，说张学良

今年是震惊中外的西安事变发生80周年。对于张学良将军的了解，人们多得之于电影《西安事变》及相关题材的几部电视剧，但这些影视对许多史实的陈述并不很具体，有的也不够真实。最近上映的电视剧《少帅》在史实的披露上有很大突破，但仍有不够具体甚至不够真实的情况。这并不足怪，因为文艺作品毕竟不是历史文献，也不是当事人口述，不可能与历史一模一样。

人们当然希望了解历史的本相和细节。我对张学良和西安事变的史料一向关注，又曾采访过张学良研究专家王海晨先生，因而知道了不少新史料和新说法，这对写作本文有不少帮助。本文拟撷取一些少为人知的关于张学良将军的史实加以介绍。

一、张学良说自己的父亲没当过土匪

张学良的父亲张作霖"当过土匪"，这种说法似乎已成定论，已是常识。加文·麦柯马克写的《张作霖在东北》一书，第一句话就是:"张作霖是偏僻的边疆地区一伙土匪的头子。"司马桑敦《张老帅与张少帅》写道:"甲午后,作霖回家闲居一年,后经冯麟阁介绍,投董大虎伙为'马贼'。"电视剧《少帅》里说到张作霖时就"马匪""马贼"的说过好几次。但这种说法准确吗?张学良本人是不大认同这种说法的。

关于张作霖的历史,张学良说:"我父亲和我二大爷为我爷爷报仇,打死了一个人,跑到毅军那当了几天兵,混个小官回来了,仇家不放过他,他又逃走了。他就跑到黑山县的一个交界的地方,跟一个人学兽医,帮人治马,给人打下手。那时候,有马的人大多都是江湖上的人,有一种叫马贩子,就是偷人家马来卖,卖的时候,都差不多要经过这个兽医来转手。所以这兽医呀,跟这些人最容易接触。因此,我父亲自然就认识一些草莽英雄。他就这么样渐渐地认识了一些人,张作相啊,就是这时候认识的。"《少帅》说到了张作霖曾当过兽医。张学良又说,"这时候正赶上义和团变乱,东北没有政府了,政府的人都跑了,社会治安混乱得不得了。他就纠合了十几个人吧,有十几条枪,负责维持地方治安。这就是人家说他是土匪的原因。"

如果说张作霖没当过土匪,那他干的是什么呢?张学良说:"有人说我父亲当过土匪,其实他当的不是土匪,那时候叫'保险队'。什么是保险?就是这个地方的安全我负责,'我来保护你,你给我钱'。如果有土匪来打你,有什么旁人在这儿闹事儿,我负责给你打,但是你拿钱。我父亲当年就是干这个的。"又说:

那个时候维护地方治安有两种，一种是"人民自己保卫自己，如晚上男人睡觉，女人上炮台警戒"，另一种就是"人民请别人来保护自己，就是我父亲这种。我父亲当年就是干这个的"。由此可知，张作霖是干"保险队"的，有点像不大正规的保镖，又有点像自命的保安团。

关于张作霖是否当过土匪，张学良的说法自然很重要，但与张学良不同的说法也不好一概否定，我看可以存疑和继续考证。

二、"中东路战争"的真相

电视剧《少帅》里演到了"中东路事件"，及由此引发的与苏联打仗的"中东路战争"，画面可谓炮火连天、尸横遍野。这次战争是民国史上唯一的一次中苏战争，以中方失败告终。过去一般认为，此战源于苏联挑衅，因为东北军在苏联驻哈尔滨领事馆里搜出了大量苏联干涉中国内政、挑动中国内战的文件。实际上并非如此。张学良说："不是人家挑衅，是我们挑衅"。在搜查苏联驻哈领事馆时，其实并没搜出所谓"苏俄扰乱中国之证据"。

那么为什么会发生"中东路事件"并酿成"中东路战争"呢？起因是张学良在国民政府的支持下要收回苏联管辖的中东铁路。这条铁路为沙俄所建，苏联继承了管辖权，成了苏俄侵害我国主权、企图控制东三省的工具。张学良解释自己的收路和打仗两项行动说："第一，我那时野心也很大，我要把中东路收回。

第二，那时，要想东北的地位提高，就必须要打一仗，而且还要打胜。第三，当时我想要树立自己的威权，总要把日本打败，或把俄国打败。那时我不自量力，很想施展一下子。第四，告诉日本，我敢打。日本人欺人太甚了，中国人不能靠近南满铁路，不但军人，连老百姓也不能过南满路，抓了就扔火车炉子里给烧了。"这四个原因，简单说就是：为收回中东铁路；为提高东北地位；为树立个人权威；为警告日本。因此，张学良发动了中东铁路事件，即搜查苏联驻哈领馆及其他一些排苏行动，继而引发了中东路战争。张学良的动机无疑是出于爱国护国，但因东北军力量很弱，战事失败。国民政府为表彰张学良的爱国行为，向他颁发了青天白日勋章。

三、拥蒋的目的是为国家统一

电视剧《少帅》里演了张学良入关拥蒋、武装调停等情节。这反映了真实的历史。张为何要拥蒋？目的何在？一言以蔽之：为了国家统一，不打内战。

为结束内战而拥蒋，和为拥蒋而制止内战是有区别的。张学良判断，蒋胜了可停止国民党内部的战争，但若阎锡山胜了，阎、冯、李、汪之间还会分裂，还会互相打，国家还不统一。从抗战前张学良发的电文，如有名的"巧电"等来看，张学良是一心支持蒋介石的，支持蒋打地方将领的。这种支持的动机何在？

张学良说:"我的'巧电'就是武装调停,我那个调停里头包含有两个意思:你不停,我就打你;中央要不停,我就帮着你打中央。我并不是支持蒋……我拥护中央有一个集权政府,我们这个中国才能好,你四分五裂怎么行,所以,我反对内战。""我就是要中国停战。我并不是帮谁,不是中央不中央,我是帮中国,我是想国家统一。"张还说,"我看还是蒋介石能统一中国。我要帮阎锡山,这个仗还得打三年五载。我刚刚把兵撤出来,刚刚停止内战,要再反蒋,内战什么时候算完?要结束内战,只有拥护蒋介石。"

总之,虽然从表面看,在事实上张学良是在帮蒋介石,但他帮蒋的目的是为统一、停战。

四、"不抵抗命令"是张学良下的

过去都认为"九·一八"事变时的"不抵抗命令"是蒋介石下的,比如电影《西安事变》就是这样演的。还有文章说蒋介石"不抵抗命令"的译电文稿被于凤至带到了欧洲,藏于外国银行,变成了蒋不敢杀张的"保单"。但电视剧《少帅》并没有说"不抵抗命令"是蒋介石下的,而演的是张学良亲自打电话下的不抵抗命令。《少帅》这样演是符合历史实情的。

据张学良研究家王海晨披露说,1992年6月30日,美国哥伦比亚大学的张之丙女士在采访张学良时,为求证外间说法,给张学良读了一段一部史书所写的内容:"9月初,日本就制造了中村事件。11号,又接到蒋介石一个密电,召张去石家庄会晤,在火车厢里,蒋说,'我这次跟你会面主要是要你严令东北军,凡遇日军进攻,一律不准抵抗。'"张学良听完后说:"他没说这话,没有。"又解释说:"我认为这件事情,是共产党脱离我这个责任,好像是中央,大家骂我不抵抗啊,好像是奉中央命令的,这不在中央,(中央)没责任的。""不抵抗命令是我下的。"张之丙说:"说您在军法会审的时候啊,您就把它(密电)拿出来了,在您口袋里有一个黑皮包,您从黑皮包里拿出来的,正好是蒋总统给您的密电。结果中统局尽量地搜查,希望把它拿去。后来说是于凤至,于夫人把它拿到美国去了。"张学良说:"这都是胡说。""大姐(于凤至)不懂政治,也不搞政治,没这事。"

著名美籍华人现代史学者唐德刚知道了张学良这番答话后,慨叹说:这个说法可是历史的大翻案!我们五十多年来,光知道是蒋公让张学良不抵抗的。

五、张学良曾提出当蒋介石的侍从室主任

电视剧《少帅》里,张学良说,我这一生就两个长官,一个是父亲,一个是蒋先生。这句话是有史料根据的,出自《张学良口述历史》。张学良虽然是东北王,虎虎有威,但与蒋介石的关系还是明确的下服从上的关系。张学良曾提出过要当蒋介石的

侍从室主任,这也从一个侧面反映出蒋在张的心目中具有不可动摇的长官地位。

1934年1月,张学良从欧洲回来后,向蒋介石提出担任蒋侍从室主任的意愿。对这一举动,有学者解读说:"张学良之所以一见到蒋介石就抢先表达不愿带兵,就是不想把东北军送到'剿共'的战场上去,他的目的是保存实力,等待机会,有朝一日杀向抗日战场。"从张学良的口述看,似乎难于有力印证这些学者的解读。张学良说:"那时候,蒋先生跟我也很客气,给我指定几个事情,说你愿意做哪些。我说,我愿意做你侍从室主任。侍从室是这样子,等于他们幕僚一样,也就等于副官,给他办事的,位置很低。用张群的话讲,就是给他夹皮包的。他(蒋介石)说,那个事情你怎么能做呢?好像把我贬得太低了。"张学良虽认蒋为自己的长官,但他旅欧之前就已经是全国陆海空军副司令了,给蒋当侍从室主任,的确是太低了。当然张学良没当成这个主任。

六、张学良戒毒实况

张学良戒毒是个关系历史走向的大事。自他染上毒瘾后,躯体和精神状况日差,处理日常军政事务受到严重影响。毒瘾深时,每日需打巴比耐鲁百针以上,戒除十多次都没戒掉。电视剧《少帅》演了张学良戒毒的情节:赵四小姐看到张的胳膊满是针眼，不免叹息，为张找了个外国大夫帮助戒毒，张以极大的毅力忍受痛苦，终于成功。蒋介石见到戒毒后的张学良时说，你的面色好多了。这些情节大体都是史实。

需要补充和细说的史实是：一、实际上于凤至和赵四小姐也有毒瘾，也随张学良一起戒了毒。二、那个外国大夫名叫米勒，医学博士，是上海疗养院院长，宋子文介绍的。三、张学良的挚友王卓然在此事上起了重大作用。他想了一个以民族大义苦劝张戒毒的"苦肉计"，召集张的子女、侍医、副官一起给张下跪，求张答应让米勒博士为他医毒瘾。王卓然率大家进了张的卧室后说："副司令！你不是有国仇家难在身决心要复土还乡吗？那么你必痛下决心戒除你的嗜好，东北三千万父老兄弟都在希望你，全国爱护你的人民都在希望你，你的几十万部属也都在希望你，我们现在代表他们向你请命，我们给你跪下了，不答应戒针，我们是不起来的！"这时大家都哭了。张学良是个富于感情的热血汉子，见状叹了口气说："你们起来吧，我答应你们了，从明天起开始。"大家起来后，王卓然又叮嘱说："副司令！说了话得算，不许反悔。"张说："当然！你们放心好了，我张学良不是没骨头的人。"四、张学良与于凤至、赵四一起戒毒后十小时，三人皆几近疯狂，张破口大骂，信口呓语，还说要枪毙王卓然。米勒博士日夜守护治疗了一周，张等三人才慢慢恢复正常，而张对骂人之事已全然不记忆了。（《王卓然史料集·王卓然自传》）

张学良戒毒成功，对他本人是一次重生，对国家则是一大利好。若没有这次戒毒成功，张学良是不可能与杨虎城一起发动西安事变的，那样历史就会改写。

七、方言障碍与张蒋之间的误会

电视剧《少帅》里，幼年张学良说的是东北话，成年后就说普通话了，这当然是演戏的需要，实际上张学良说话终生都是东北味的。剧中的蒋介石说的话则是浓浓的浙江奉化味。在剧中张蒋两人的交流当然是顺畅的，但在实际历史中，二人却有过很多次因方言障碍和南北方人说话习惯不同而造成交流不畅甚至误会的情况。这真是一般人想不到的。张学良是这样说的："我们两个言语上有误会，我们两个有时候误会很大。因为我说话，他有些听不大懂。我这人有时说话转弯子，他就听反了。你比方说，'我为什么不去？'那就是'我要去'啊。南方人他就认为'我要你办事，你不去。'蒋先生一生气就讲他的奉化话，我简直听不懂。这听话听不懂有很大关系，你也不能老问他，'你说什么？'你说话要解释，你的深刻意思何在呀？你听不到。"

研究历史需要注意细节，研究张学良与蒋介石的关系，便须注意他们二人在语言交流上的障碍问题。诸如他们二人的和与不和，融洽不融洽，二人交谈的效果怎样，因为什么造成了双方意见不一致，就应该把他们语言交流不顺畅甚至可能发生误会作为考量的因素之一。所谓大人物"一言兴邦丧邦"，那么大人物之间的语言交流不畅也是会对历史造成一定影响的。

八、张学良说"西安事变的主角是杨虎城"

电视剧《少帅》演了张杨共同发动西安事变，但浓墨重彩写的是张学良，使人觉得张学良无疑是西安事变的主角。这样刻画，不单因为电视剧《少帅》的主角是张学良，更因为以往的历史评价都说事变的主角是张学良。说起西安事变的发起人，人们总说"张杨"，张总是在杨之前的。但张学良晚年却说了一句惊人之语："西安事变的主角是杨虎城。"

张学良本人在20世纪50年代撰写的《西安事变反省录》中曾说过自己是主角："平心而论，西安之变，杨虎城乃受良之牵累，彼不过陪衬而已。"但晚年张学良口述史却颠覆了这一说法："他（杨虎城）是西安事变的主角哇，不过名义上我是主角了。"

怎么理解张学良的这个新说法呢？张学良研究家王海晨曾向笔者说了他的分析。他说，综合整个口述史以及张学良以前所写的回忆来看，张说杨虎城是西安事变的主角，主要基于以下几点理由。

一、西安事变的缘起是劝蒋介石团结抗日失败，而劝张学良向蒋进言最力者是杨虎城。肤施会谈之后，张学良一直寻找机会劝蒋，屡遭挫折，杨则"力促"张"向蒋公进言"。杨的力促对张的作用是相当大的，因为张杨同属杂牌军将领，同命相连，杨的话张是听得进的。张学良说："杨虎城，他也是被我指挥的。让我们去打，钱呢？军队行动要钱呐，没有。他问，副司令，怎么办？我没办法。我用我的副司令部里头存的钱，给他拨十万块钱。所以那时中央不是我说，指挥军队不公平啊！"杨虎城力促张向蒋进言的动机是：这内战实在打不下去了，没有给养怎么打，也不该打。电视剧《少帅》演了杨虎城力劝张学良向蒋介石进言的史实。

二、西安事变中最大胆、最核心，也是最有效的行动是捉蒋。而捉蒋的主意是杨虎城首先提出来的。事变前张曾问计于杨，"杨遂言待蒋公来西安，余等可行挟天子以令诸侯之故事"。张"闻之愕然，沉默不语"。可见当时张对武力扣蒋没有任何心理准备。直到他自己苦劝蒋完全无效，才采纳了杨的建议。这些历史情节，《少帅》演了，但演的不是张沉默不语，而是表态说那样干不妥，但后来接受了杨的兵谏主张。试想，如果没有杨虎城"挟天子以令诸侯"的建言，恐怕不会发生临潼捉蒋那一幕，也就没有西安事变了。

三、虽然临潼扣蒋的具体行动，张、杨未和共产党商量，但就整个西安事变而言，共产党的作用是不能忽视的，西安事变实际是西北"三位一体"联动的结果。在"三位一体"之中，杨虎城的西北军和共产党的关系，比之东北军要密切，共产党对杨虎城部队的"渗透",比之东北军要厉害。张学良说:"杨虎城手底下的一定比我手底下的厉害,早就被共产党浸透了。不但是文人,另外还有浸透的一个师,那个师差不多都是共产党。他(杨虎城)的太太是共产党。""我们所谓三位一体嘛,周恩来这人好厉害,他们都(被)控制住了,连我的部下,杨虎城的人都听他的。"张学良的这些判断和说法基本都是对的。有资料记载,杨虎城本人早在1927年就要求加入中国共产党。1934年,杨虎城的警卫团中有共产党员200余人。

四、西安事变的发生地在杨虎城的管辖之下,杨虎城对兵谏能否成功的作用至关重要。虽然张学良的东北军从人数上说数倍于杨虎城的西北军,但张学良也清楚,东北军是"无根草",西北军则是"家乡军",在西北,杨虎城的话常常更管用。张学良说:"我们个人没有地盘,都在杨虎城那。杨虎城他比我叫得动,他(是)本地人嘛,中国(办事与)这个地域有关。"

综合上面几点看,无论是西安事变的缘起,还是扣蒋主张的提出,无论是东北、西北军与共产党关系的密切程度的差异,还是西北军在"三位一体"中的作用,张学良说杨虎城是西安事变的主角,他自己只是配角,确有一定道理。

那么,张学良为什么以前说西安事变的主角是他自己呢?张学良解释说:"杨虎城他已经去世了,已经没有了。那可以说他是主角哇。"意思是,原来生怕给杨虎城带来什么不利才那样说,而杨虎城去世了,也就可以如实说了。

九、张学良为何送蒋回南京

电视剧《少帅》的末尾，张学良要送蒋介石回南京，宋美龄对张说，"我和委员长商量了，你不用送了"，但张还是送蒋回到南京。曾看过史料，上飞机之前，蒋介石确曾向张学良说过"不要送"的话。《少帅》演的则是宋美龄亲口向张学良说的。

张学良送蒋回南京，结局让人扼腕长叹。电影《西安事变》中，周恩来看着渐渐远去的飞机，慨叹道："这是负荆请罪嘛，张汉卿中《连环套》的毒太深了！"

张学良究竟为什么要送蒋回南京？学者们的分析不下十几种。许多论者认为，他是想向世人证明，他发动事变既不是出于叛变的动机，也不是打算反对委员长，而是为了抗日。他之所以敢于送蒋回南京，是觉得有"三位一体"的紧密团结，南京十几位军政大员和几十架飞机还扣留在西安，他与蒋、宋、孔又有多年建立起来的良好关系，蒋、宋在西安又有承诺，蒋是决不会对他采取非常措施的，一定会放他回西安。他认为自己这样做，既可以通过此举取悦蒋介石，维护他的威信和领袖地位，同时也使他在"三位一体"及全国军民中的威望得以提高。总之，他认为去南京并不是送死，而是为了悦蒋强己。但也有学者说他此举纯属"感情用事"。

以上是学者的分析，但张学良本人究竟是怎么想的？这要看他自己怎么说。从张的口述看,在放蒋问题上张杨曾有过激烈的争论。张说:"杨虎城说他不想做断头将军,我说你若是怕死,何必要发动这种大胆的叛变行为?我只身护送蒋委员长入京,上断头台我一人承当,我决不牵连任何人。"又说:"我是一个军人,我上头有长官,我下面有部下,我自己做出事情来,我要给军人做楷模,我到南京请罪,我去南京,可以把我枪毙,也应该把我枪毙,我是叛徒。不管西安事变怎么样,那不说。我劫持长官。我做这件事情不是为我自己,我要给后面军人看。假如做这件事情,我自己很得意,那后来的军人也就这么做去了,就给他们做个榜样。这件事情,我做了,为什么做?这事情要弄个清清楚楚,是我一时发气了?或者感情用事?不是这样。我也愁思再三啊!"从这些话中可以看出,张学良绝不是有勇无谋、感情用事的一介武夫,他是权衡了多方面的利弊才送蒋回南京的。

再看看宋美龄是怎么解释张送蒋回南京的:"他的这一举动,向他的同僚们保证,要为西安所发生的一切承担全部责任;同时,向世人证明,他的所作所为既不是出于叛变的动机,也不是打算反对委员长,反对委员长的地位和权力。"宋美龄的解释与张学良的想法是一样的。

实际上,我看张学良送蒋介石回南京,实在也是出于不得已,因为在三位一体中,"必须让蒋签字才可放他"的呼声很高,且持续不断,倘若不果断送蒋,蒋就可能回不了南京,西安事变就不会圆满解决,更坏的是可能触发内战。归根到底,张学良送蒋回南京的原因还是为了顾全大局,是出于民族大义,出于有利于抗日的目的,他认为这么做有利于争取蒋抗日。

一个发动兵变的高级将领执意要去首都亲受国法之裁判,这真是一个历史奇观。人们说张学良是民族英雄、千古功臣,我认为应该从他的两个表现来认识:第一,扣蒋。第二,送蒋(尽管是不得已)。这两件事都是有重大意义的,只有这两件事都完成了,事情才算办得完满,西安事变的目的才能达到,抗日民族统一战线才能形成。

(刊于《中华读书报》,2016年3月30日《人物》版)

师法北方之强、燕赵之风

一地人有一地人的性情和风格，大而言之，南人有南人之风，北人有北人之风，小而言之，各地人又有各地人之风，如燕赵之风，荆楚之风。这种情形，古代尤甚。其成因，大抵系于山川阻隔，交通不便，自然环境与经济类型各异等因素，班固《汉书·地理志》所说的民性"刚柔缓急，音声不同，系水土之风气"，大体就是这个意思。

南人与北人之间的差别，各地人之间的差别，常见于古书旧籍中。班固《汉书·地理志》记云，秦民有先王遗风，好稼穑，务本业；燕俗愚悍少虑，轻薄无威，亦有所长，敢于急人。这里说的秦民与燕人，都是北方人。又记云，巴蜀民食稻鱼，无凶年忧，俗不愁苦，而轻易淫泆，柔弱褊阨；吴民好用剑，轻死易发。这里说的巴蜀民和吴民，都是南方人。唐代魏征等撰《隋书·地理志》又记，荆楚之人劲悍决烈，喜祭鬼神；吴越之人个性躁动，风气果决；鲁南之人尚气任侠，阔达多智；燕赵之人性多敦厚，伤于迟重。其中所说的荆楚、吴越之人皆南方人，鲁南、燕赵之人皆北方人。古书中的这些记载，反映了古人对古时情况的看法。

古书旧籍中又常有"南人"和"北人"的称谓，并有南人如何，北人如何的许多记录。鲁迅专门写过一篇文章，就叫《北人与南人》，其中说："北人的优点是厚重，南人的优点是机灵。但厚重之弊也愚，机灵之弊也狡。"还有一位学者曹聚仁说："南人文胜质，北人质胜文。"鲁迅和曹聚仁这种对北人和南人的概括，并不十分准确，只是一种大概其的说法，但又确有道理。从历史变迁的角度看，南人与北人的性情和风格，总是在变化着，而不是古来一成不变。但这种变化又是相对稳定中的变化。南人与北人在性情和风格上，各有自己的优点和不足，鲁迅、曹聚仁是这样说的，实际情况也是如此。具体到一个人，则有可能或优点居多，或缺点居多，不可一概而论的。

青年毛泽东曾写过一篇名文《体育之研究》，发表在陈独秀主编的《新青年》杂志上，署名"二十八画生"。文中，毛泽东写了这样一段话：

> 惟北方之强，任（衽）金革，死而不厌；燕赵多悲歌慷慨之士；烈士武臣，多出凉州。清之初世，颜习斋、李刚主文而兼武。习斋远跋千里之外，学击剑之术于塞北，与勇士角而胜焉。故其言曰："文武缺一岂道乎？"顾炎武，南人也，好居于北，不喜乘船而喜乘马。此数古人者，皆可师者也。（中共中央文献研究室等编《毛泽东早期文稿》，第68页）

这篇文章，虽是研究体育的，但青年毛泽东的许多哲学和文化观念贯穿其中，特别是文章表达了作者提倡勇武世风和坚忍奋斗的精神的意向。这种意向的表达，反映出了青年毛泽东的一些性情、风格和文化好尚。这些从上面的引文中，特别可以看出一些来。

青年毛泽东在这段话里标举了五种他认为可以师法的对象，其中涉及了三地三人。三地是：北方、燕赵、凉州；三人是：颜习斋、李刚主、顾炎武。燕赵与凉州，都是北方之地；颜习斋和李刚主，都是北方之人；顾炎武则是南人有北人之风。总起来看，青年毛泽东在这里所激赏的，所认为可以师法的，都是北人，北人之风。下面分别来谈这五种可以师法者，以及这种师法带给毛泽东的一些影响。

一、北方之强。青年毛泽东所说的"北方之强，任（衽）金革，死而不厌"一语，出自儒家经典《中庸》，原文是："子曰：南方之强与？北方之强与？……宽柔以教，不报无道：南方之强也，君子居之。衽金革，死而不厌：北方之强也。"这是孔子在评说南方人的坚强与北方人的坚强各自的特点。孔子说，用宽和柔顺的精神感化别人，对于横逆无道也不报复，这是南方人的坚强，君子信守这种强；用兵器甲胄当枕席，死了也不后悔，这是北方人的坚强，强力者信守这种强。孔子所说的南方之强，在今天我们看来，似应称为弱，或柔，但在孔子眼里，却是一种似柔实刚、外柔内刚的强。但青年毛泽东似乎不认可孔子的这种

"君子"之强，至少是不取而为师。相反，在青年毛泽东眼里，值得肯定并尊之为师的，是尚武尚勇不怕死的北方之强。青年毛泽东欲师法的这种北方之强、北人之风，对毛泽东是发生了一定影响的。毛泽东一生尚武尚勇，是伟大的军事家，这当中自有马列暴力革命思想在起作用，也有"扎硬寨、打死仗"的勇武刚劲的湖湘文化性格的影响，但师法北方之强，也应是一个原因。

二、燕赵慷慨悲歌之士。青年毛泽东所言"燕赵多悲歌慷慨之士"一语，源出韩愈《送董邵南序》开篇第一句："燕赵古称多感慨悲歌之士"。其中的"感慨"二字，后人改为"慷慨"，如明人沈榜《宛署杂记·民风》："燕赵多慷慨悲歌之士。"韩愈这句话的意思是：自古以来，人们便说燕赵一带多有慷慨悲歌的豪侠之士。宋人苏东坡也说过类似的话："幽燕之地，自古号多豪杰，名于国史者往往而是。"清人孙承泽《天府广记》中也写道："自古言勇侠者皆推幽并。"的确，古燕赵之地，产生过一批享大名于中国历史的豪杰侠士，如豫让、燕丹、荆轲、高渐离，就是其中的代表人物。"风萧萧兮易水寒，壮士一去兮不复还"，其悲歌慷慨之气，成为燕赵豪侠轻死急人、视死如归的性格的写照。青年毛泽东引出韩愈的话，实际上表明了他对燕赵慷慨悲歌之士的钦敬，对燕赵古风中的豪侠之气的喜爱。在毛泽东的身上，也时能看到慷慨悲歌的义士之风——革命者的大勇大义的义士之风。毛泽东赴重庆谈判，有虎口拔须之险，但他义无反顾，极有慷慨悲歌的壮伟气概。毛泽东在讲演词《为人民服务》

中说,"中国古时候有个叫作司马迁的说过,'人固有一死,或重于泰山,或轻于鸿毛'……"相传荆轲也说过这样的话。《燕丹子》卷下记荆轲云:"今轲常侍君子之侧,闻烈士之节,死有重于泰山,有轻于鸿毛者,但问用之所在耳。"这种生死观,不仅是司马迁的,大概更是燕赵慷慨悲歌之士的。

三、凉州的烈士武臣。青年毛泽东的原话是:"烈士武臣,多出凉州"。凉州,即今甘肃西南武威、永昌、古浪、民勤、永登、天祝等县一带,明朝初年曾设凉州卫。唐人李荃《太白阴经》云:"凉陇之人勇。"凉州一带历来民风刚勇强悍,出过许多武将和刚烈之士。从青年毛泽东的话可以看出,他对此地的勇武刚烈之士非常仰慕。前面已经说过,青年毛泽东赞赏北方之强,尚武尚力,这里,毛泽东又赞赏凉州的烈士武臣。实际上赞赏的对象是一样的,都是在赞赏北人的勇武之风,崇尚勇武和刚烈。

四、颜习斋,李刚主。颜为河北博野人,李为河北蠡县人,皆燕赵之士。二人皆为杰出的思想家,为"颜李之学"的代表人物。清朝《日下旧闻考·风俗》记燕人性情有"耐劳苦","尚勇力","坚悍不屈"的特点,颜李二人即如此。史载,颜习斋平生勤劳作,苦筋骨,忍嗜欲,讲世务,重实践,文而兼武。青年毛泽东在文中记下了他的习武之事:"远跋千里之外,学击剑之术于塞北,与勇士角而胜焉。"颜李二人尚武学剑,实际是幽燕之地尚武古风的表现。《蔡中郎集》有这样的话:"幽州突骑,冀州强弩,天下精兵,国家瞻仗,四方有事,未尝不取办于二州也。"道出了幽燕之地的雄强勇武之风。颜习斋曾写过一首《望荆轲山》诗,从中能看出他的慷慨悲歌之气,看出他与荆轲之刚勇的一脉相承:"峰顶浮图挂晓晴,当年匕首入强嬴。燕图未染秦王血,山色于今尚不平。"青年毛泽东对颜李两位燕赵之士钦敬有加,非常推崇,在行动上也大概受到过他们的尚勇武、忍嗜欲、重实务这些行为特点的影响。毛泽东一生尚武尚勇,年轻时尤重筋骨和毅力的锻炼,常在日光下、大风里、大雨中,赤身听凭日晒、风吹、雨淋,自谓这是"日浴""风浴""雨浴"。从《体育之研究》关于颜李二人的议论看,青年毛泽东确曾受过颜李的影响,毛身上也确有颜李式的燕赵尚武之风。鲁迅说北人"厚重";燕赵之人更多具有"实而不华"的特点。颜李学派的重世务,重实践,就是北人特别是燕赵之人这种"厚""实"特点的表现。李刚主有句名言:"纸上之阅历多,则世事之阅历少;笔墨之精神多,则经济之精神少。宋、明之亡以此。"毛泽东一生重实践,写有《实践论》,晚年时有不主张多读书的议论,如认为"书读得越多越蠢",恐怕都与颜李的影响不无关系。

五、顾炎武。青年毛泽东在谈到伟大的爱国思想家顾炎武时,特别标明了顾是"南人"(他是江苏昆山人),因为毛在前面谈到的四种可以师法者皆为北人。但青年毛泽东在这里所强调的却是顾炎武这个南人的北人之风,即"好居于北,不喜乘船而喜乘马"。喜欢乘马,是北人之俗。史志载,"冀州(今河北一带)

人，性劲悍，习于戎马"，民谚云："北人骑马，南人乘船。"顾炎武则是南人骑马。青年毛泽东赞赏和欲师法顾炎武，自己也确颇似顾炎武，他长期的戎马生涯可以说就是在马背上度过的。

青年毛泽东写《体育之研究》这篇文章，提倡师法北方之强、燕赵之风，实出于一种爱国强种的立意。据尹韵公先生研究，这篇文章是青年毛泽东为了响应陈独秀提倡的以勇武角胜世界之林的思想主张而写的。(《党的文献》2006年第3期) 陈独秀曾在《新青年》上发表过一篇《今日之教育方针》的文章，说每见中国的青年，"手无缚鸡之力，心无一夫之雄，白面纤腰，妩媚若处子；畏寒怯热，柔弱若病夫"，他担心这样的青年，当政治家不能百折不回，当军人不能百战不屈，当实业家不能排难冒险。因此，他提倡应当以勇武立国，恢弘国力，以免受列强欺侮。青年毛泽东对陈独秀这种主张非常赞同，他在《体育之研究》一文中响应道："近人有言曰：'文明其精神，野蛮其体魄。'此言是也。"所谓"文明其精神，野蛮其体魄"，就是说，要让中国人的精神脱离封建愚昧，文明起来，同时，要使中国人的体魄强健 (即所谓"野蛮") 起来，抛掉"东亚病夫"的帽子。

对比青年毛泽东和陈独秀的两篇文章，特别是细读本文所引的毛泽东文章中的那段话，确实可以看出青年毛泽东所提倡的师法北方之强、燕赵之风的主张，与陈独秀所提倡的以勇武角胜世界之林的思想之间的联系。

(刊于《北京日报·理论周刊》，2006年9月4日)

一个卓然特出的杂学家
——谈邓云乡和他的著述

引 子

"天下谁人不识君",邓云乡先生便是一位名满天下的士君子、文化人。邓云乡学名邓云骧,生于1924年,故于1999年。邓公出名较早,但出大名较晚,他原有红学家之名,与魏绍昌、徐恭时、徐扶明并称"上海红学四老",但邓公在全国出名,还是在他出版了《鲁迅与北京风土》一书之后。记得1982年此书刚出时,一位北京学者对我说,"从哪儿冒出个邓云乡,写北京写得这么好!"这本书是邓公出大名的开始。我就是因读了这本书,才知道了邓云乡的大名。之后,邓公的著作一本接一本地出版,文章更是常见于各报刊,产量之高,真如冯其庸先生所评,"文章如泉源,不掘地而自出"。

粗略统计一下邓云乡的著作,计有《鲁迅与北京风土》《燕京乡土记》《文化古城旧事》《水流云在丛稿》《水流云在琐语》《红楼风俗谭》《红楼梦忆》《红楼识小录》《红楼梦导读》《清代八股文》《云乡漫录》《云乡琐记》《云乡话书》《云乡话食》《宣南秉烛谭》《诗词自话》《书情旧梦》《北京四合院》《花鸟虫鱼》《吾家祖屋》等近二十种。河北教育出版社为邓云乡出版了《邓云乡集》。

人们读邓公的书，都知道他有学问，至有"满腹学问，撑肠万卷"之评，但要说邓公算是哪一种学者，则说法不一。或说是民俗学家，或说红学家，或说文史学家，或说北京史专家。是的，他确是这些方面的专门家，但还没有说够。邓公还是掌故家、社会史家、散文家、诗词家、书法家和美食家。读了他的书便会知道，这些冠冕绝非浪得，而都是实至名归的。这么多的"家"，我看可以用一个"家"来概括——"杂学家"。周汝昌先生曾称邓公的学问为"历史杂学"。"杂"者，非芜杂，博学之谓也，"杂学"乃博杂之学问，"家"是专家。"杂学家"者，学问广博且专深之通人也。邓云乡正是一位在多个学术领域造诣精深的学问通人。

"晋籍上海人"的北京乡愁

邓云乡原籍山西省灵丘县，青少年时期在北京上学，毕业于北大中文系。新中国成立后在中央燃料工业部工作过一段，从1956年起在上海电力学院教书，至1993年退休。概括来说，邓公可说是一位"晋籍上海人"，因他居京多年，也可说是一位准北京人。

邓公是记录和研究北京史地的大家。他的《鲁迅与北京风土》《燕京乡土记》《文化古城旧事》《宣南秉烛谭》《北京四合院》，都是可以传世的力作。他对旧京历史掌故的熟悉和精研程度，在很多方面超过了史上著名的北京史地专家张次溪、金受申等先生。特别让人感慨的是，他一个"晋籍上海人"，对北京的乡恋乡愁，远过于许多"生于斯长于斯"的北京土著。我是在北京长大的，"应知故乡事"，但许多极有滋味的乡土物事，我却知之甚肤浅，只是在读了邓公文章后，才恍然知其妙处。

邓公写北京，从宫廷写到市井，什么都能写，什么都能写得精细入微。比如写北京四合院，他写道：

> 四合院之好，在于它有房子、有院子、有大门、有房门。关上大门，自成一统；走出房门，顶天立地；四顾环绕，中间舒展；廊栏曲折，有露有藏。如果条件好，几个四合院连在一起，那除去"合"之外，又多了一个"深"字。"庭院深深深几许"，"一场愁梦酒醒时，斜阳却照深深院"。（《书情旧梦》，东方出版社1996年版）

我自幼在北京四合院里居住，从未琢磨过这种住宅有什么好处，更不懂相关的建筑知识，只是浑然瞎住而已。看了邓公对四合院的讲说，才懂了一点四合院的妙处。

邓公讲说四合院的最精微之处，我认为是对四合院四时风韵的概括和鉴赏。他说,四合院是"冬情素淡而和暖,春梦浑沌而明丽,夏景爽洁而幽远,秋心绚烂而雅韵"。(《书情旧梦》,东方出版社1996年版)这是多么精彩的描摹,不仅富有诗意,而且带有哲理味儿。在邓公眼里,四合院绝不仅仅只是一个居处,更是一种高雅精致的文化事象。比照邓公所讲,这四合院里的冬情、春梦、夏景、秋心,我都是经历过的呀,今日回想,我真辜负了那美好的院落。

邓云乡是学者,他写北京掌故,绝不像坊巷故老那样,只是平摆浮搁地说旧事,而总是要寻出其源流和文化底蕴,使读者建立起史的概念,获得文化上的理解。比如,写北京的名吃豆汁,他从京戏《金玉奴》别名《豆汁记》,讲到古代文人墨客咏豆汁的诗,又讲到古巷中卖豆汁的吆喝声和唱豆汁的儿歌,既讲历史又说文化,使普普通通的豆汁与文化搭上界,使豆汁的掌故成为一种文化史料。

北京人的三冬"围炉",在常人看来似乎没有什么讲述的价值,邓公却重视这一中国北方古老的生活方式,他钩索文献,从方域特征、经济生活、南人北迁等多个方面谈"围炉",通过记述缪荃孙、李慈铭、鲁迅等文化名人的围炉轶话,勾画出了旧京居民冬日围炉的生活场景。

寻出《红楼梦》后面的真史

在邓云乡的杂学中，红学研究成绩相当突出，"红学家"名号在他的各种冠冕中也显得尤为鲜亮。但邓公之红学不是"大路红学"，他不研究曹雪芹的笔法和大观园的阶级斗争之类。他的特点和特长，主要是善于寻出《红楼梦》背后的真史，以帮助读者从史的视角真正读懂《红楼梦》。我想这应是邓公谈红的主要目的。

关于《红楼梦》，他的主要著作是《红楼风俗谭》《红楼识小录》《红楼梦导读》和《红楼梦忆》。说是"风俗谭""识小录"，其实绝不只谈风俗，也绝不限于"识小"，而是涉及多方面的历史，政治史、制度史、经济史、社会史、文化史等。既有微观历史，也有历史大背景。

邓公为寻出《红楼梦》后面的真史，主要做了三方面工作。

一、给《红楼梦》做史注，揭示文学描写背后的真史或史的元素。这需要史家的功夫，邓公深具这种功夫。《红楼梦》多处写到太监，如第十三回有"早有大明宫掌宫内监戴权"之句。邓公认为这是"半今半古"的写法。"大明宫"是唐代长安宫名，曹雪芹时代无此名，因为清廷绝不可能用"大明"作为本朝宫殿的名字。这是半古。清代有乾清宫、坤宁宫等，都是由太监管理的。这是半今。邓公又解说了明清两代的太监制度和区别，并指明《红楼梦》时代的太监官品是以雍正元年为标准的。这样，读者便明了了红楼文字背后的真史，也就自然把文学故事与历史事实区分开了。

二、"以史解红"，即用史实材料来解读《红楼梦》中的一些内容。贾宝玉的才学究竟如何？《红楼梦》写他在蘅芜院辨认花草时引了《离骚》《文选》《吴都赋》《蜀都赋》等诗文，使众人大为吃惊。就是说宝玉的才学十分了得。但邓公列举了《林则徐日记》和《邵二云先生年谱》中的史料，证明宝玉比起当时同龄的读书种子来，还是有相当差距的。《红楼梦》写宝玉作诗时，竟忘了并不生僻的"绿蜡"一词，遭到宝钗的嗤笑，便说明宝玉的学问还不到家。

三、发现《红楼梦》事物的原型。"红楼梦原型"诸问题，是红学研究的重要课题之一，如推测大观园的原型是北京恭王府之类。邓公最先推断"太虚幻境"也有原型，即北京朝阳门外的东岳庙。红学家周汝昌在与邓公的一次闲谈时听到这一推断后为之一震，认为这一见解真是"石破天惊的奇言"！的确，若将东岳庙的牌坊、诸司、寝宫、侍女等设置与"太虚幻境"比照，确可以让人感到东岳庙极可能就是曹雪芹构思"太虚幻境"的灵感之源。

邓公既懂红又懂史，在懂史这点上，他高于许多纯文学出身的红学家。他那些以史解红的著作，实际可以作为红学工具书来读。正因为他在红、史两方面都有渊博的学问，所以他成了电视剧《红楼梦》当之无愧的顾问。

擅长"识小"的大家

读过邓云乡作品的人都有一个深刻印象，文中所记所述多是些小话题，但写的极细致，极深入，常让人有身临历史情境之感。这种治学法和笔法，邓公常引《论语》自谦为"识小"，《红楼识小录》干脆以"识小"作为书名。

"贤者识其大者，不贤者识其小者"，《论语》的这句话，若用在邓公身上并不正确。今人所谓识小，一般多谓治学、写作的题目小，写得琐细。但实际上文章之价值，绝不在话题之大小，更何况识小和细说谈何容易！而且，小可以见大，小题目可以做出大文章。邓公无疑是一位"识小"的贤者，一位擅长以小见大的大家。

例如《燕京乡土记》全是识小之文，记吃，记玩，记节令，记商情，记花事，记庙会，记宫阙趣闻，记贡院小史，记街头巷尾琐事，记引车卖浆者流，至琐至细地记，洋洋洒洒地记。记夏天乘凉，有"芭蕉扇""花草夜话""竹帘·冷布""天棚遮阴"等专文；记玩昆虫，有"蝈蝈""蟋蟀""知了"等专文。写茶馆，他写得极细致有味："伙计提着个壶一边让座儿，一边打招呼：'七爷，沏壶香片吧？等会儿您再来段儿，我就爱听您那几句倒板！'"

以小见大，可以他写京城宣南名饭馆广和居为例。《广和居小志》虽是小题目，实为大文章。开篇先从道光年间的一份"倒"字文书写起，刨出了广和居的发祥史，然后如香炉泻瀑，一气写到上世纪三十年代广和居关张。京城官僚士大夫到广和居宴集，广和居的名菜及来历，席间的诗酒唱和……凡发生在广和居里的有史料价值的事，无不涉笔。

特别是《广和居小志》解读了上世纪初轰动京城的两首"广和居题壁诗"，让人领略了这家饭馆"庙小神灵大"的特色。这是一首讥刺清末权要的政治讽刺诗，其内情底里，原来很少有人说得清，邓公则把其来龙去脉说得一清二楚。冯其庸先生在为邓公《水流云在丛稿》所作的序言中，赞赏此文"实在是研究晚清政界内幕瓜葛和京华掌故的好材料"。《广和居小志》不愧是一篇以小见大的名作。

"虽小道，必有可观者焉"，郑振铎作《汤祷篇》，通过古俗去认识古史，鲁迅作《魏晋风度及文章与药及酒之关系》，也用了民俗学眼光去观察历史。《燕京乡土记》虽然记的都是市风土俗，但恰是这些俗事最能真切地反映民众的心理、情趣和价值观，从而使我们认识民族文化的根基。

掌故家兼社会史家

掌故是很有用的东西，研究历史可作史料，文学创作可作素材，哲学、社会学可做案例……当个掌故家不容易，必须阅历广，博闻强记，掌故家可以说是历史学家的偏师。好的掌故家须有史家素质，既要言之有物，更要言之有据。将掌故系统化，进行学理的研究，掌故家便成了社会史家。邓云乡便是一位极好的掌故家兼社会史家。郑逸梅是掌故大王，徐凌霄徐一士兄弟被誉为掌故巨擘，我看邓公绝不亚于他们，在不少方面还驾而上之，特别是邓公已进到了社会史家的层次，更为郑、徐所不及。

鲁迅曾写名文《关于太炎先生二三事》，其中提到章太炎的反袁气节，因是杂文，不可能写细节，这就需要掌故家来补说。邓公有《太炎先生五题》一文，细写了章太炎反袁气节的掌故。他写道：

> 袁世凯派他的二皇子袁克文，亲自带了锦缎被褥，送到龙泉寺。太炎先生在房中听到外面有人声，而且在窗户缝中窥视，便撩起帘子一看，原来是袁抱存（克文字）送被褥。太炎先生想出妙法，跑到屋里，点燃一支香烟，把被褥一个、一个地烧了许多洞，扔在院中对袁克文说：拿走。这位"太子"碰了一鼻子灰只好去了。

这些掌故细节，在一般史书中是见不到的，邓公把它写出来了。这样，一个特立独行，有凛然气节的章太炎先生，就站立在了我们面前。这段掌故实际是史料，可作为史学研究参考，若写章太炎传，或拍电影，更是不可多得的细节材料。

蔡锷得到名妓小凤仙之助，从京师返回云南，发动了反袁护国起义。这一段既严肃又风流的史事，被拍成电影《知音》，广为人知。蔡锷是怎样逃离京城的？史书的记述皆大而化之，电影里也只是一两个镜头。邓公《蔡松坡之死》一文详述了这段历史掌故。写道，在八大胡同头等小班云吉班妓女小凤仙的帮助下，在梁启超所派的老佣人曹福的接引下，蔡锷乘三等车到了天津，住进了日租界的同仁医院，而后回到云南，宣布云南独立，后又率兵进川，是为"护国起义"。

品读这段细致的文字可以发现，"云吉班""梁启超派人""曹福""三等车""日租界""同仁医院"，这些微观史事信息，在一般谈及蔡锷起义的史书上是不易见到的。邓公的记述起了拾遗补缺和存史的作用。梁启超在护国起义中起到何种作用？蔡锷当时与日本是怎样的关系？邓公讲的这段掌故，可以作为研究这些问题的一种史料参考。

邓云乡写的掌故，许多是民国以来的学人逸事。《文化古城旧事》更是集中写了许多鸿儒硕学的掌故。我常琢磨，邓公是怎么知晓这么多一流知识分子的逸闻轶事的？原来，这与邓公的平生经历大有关系。看看他的求学、治学经历和交际圈，就明白了。他自己就是个大知识分子，就是那圈里的人，怎能不熟悉圈里的事？加之他记忆力好，又爱记爱写，所以，许多被时光尘埃湮没的学人逸事，又在他的笔下复活了。

邓公不只是记述掌故，也撰写研究历史掌故的社会史论文。

如《中国葬礼的历史演变》《清代物价三百年述略》《上海旧时地价与房租》《颜习斋与读书无用论》《汪辉祖及其著述》等论文，都是他对零散的历史掌故加以汇集、整理并进行学理性研究的结果。所以我说邓公不仅是个掌故家，也是个社会史家。

为八股文说句公道话

清代特别是中晚期以后，八股文的名声逐渐变臭，最终被废弃。清人徐灵胎讽刺八股文说："读书人，最不济；滥时文，烂如泥。国家本为求才计，谁知变做了欺人技。三句承题，两句破题。……辜负光阴，白日昏迷，就教骗得高官，也是百姓朝廷的晦气。"（清袁枚《随园诗话》）全面否定了八股文。顾炎武说："八股之害，甚于焚书。"更是恨透了八股文。

但八股文果真没有一点好处吗？邓云乡说，不，八股文也有它的可取之处，不然，它怎么能够延续那么多年，而且明清两代那么多英才都是八股出身呢？为研究八股文，邓公研读过八股文选集《眉园日课》，思考了多年，写出了专著《清代八股文》，对八股文产生的制度原因、源流和历史、文体特征、存废争议、与科考的关系、历史作用等问题，都提出了精辟的见解。

他发现八股文是个利弊兼存的东西，弊在内容空洞无物，利在对训练思维能力有用。他评说道：在八股文范围和条件的严格限制下，人的思维能力的集中性、准确性、敏锐性、全面性和辩证性得到训练，练出了这样的思维能力，加上先天的聪明才智，再灵活地运用在实际上，"那便无往而不利，要诗要文，要明断，要深思，要什么就是什么了"。（《红楼风俗谭》之《曹雪芹·八股文》）这实际上解开了在八股取士之下也能产生人才的历史之谜。《儒林外史》有句名言，说做好八股再写诗文，便"一鞭一条痕，一捆一掌血"，我原来对这话不理解，但看了邓公的论说便理解了。

对于八股文的弊端，邓公也做了深入研究，《清代八股文》专设了《八股的历史副作用》一节。这种内行人的研究，比起只会骂八股文而说不清八股文究竟坏在哪儿的文章高明多了。

邓公之所以能科学地评价八股文，我想，一因他旧学根底扎实，二因他有辩证思维，能历史地看问题。八股文其实和众多事物一样，如甲骨文、封建制，都有它产生的历史原因，刚开始合理，往后越来越不行，最终退出历史舞台。邓公深懂这一点。于是，他把八股文合理的那部分加以考量阐释，还原了八股文的本来面目。

文笔雅隽的散文家

从运笔作文来说，邓云乡可说是一位文笔雅隽的散文家、随笔家。明清史家谢国桢先生称赞邓公的文字风格为"雅隽"，我极以为是；然觉得还可加上"清俊""萧散""醇美""举重若轻""大俗大雅"等赞词。

以雅隽之文字,道凡俗之物事,此为邓公的绝大本事。一件俗事,一经邓公雅隽文字的"点化",便雅致可人。拿《燕京乡土记》的标题来说,写白云观燕九节,标题作"燕九春风驴背多",写过年祭灶,标题是"黄羊祭灶年关到",其他像"鞭影小骡车""消暑清供""秋风菜根香"等标题,都是雅隽非常的文字。又如禁城蛙叫,大俗事也,邓公却能联想到晋惠帝听宫蛙的笑话和古人"一池蛙唱,抵得半部鼓吹"的雅趣。北京初春的大风,在平庸写手笔下,必是"呼呼地刮,迎来了春天"一类乏味无趣的文字,邓公却写出了"大黄风一直吹到燕山脚下,吹开了冻土,吹发了草芽,吹醒了柳眼,吹笑了桃花,吹起了昆明湖的波涛,吹白了紫禁城的宫娥的鬓发……"这样美丽的句子。

邓云乡是一位特别注意从古代美文中汲取养料的散文家。例如,他认为古人的许多日记虽是随手札记,并未当作正宗文章着笔落墨,但文字却很优美,其功力决不在宏文高唱之下。他写有《日记文学丛谈》一文详论之。邓公很喜欢清人俞樾的日记文字,在《读俞曲园日记残稿》一文中赞之曰"萧散有致""炉火纯青"。我断定邓公有意向古人的日记文字学习过。多年来我读邓公文章,总觉得他像是随随便便写的,但醇厚有味,不知是怎么弄的,后来才觉出可能是受过古人日记的影响。在邓文的字句间,好像能看到俞曲园的影子。

我还愿意把邓公叫作文章家。因为他太懂做文章的门道了,他尤其擅长把散碎的材料组织成一大篇锦绣文章。《鲁迅与北京风土》就是用散碎材料铸成的大作品。此书以鲁迅日记为经,以北京风土景物为纬,因人寓景,古今交汇,使鲁迅和旧北京都"活"了起来。读着这本书,仿佛看到鲁迅先生漫步在旧京的街巷里,故都的景物风情也尽收眼底。从文章学来说,这本书的架构和材料组织真是妙不可言。

邓公的文章美,与他善于发现美大有关系。一些在我们"凡眼"里很庸常的东西,或是虽具美名却难以说清美在何处的东西,邓公却能发现和诠解其佳美之处。例如,北京的春天素有"凤城春色"之谓,"凡眼"看,不过尔尔,更无从感悟这春色,邓公则看到,太庙后面筒子河中的坚冰已经开始消融,河沿上的柏树林泛出苍翠之色,透明的雾气在枝叶间浮动上升,那是春天的地气在浮动;又发现紫禁城的墙缝中孳生出的小草小树已经发芽,枝桠中已泛出绿光,一团春意可望可触了。把发现了的美描摹出来,一篇美文就产生了。

读书种子

读邓云乡的书,常会冒出一个念头:邓公真是个读书种子!读书种子者,饱读典籍文献、能延续中华文化之大读书人也。明代方孝孺、清代叶德辉都被称为读书种子,明成祖要杀方孝孺,姚广孝谏曰不可,叶德辉是劣绅,革命党要杀他,章太炎说杀不得，可见读书种子之可贵。邓云乡也足可称为读书种子，名副其实，绝非虚誉。冯其庸先生曾问邓云乡，你怎么能写那么多东西呀？邓公答道："天天写，天天读。"这"天天读"三字，正是一个读书种子的自况。

邓公的居室，可谓书山乱叠，他每日就在这书山中读啊，写啊。从他著述的征引中，便可观其读书之多之杂，正史、野史、文集、笔记、杂钞、县志、日记、书信、游记、传记、说部、诗词、俗曲、俚谚、童谣，可谓无所不读。他写的文章之所以那么有血有肉，盖因得益于读书多，掌握的材料多。比如写冰床，一般人只知道《帝京景物略》和《藤阴杂记》二书的记载，但他又引了鲜见的文献《倚晴阁杂抄》和《水曹清暇录》，这就使人对冰床历史的了解更加细致，使读者知道了原来在清代北京护城河里，还有以拉冰床作交通工具的生意和携酒轰饮冰上的趣事。我很看重邓公征引文献的博杂，因为从目录学上讲，若记录下这些文献名目，便是一份很有用的书单。

邓云乡不仅读书，还研究书。有道是"治学先治书"，邓公深通此道。《旧都文物略》是一部北京史重典，汤用彬主编，1935年出版。邓公写过一篇研究文章《〈旧都文物略〉小记》，把此书从编纂到出版的来龙去脉及重要价值，做了深入研究和详尽阐释。这部书成了他治北京史的重要工具。

《圆明园古籍二种》《〈清史稿〉琐谈》，也是他研究书的重要文章。《圆明园古籍二种》可谓一篇圆明园文献的导读，也是一篇圆明园史的研究文章，很有助于圆明园的研究工作。邓公对清史非常熟悉，这与他熟读《清史稿》分不开。他说自己的书架上总放着一部《清史稿》，写清代文人历史掌故时常翻阅此书。他一边利用《清史稿》，一边研究《清史稿》，多有心得之后，写成了《〈清史稿〉琐谈》一文。

大凡读书人都爱淘书，舍得花钱买书，进一步就是藏书，读书种子邓云乡更是如此。熟悉他的人都知道他嗜书如命。邓公曾写过一篇有名的《书忆》，写自己逛书摊淘书的心情，曾引发过不知多少读书人的心灵共鸣。他说的那句"逛书摊的最大乐趣就是自由的发现"，成了众多读书人的格言。

我与邓云乡的一点交往

我与邓公有点交往，起于读他的两本书。因我大学曾写过北京史论文，又素对鲁迅文章感兴趣，所以，一在书店见到他的《鲁迅与北京风土》，便如逢故人，立即买下，并因此记住了邓云乡这个大名。后来又读到了《燕京乡土记》，当时光明日报正在全国搞书评征文，我写了一篇评此书的文章，获得了一等奖。估计邓公看到了书评，因我曾听人转述，邓公说，北京有个李乔，不错。我与邓公就这样隔空相识了。

在《北京日报》，我编辑过文史版、读书版，曾多次向邓公约稿，我们的交往就多了，但主要是书信往来，只是在他担任电视剧《红楼梦》顾问时，我们在剧组驻地见过一面。印象是他太质朴了，没有民国老学究的酸腐气，也没有洋派教授那种斯文气，更没有居高临下的派头，让我惊异的是，他一个上海人怎么说话带京腔呢？后来我对邓公的了解加深，崇敬也随之增长，他的学问和人品成了我心中的一个典范。

我写过三本社会史著作，《行业神崇拜——中国民众造神史研究》《中国师爷小史》和《清代官场图记》。追溯三书的写作缘起，多少都与受过一点邓公著作的影响有关。尤其写《中国师爷小史》时，他的《汪辉祖及其著述》一文对我有发蒙的作用。汪辉祖是清代名幕，他的史料是我研究清代师爷所需的最基本的史料之一。

邓公的书斋名"水流云在轩"，取无争、舒缓之意，类如陶渊明之"云无心而出岫"。邓公作人，正派、平实、自然、不张扬、不自夸。我自觉多少受过一点邓公人格的影响，或者自豪一点说，我与邓公属于同一类人。我有过升官的机会，但我舍不得书斋。邓公，还有孙犁、黄裳等先生的书，对于我坚定一辈子穿长衫，不穿补服，有过楷范的作用。

邓公的文稿是极易编辑的，因为几乎无懈可击，几乎不用编。若改动也是因版面有限而删节。邓公有时写得长了，不知能否全文发表，便在原稿上画出可以删节的地方，以使编辑既省事，又不为难怎么删节。我还保存着这样一篇手稿，每睹之，总会心生感动。

邓公身上很有点民国文人气,现在叫民国范。他写信常用毛笔和花笺,还特制了一种自用笺,前端印"红楼"二字,末端印"水流云在之室自用笺"。邓公贺年,也沿袭旧俗老派。一次我逛潘家园,看到一张信纸大小的贺年片,毛笔书之,字迹圆润秀劲,署名"晚邓云骧",有"水流云在之室"印。这无疑是邓公之作,是写给一位前辈先生的,我立即买了下来。以毛笔亲书贺年片,这比时下流行的短信拜年不知要增重多少情谊。传统文化的好东西,邓公总是倍加爱惜并勉力行之。

余 话

我赞成止庵先生的话,"世间再无邓云乡"。邓公的本事,难学;邓公的特殊价值,不可再生。有时我看到北京的某个文物被毁了,某条古巷消失了,就想,若是邓公在,写一篇关于这个文物、这条古巷的文章,登在报上,也许它们就保存下来了。但世间再无邓云乡了。惜哉!

(刊于北京文史馆编《北京文史》,2015年第6期)

考据谈屑

史学家陈垣说:"考证为史学方法之一,欲实事求是,非考证不可。"(《通鉴胡注表微》)实事求是与考证,实为史学里一对具有天然血缘的不可分离的弟兄。凡是搞历史的,几乎无不受到过考据(考证)学之赐。搞实证的自不必说,他们或用考据学的方法自行解决了历史事实的真相问题,或是利用他人的考据成果,廓清了自己所研究问题的迷雾;即使是搞形而上的思想史研究、宏观规律研究的学者,也无不需要先弄清事实,再发议论,因此也常常须拿来考据家的成果一用。这不是因为别的,只是因为弄清历史真相是研究、评论历史的基石,而考据学则是构筑这块基石的工具。但怪哉的是,考据家常常受到讥笑和贬损,说他们繁琐不堪、雕虫技艺,说清儒的考据学只知细枝末节,而不管文化的大纲目。

考据之魂

我搞过一点历史,起初也曾受过讥贬考据者的蛊惑,对考据无好印象，以为此种学问不过是一群弓着腰、蓄着胡须的老学究们的营生，我所就读的那个名牌大学历史系也号称以理论见长，并不重视考据，而这也成了我曾轻看考据的一个原因。但这种轻看并非是已经谙熟考据，或是已经占领了什么形而上的思想高地而俯察考据学，而真正是无知者无畏，不过是一个考据门外汉的幼稚想法而已。

学清史，读文字学，读顾炎武的《日知录》，读钱大昕的《十驾斋养新录》，又读晚近学者陈垣、陈寅恪、顾颉刚、罗尔纲诸先生的书，始知考据学之博大、之精微、之重要。考据学对于弄清历史真相之重要，给我印象最深的有三个例子。一个是陈垣考证顺治出家问题，一个是陈寅恪考证《三国志》所载的"无涧神"，一个是罗尔纲考证李秀成是否伪降的问题。陈垣用《汤若望回忆录》与和尚语录所说的"大清国里度天子"等材料，证实了顺治削发之事。陈寅恪考证出"无涧神"即地狱神，从而窥知"释迦之教颇流行于曹魏宫掖妇女之间"（《魏志司马芝传跋》，载《金明馆丛稿二编》）。罗尔纲根据曾国藩后人家传口碑所说的"李秀成劝文正公做皇帝，文正公不敢"，推断出李秀成被俘后的表现实际上是在仿效三国姜维伪降曾国藩。对于这三位先生的观点，也有学者不尽同意，但考据学对于研究历史真相的重要性，于此昭然可见。陈垣曾说：关于考证，"以为尽史学之能事者固非；薄视考证以为不足道者，亦未必是也"。（《通鉴胡注表微》）这无疑是公允、科学的看法。

渐渐的，我敬畏起考据学，并也想学着考证点什么了。陈垣先生曾鼓励自己的学生挖掘宗教史材料，从中寻找研究题目。陈先生本人是考证、研究宗教历史，借宗教以窥社会大势的圣手，他的《明季滇黔佛教考》《清初僧诤记》《南宋初河北新道教考》，皆是传世名作。受了陈先生的学术遗泽，我觅得了行业神崇拜这个社会史、宗教史的题目来研究，并最终写成了专著。最近，兰州大学出版社出版了一本《新编日知录》，编者王春瑜先生，里边收了许多考据名家的名作，如缪荃孙的《永乐大典考》，王国维的《浙江考》，余嘉锡的《宋江词辨伪》，顾颉刚的《刍狗》，胡适的《贺双卿考》等，也收了若干无名者的小文，我的《造神的根据》一文（《行业神崇拜——中国民众造神运动研究》一书之一节）即为其一。王春瑜先生编此书的立意，大抵在于弘扬考据的科学精神，也兼作一点考据的示范，介绍一点考据的方法。当我收到出版社寄来的发散着油墨香气的样书时，竟有些飘然了，俨然成了一个"草莽考据家"。但我当然知道，拙文不过是牛溲马勃，败鼓之皮，因略有其用才被收入的。这时，我回想起了早年漠视考据学的情状，真有一种俯仰之间，乾坤已变的感觉。

要分析评价历史，当然首先要看清楚历史的真相，而欲看清历史真相，就必须先行考据。这犹如医家诊病，必先考察病情，诊断病因，而后才可下药。又如法官审案，必先考明案情，掌握证据，方可断案。这当中贯穿的，其实也就是四个字："实事求是"。这四个字,由汉儒提出(见《汉书·河间献王传》),一直为考据学之灵魂,清代考据学亦称汉学,而"实事求是"亦自然贯通其间。清代考据家阮元说:"推明古训,实事求是而已。"另一考据家钱大昕说:"学殖无成,惟有实事求是。"戴东原说:"实事求是,不主一家。"陈垣说:"欲实事求是,非考证不可。"这里所谓"实事求是",乃"弄清或符合真相"之意,"求是",即求实。毛泽东将此四字做了新的解说,侧重"求是"二字,阐发为"寻找规律性",或曰"求得客观规律性",但"弄清或符合真相"之含义仍在其中。实际上,求得客观规律也是求得一种真相,但得到的是真相的本质,真相的内部联系,真相的发生、发展的规律。毛泽东比考据家们高明。但"若要求是,必先求实"(周恩来语)——也就是说,欲寻找客观规律性,必先要搞调查与探究事实,要弄清事实。就此观之,说我党思想路线的渊源之一是汉至清考据学所奉"实事求是"之旨,也是可以说得通的。

"左"的触角曾缠上过考据学,说考据学是封建阶级、资产阶级的学问,说胡适提倡考据学("有一分材料,说一分话""大胆假设,小心求证"等等)是反抗革命。于是,学者开始游谈无根,放言宏论,不顾事实地下结论。其实,考据学不过是寻求历史真相的一种方法、工具而已,无所谓阶级性,谁都可以用,就像市场经济一样。考据学这种工具因以实事求是为原则,故有很强的科学性,与西方的科学实证是相通的。清代考据学包含了发轫于西方的科学精神,梁启超称其具有"科学的研究精神",是"科学的研究法"。曹聚仁也说:"钱大昕推许戴东原'实事求是,不主一家',俨然是科学家的头脑了。假如他们研究的对象是自然科学的话,他们便是达尔文、法布尔那样的科学家了。"他还称赞说:"这(考据学)便是牛顿、达尔文的治学态度。"(《中国学术思想史随笔》)我觉得考据家的头脑实类似自然科学家的头脑。考据家是社会科学家,而在求真这一点上,他们可谓社会科学家中的翘楚。《新编日知录》所收的文章,细读之,皆可见作者的科学头脑,可见其"实事求是"之心。如宋代的"拐子马"是什么?岳飞之孙岳珂、大学者朱熹都将其与"铁浮图"牵合为一,邓广铭先生不为前贤所拘,根据李焘的《续资治通鉴长编》、曾公亮等人所编《武经总要》等文献,详加考证,得出了"拐子马"就是左右翼骑兵的科学结论。

考据如法官断案

考据家、法律家、历史家,以及务实的政治家,在求实这一追求上,本是一样的,因而都需要具有"实事求是"的考据学思维。四家之中,考据家、法律家的思维尤为精微细密,特别值得历史家、政治家在考察社会及判断情况时仿效,而历史家、政治家的宏观眼光、规律意识,也值得考据家、法律家借鉴。陈寅恪先生长于考据,又极具宏通眼光,故能写出既扎实又具通识的大文章。在思想家和考据家当中，我尤敬重思想家，在古人所谓义理、辞章、考据这三类文章特色中，我也最看重义理，我自己也希望能把文章写得有思想性，但我又尤其藐视游谈无根，只说空话，不懂考据甚至轻视考据的所谓学者，所以我自己便非要写一本以考据或考述见长的书不可，结果便有了《行业神崇拜》。我特别推崇顾炎武先生，原因在于他既是思想家，又是考据家，既有宏观见解、精彩思想，又注重实证，擅长精微的考证。他的《日知录》就是二者的结合。《新编日知录》实际就是以顾书为楷模的，是自期继承顾氏学风的。顾炎武在挖掘和使用史料上自我要求极严苛，自谓如采铜于山，又言虽已考证明白了某个问题，但一旦发现前人已有类似成果，便将自己的考证结果废弃不用。《新编日知录》里所收的考据文章，承继了顾氏这一学术品质。比如王国维的《说商》、罗振玉的《高丽好太王碑跋》、章炳麟的《八卦释名》，以及当代学者陈高华的《杨四娘子的下落》、薛天纬的《"乌纱帽"小考》等文，皆是承继了顾氏采铜于山学风的考据精品。

给历史断案，必须懂得责任的严重。胡适喻之为犹如法官决狱判案一般，不能轻率。所以，胡适提倡考据学"应该充分参考法庭判案的证据法"。胡适还提到，因为中国许多考据家是曾经断过案的官吏出身，所以他们听诉折狱的经验养成了他们考据时的好习惯，他们常用的考证名词有"证据""左证""左验""勘验""推勘""比勘""质证""断案""案验"等等，这些本来都是法官听讼常用的名词。这反映了考据思维与断案思维的一致性。胡适在他"生平最得意的一篇考证史学的小品文字"《蒲松龄生年考》中，有一段结论性文字，颇似"判决书"，曰：

> 审得有不知名的文人，抄袭了《聊斋志异》的文字和注文，并依据了张元所作《蒲先生墓表》的误字，捏造了蒲松龄和他的朋友们唱和的诗若干首，并且混入许多浮泛的拟古诗歌，总共捏造了二百六十二首歪诗，冒充《聊斋诗集》，石印贩卖，诈欺取材，证据确凿。（《胡适论学近著》，商务印书馆1935年版，第330页）

这是考据的结论，但多么像是法律判词。这固然多少是胡适在有意用判决书的口气写文，但毕竟说明考据的结论文字与法律判词存在着相当的相似性。实际上，考据家就是在给历史断案，反过来说，决狱之官也就是在做考证。因此，我总想，历史学家特别是考据家应当具备一些法官的素质，懂一点司法上的证据学最好，而法官们也最好懂一些考据学，从中国传统考据学中学一点考证方法。法官也应该读读这本《新编日知录》。甚至我还想，政界人士也应该懂一点考据学，这样能训练自己求实的思维和习惯。我常感到某些政界人士发表意见，证据意识差，信口开河，夸夸其谈。你有多少证据呀？证据准确吗？你就那么说。所以政界人士读读这本书也有好处。

随着法制的普及，人们的证据意识空前强化，但只是在涉及官司时才知道证据、考据的重要。实际上，考据思维应当成为一个高素质民族的普通思维方式。所谓考据思维，实际就是科学的思维，求实的思维，实事求是的思维。日本人在这方面是有优点的，他们做学问重实证，办公司、做事的口头语就是"确认了吗？"他们中的右翼，与中国人打"南京大屠杀是否存在"的官司时，就充分施展了考据思维的本领，比如，他们说"邮袋是装不下一个人的，所以不存在日本兵把人装在邮袋里烧死的事实"，而我们也用考据思维找出了证据，找出了当年的邮袋，推翻了右翼分子的证据。与日本右翼分子打历史官司，实际就是在拼证据、拼考据的本事。中国某地曾有一日寇屠杀现场，白骨横陈，但不懂得留证据的中国人把这些白骨都叠摞起来了，想赖账的日本人就说，哪能死人是这种样子呢？这个例子说明，如果当事的中国人有考据意识，懂得怎样保留证据，日本人就钻不了空子了。

考据的细密与朴实

考据有很多方法。我觉得陈垣对考据方法总结得特别精到，我深受教益。比如，他在《通鉴胡注表微》的考证篇中，比较集中地讲了考据的具体方法。一、理证：即用常理判断某些史料的真伪。二、书证：即用当时的文件如诏令、法律等作为证据。三、物证：即"以新出土之金石证史，所谓物证也"。四、实地考察。我曾做过的对某一史实的考据工作，其方法大体不出这几条，而有所收获，也大体得益于这几条。陈垣先生对考据还有一些精彩的讲说，让我拍案称奇，豁然开窍。比如他在《顺治皇帝出家》讲演词中说，以汤若望回忆录与《续指月录》一对照，则顺治削发之事，完全证实。因为两家史源，皆各有根据，不是彼此抄袭的，这些证据在身份上是"兄弟证"，而不是"父子证"，其事实自是可靠。这番讲说，给了我一些重要启发：证据是分类别的，有平行证据，也有纵向证据，各种证据的价值是不同的，要善于寻找那些史源不同而可以互参的证据相互印证。"兄弟证""父子证"，说得多么贴切、生动啊。

对于有人爱讥笑考据学者特别是清代考据学者过于屑琐，不识大体，我是这么看的：的确，清代考据学者有屑琐的毛病，但这毛病本是康雍乾的文字狱政策逼的，不能过多责备和嘲笑那些既想创造文化事功又战战兢兢的学者们。若从考据的特性看，它天生就是细密的、精微的，甚至是屑琐的。但这细微，可能大关宏旨，如考证《红楼梦》的作者是谁，考证遵义会议选举的第一把手是谁，都是很大的事。但即使考证的题目不关宏旨，也可能自有价值，如《新编日知录》所收的黄云眉先生的《朱元璋画像考》，使我们得见这位大名鼎鼎的朱洪武的大致相貌，满足了我们的求知欲和好奇心，如果博物馆里要为朱塑像，此文就是蓝图。我们刚刚纪念完郑和下西洋600周年，人们对郑和发生了兴趣，但人们对郑和的家世只知皮毛。《新编日知录》中所收邱树森《郑和先世考略》一文，通过细密繁复的考证，证实了郑和的先世是来自西域的色目人，弄清了郑和的家世渊源，画出了世系表。对郑和这样一个杰出的人物，通过细密繁复的考据弄清真相是完全必要的，有重要价值的。所以，当评论某一项考据的价值时，首先要看他考证的是什么，是否值得，而不在于是否屑琐细微。

考据学又称朴学。"朴"字不仅表现其治学风格，也摹状出朴学家的道德风貌。朴者，实而不华也，诚而不欺也。梁启超在《清代学术概论》里讲过朴学家的特色，共十条，其中有"隐匿证据或曲解证据，皆认为不德"；"凡采用旧说，必明引之，剿说认为大不德"；"虽不肯枉自己意见，同时仍尊重别人意见。有盛气凌轹，或支离牵涉，或影射讥笑者，认为不德"等语。这些，都被认为是考据家的本色或曰行规。这绝不只是考据的技术，而更是考据的道德。《新编日知录》的文章都是循着这条道德之路走来的。但环视如今学界文坛，有多少文章是不遵从梁启超所说的这些考据规则的啊！梁氏所言，其实也不仅是个学术道德问题，实质是个做人的道德问题。他所言的朴学家的行规，其实也应是一般学界乃至政界都应当遵守和学习的。有些所谓政治家，实乃无诚不实乏信的政客，其道德操守不及清代朴学家之万一。

（刊于《中华读书报》，2006年1月4日。增补于2011年）

说《易水歌》

一

荆轲刺秦王,燕太子丹与众宾客送行,荆轲歌于易水之上。这是人们熟知的一个历史片断。但习焉容易不察,这当中其实还有些问题需要斟酌和讨论。先引《史记·刺客列传》来看:

> 太子及宾客知其事者,皆白衣冠以送之。至易水之上,既祖,取道,高渐离击筑,荆轲和而歌,为变徵之声,士皆垂泪涕泣。又前而为歌曰:"风萧萧兮易水寒,壮士一去兮不复还。"复为羽声慷慨,士皆瞋目,发尽上指冠。于是荆轲就车而去,终已不顾。

这段文字,有两处记荆轲唱歌:一是高渐离击筑,荆轲和而歌,一是荆轲"又前而为歌"。荆轲第一次唱的歌,歌词是什么?司马迁没有写明。第二次唱的歌,则写明歌词是"风萧萧兮易水寒,壮士一去兮不复还"。这第二次唱的歌,后人取名为《易水歌》。

送行者对荆轲前后两次唱的歌，有着明显不同的反映，一为垂泪涕泣，一为瞋目发指。于是，这里生出一个疑问：荆轲究竟唱的是一首歌，还是两首歌呢？从司马迁的行文看，似应是唱了两首歌，且两首歌的调式不同。

遥想当年易水送别的场面，真是既悲且壮，悲壮至极。《易水歌》成了千古绝唱。一首歌若感染人，既要靠歌词，也要靠曲调。引发送行者既悲且壮之情绪的，便既有歌词的感染力，也有曲调的感染力。曲调包括旋律和调式。荆轲先后唱的两首歌的旋律是怎样的，今天已经不可考了。但其调式，司马迁写得很明白：先"为变徵之声"，"复为羽声慷慨"。不同的调式，是能够产生出不同的音乐色彩和音乐效果的——送行者先是垂泪涕泣，后又瞋目发指，就与荆轲唱歌时先用变徵之声，后用羽声有极大关系。

二

何以送行者听了变徵之声会垂泪涕泣呢？原来，这个变徵调式是一种极易表现悲凉哀戚情调的调式，以它为调式的旋律，多凄清、悲怆、宛转，引人伤怀，催人泪下。

这可以举《儒林外史》中的一个情节来做参照。此书第五十五回写道：有隐逸之风的裁缝荆元善鼓琴，与闲散人于老者是老朋友，一日，荆元应于老者之邀去弹琴——荆元自己抱了琴，来到园里。于老者已焚下一炉好香，在那里等候。……于老者替荆元把琴安放在石凳上。荆元席地坐下，于老者也坐在旁边。荆元慢慢地和了弦，弹起来，铿铿锵锵，声振林木，那些鸟雀闻之，都栖息枝间窃听。弹了一会，忽作变徵之音，凄清宛转。于老者听到深微之处，不觉凄然泪下。

本来，荆元弹的是铿锵有力的调式，忽然变作了凄清怆然的变徵调式，使得于老者的情绪也为之一变，随着凄清宛转的曲调落下泪来。

对比一下《史记·刺客列传》的记载，一个是"为变徵之声，士皆垂泪涕泣"，一个是"忽作变徵之音，……不觉凄然泪下"，两书所记基本是相同的，都是听者在听到变徵之声以后伤怀落泪。可见，这种变徵调式在表现凄清伤感的情绪时，确有着强烈的感染力。要知道，为荆轲送行的人，都是刚烈的燕赵慷慨悲歌之士，是谋画武力刺秦的军事干部呀！这些人的性格都是刚性而非柔性的，是动辄就"瞋目""发尽上指冠"的，连他们也被感动得掉泪了，可见荆轲用"变徵之声"唱的歌是多么的凄清、悲怆，感染人。

荆轲刺秦失败以后，高渐离隐姓埋名，为人庸保，主人知道他是高渐离后，请他当众击筑，《史记·刺客列传》记载了当时的情景：高渐离"击筑而歌，客无不流涕而去者"。《史记》没有记载高渐离唱的歌是什么调式，但从效果上看，听者皆"流涕而去"，可以猜想他所用的调式，很可能也是变徵之声。送别荆轲时，高渐离奏的是变徵之声，此时又老调重弹，高渐离的心情该是多么悲怆，多么沉重啊！

羽声调式与变徵之声则完全不同，它所表现出的音调常常是激昂壮烈的，因而能引人血脉偾张，热血上涌，以致瞋目发指。荆轲以慷慨的羽声唱"风萧萧"，导致送行者双目圆睁，头发倒竖，就说明了这一点。

三

从荆轲的先为变徵之声，后为羽声，到《儒林外史》里荆元的先奏铿锵之音，后为变徵之音，可以发现，在中国传统音乐的变化中，悲声与壮声常常是彼此联系，甚至是相互纠结在一起的，正好像"悲壮"二字常常连结为一个词那样。这实际反映了人的情绪常有的一种变化：慷慨激昂常会很快演化为垂泪涕泣，而垂泪涕泣又常会迅即振作为慷慨激昂。前者，如《儒林外史》中于老者始而谛听铿锵之音，尔后凄然泪下；后者，如为荆轲送行者始而垂泪涕泣，尔后瞋目，发上指冠。

这种人的情绪和音乐调式的悲与壮相互结合的例子，还可以举出两个。

一是《史记·高祖本纪》记汉高祖刘邦唱《大风歌》时的情景。记云：酒酣，高祖击筑，自为歌诗曰："大风起兮云飞扬，威加海内兮归故乡，安得猛士兮守四方。"令儿皆和习之。高祖乃起舞，慷慨伤怀，泣数行下。谓沛父兄曰："游子悲故乡，吾虽都关中，万岁后吾魂魄犹乐思沛。……"刘邦与荆轲不同，不用他人伴奏，而是亲自击筑，边击边唱。《大风歌》用的是什么调式，司马迁没有写，但从慷慨激昂的歌词来看，应该是"羽声"吧。唱了《大风歌》，刘邦又起身跳舞，慷慨中又伤怀起来，"泣数行下"，并对沛县父老谈起了自己作为游子的"悲故乡"之情。既"泣"且"悲"，如果刘邦此时再击筑而歌，那么唱的就该是"变徵之声"了吧。刘邦虽有占据关中称帝之威壮，但同时又有游子离乡背井之悲戚，悲、壮俱生，所以"慷慨伤怀"，既唱"大风"，唱"威加"，唱"猛士"，又对父兄流着泪说，希望死后能魂归沛县故里。

二是《三国演义》第四十八回写曹操饮宴长江横槊赋诗的情景：时操已醉，……横槊谓诸将曰："我持此槊，破黄巾，擒吕布，灭袁术，收袁绍，深入塞北，直抵辽东，纵横天下，颇不负大丈夫之志也。今对此景，甚有慷慨。吾当作歌，汝等和之。"歌曰："对酒当歌，人生几何；譬如朝露，去日苦多。慨当以慷，忧思难忘；何以解忧，唯有杜康。……皎皎如月，何时可辍？忧从中来，不可断绝！……"曹操这首诗，众所周知，不全引了。曹操横槊赋诗时的心态和情感，与刘邦唱《大风歌》时的情形几乎是完全一样的，也是既慷慨激昂，又伤感忧戚，也是慷慨中伴以忧伤，悲壮俱生的。曹操夸耀起自己破黄巾以来的功业，真是豪情万丈，对自己的大丈夫之志，更是坦露无疑。这与《大风歌》所唱的"威加海内"何其相似！而他在歌中三次唱到"忧"字，又与刘邦的"慷慨伤怀，泣数行下"几无二致。清人毛宗岗特别注意到了曹操在慷慨激昂背后的忧伤，他评点曹操这首诗说："'慨当以慷，忧思难忘'，忽着一个'忧'字。'何以解忧，唯有杜康'，又着一个'忧'字。……'忧从中来，不可断绝'，又一个'忧'字。篇中忽着无数'忧'字，盖乐极生悲。"毛宗岗说是乐极生悲，实际也是慷慨激昂而生悲，是由壮而转悲。曹操唱的，实际是一首悲壮的歌。

荆轲、荆元、刘邦、曹操，这四个人的歌声乐音，仿佛让我听到了千百年前中国古典音乐和诗歌深处的精微之音。

（刊于《寻根》，2006年第3期。原题为《细听易水别离歌》）

"有则改之,无则加勉"探源

二三十年前,人们开组织生活会,常要用上一条语录——"有则改之,无则加勉"。某人受到批评,不服,别人一念这条语录,他便立刻哑然无声了。

"有则改之,无则加勉",是谁的语录?大概许多人都会说,"这是毛主席语录"。的确,这是毛泽东的语录。那本小红书里清清楚楚地写着呢。但这又不仅仅是毛泽东的语录,而且并不是毛泽东首创的词语。确切地说,这条语录创自古人,毛泽东是在借用古人的话。

两年前,我翻看《曾国藩家书》,发现上面已有"有则改之,无则加勉"这句话。曾国藩在写给九弟曾沅甫的一封信里说:

> 此吾家昆弟过恶,吾有所闻,自当一一告弟,明责婉劝,有则改之,无则加勉,岂可秘而不宣?(《曾国藩家书家训日记》,北京古籍出版社1993年影印本)

当读到这段话时,我的心好像被撞击了一下。原来,"有则改之,无则加勉"早在一百多年前,在曾国藩的家书中就出现了。据此，我将曾国藩断为这句话的首创者，并认为青年时"独服曾文正"，并读过许多曾氏著作的毛泽东是在借用曾国藩的话。我在曾经发表过的《曾氏语录》一文中就是这样认为的。

但这个看法其实是很不准确的，或者说完全不对。因为，"有则改之，无则加勉"这句话，早在曾国藩以前很久就有了，曾国藩也是在借用别人的话。上面所引曾国藩家书中的"有则改之，无则加勉"八个字，其实是应该加引号的。毛泽东虽有可能是从曾氏著作中读到并借用这句话，但也可能是从其他人的著作中汲取这句话。因为这句话在清代，在民国，是很流行的一句成语。

那么，谁是"有则改之，无则加勉"这句话的首创者呢？是朱熹，是朱夫子这位宋代的大理学家。朱熹是在注释《论语》时说这句话的。《论语·学而第一》有云："曾子曰：'吾日三省吾身：为人谋而不忠乎？与朋友交而不信乎？传不习乎？'"这是说曾子每天要在给人办事、交友、习课这三件事上多次反省自己。朱熹在注释中说道："曾子以此三者日省其身，有则改之，无则嘉勉（后作加勉），其自治诚切如此，可谓得为学之本矣。"此即"有则改之，无则加勉"的首出之处了。意思是说，曾子在反省自己三件事做得如何时，若有错，就改掉，若无错，就把反省当做对自己的进一步勉励。"无则加勉"，在这里是自勉之词，还没有后来我们所理解和使用的"劝勉他人接受意见，警惕不要犯错误"的涵义。

那么，到什么时候，"无则加勉"就有了这后一种涵义了呢？至晚到明代就有了。《明实录·英宗正统实录》上有这样一段明英宗朱祁镇的语录：

> 如或受谄谀，纳浸润，则贤受抑，不肖者得志，孰与成功？尔等有则改之，无则加勉。

这是英宗在告诫臣下不要吃拍受贿。意思是，你们若是吃拍受贿了，便要改正，若是没有，也要加以警惕。

清代，以至民国，"有则改之，无则加勉"一语，使用得极为广泛。在当时的文献中常能见到这句话。其涵义基本都是劝勉他人有错则改，无错则接受意见，不要犯错。试举几例。

例一，嘉庆皇帝以此语劝勉纪晓岚。据陈灨一《睇向斋秘录》记云：

> 御史某因事有慊于纪文达公，以纳贿语于上，仁宗召公入，问之曰："有人谓尔受贿，朕弗信，但愿有则改之，无则加勉。"（引自郑逸梅《民国笔记概观·陈灨一的〈新语林〉和〈睇向斋秘录〉》，上海书店1991年版）

纪文达公就是清代大文学家纪晓岚，仁宗即清朝嘉庆皇帝。某御史衔恨弹劾纪晓岚，嘉庆听了没有相信，便以"有则改之，无则加勉"八个字劝勉纪晓岚。

例二，清朝大吏李星沅以此语劝勉下属。李星沅在道光二十年（1840年）正月廿一日的日记中记道：

> 灵宝赵通判登峻来，以予所闻伊在漕次不老成，多方辩白，予以"有则改之，无则加勉"八字赠之。（《李星沅日记》，中华书局1987年版）

这是说，时任某府通判（知府的辅佐之官，掌粮运、督捕、水利等事务）的灵宝县人赵登峻，因知道上司李星沅听人说自己在办漕运事务时有不稳重的地方，便当面向李星沅解释、表白，李星沅便以"有则改之，无则加勉"一语相赠。

例三，清朝某相以此语向西太后表态。李伯元《南亭笔记》卷十五记云：

> 御史王乃征参劾瞿鸿禨"不谙交涉，擅作威福，每到外部时，颐指气使，藐视一切"云云。折上，西太后见之甚怒，谕曰："此无他，不过我所用之人总不好！"将立召该侍御入对。时某相在侧，因言："御史妄劾人，固极可恨；惟政府事极繁重，诚恐不免疏忽之处。奴才与共事诸臣，惟有有则改之，无则加勉，以息众谤，而对圣明而已。"西太后始默然无语。（上海书店1983年影印本）

御史参劾瞿鸿禨，实际也涉及了某相，某相便急忙向西太后表态，承认政府工作可能有疏忽之处，并表示要以"有则改之，无则加勉"的态度来对待御史的参劾。

何以明清以来，"有则改之，无则加勉"这句话被广泛使用呢？固然，这句话说得好，说得很艺术，很周到，是个重要原因；而此话本是朱熹的语录，则是更重要的原因。朱熹在元明清三代，地位极高，在儒家的殿堂里，孔夫子虽被尊为"至圣先师"，但却被架空了，朱熹则是掌握思想文化实权的"内阁总理"。元明清时代的科考，必在"四书"内出题，而考生发挥题意，则必须按规定以朱熹的《四书集注》为根据。这样，士人便人人几乎熟知朱熹的"四书"注文了，朱熹注曾子"三省吾身"的注文——"有则改之，无则加勉"，也就易于为广大士人所熟知，所应用了。虽然在应用时对朱熹的原意已有所变通和发展。

毛泽东一向善于从中国古代典籍中挖掘和遴选有用的语言，驱遣陶熔，为己所用。这是他的"古为今用"的一贯思想在语言应用上的体现。他的许多著名"语录"，诸如"实事求是""任人唯贤""多谋善断""百家争鸣""惩前毖后，治病救人""兼听则明，偏听则暗""知无不言，言无不尽；言者无罪，闻者足戒"，等等，就都是采自古典、古为今用的语言。"有则改之，无则加勉"也属于这类语言。

沿波讨源，振叶寻根，可知"有则改之，无则加勉"这条语录的源流概况。

（刊于《民主》，1997年第4期）

"新闻总入《夷坚志》"
——故纸堆里觅"新闻"之一

这篇文章的题目是《聊斋志异》的著者蒲松龄所作的《感愤》诗中的一句。诗是七律,云:

> 漫向风尘试壮游,天涯浪迹一孤舟。
> 新闻总入《夷坚志》,斗酒难消磊块愁。
> 尚有孙阳怜瘦骨,欲从元石葬荒丘。
> 北邙芳草年年绿,碧血青磷恨不休。

诗中的第三、四句一联是名句,是诗魂,最为人乐道。其中的"新闻"二字,今人读起来,特别打眼,颇值得考究一番。

先解释一下《夷坚志》。这是宋代学者洪迈撰写的一部志怪之书,写的多是神鬼怪异故事。书的取名,得自《列子·汤问》中的"夷坚闻而志之"一语。夷坚,相传是个博物之人,能记怪异之事。洪迈自比夷坚氏记述怪异,故取书名为《夷坚志》。洪迈而后,《夷坚志》渐成一个符号——记述神异故事之书的符号。金代元好问写的《续夷坚志》,元代无名氏写的《湖海新闻夷坚续志》,都是这种记述神异故事的书。蒲松龄也是把《聊斋志异》比作《夷坚志》一类书的,所以有"新闻总入《夷坚志》"这句诗。这句诗,还有另一个版本,曰"新闻总入狐鬼史",可知《夷坚志》与狐鬼史相通。

"新闻总入《夷坚志》"若换成白话说,就是:总把"新闻"写入《夷坚志》,写入狐鬼史,也就是写入《聊斋志异》。

那么,这里所说的"新闻"指的是什么呢?这就需要先考究一下"新闻"一词。

"新闻"一词,最早见于《旧唐书·孙处玄传》。孙处玄说,"尝恨天下无书以广新闻",此处所谓"新闻",意思是"新的见闻"。此后,"新闻"一词又有了多种意思,同时也有了多种诠解,或曰"新近听说的事",或曰"新近发生的事",或曰"最新的消息",或曰"新近发生的事实的报道"。揆诸诸说,我以为,蒲松龄所说的"新闻",指的是"新的见闻"——即唐人孙处玄说的那种"新闻"。具体来说,就是蒲松龄本人采集、访问得来的那些新奇、新鲜的狐鬼故事。这些"新闻",都不是"新近发生的事",连"过去发生的事"也不是,而是子虚乌有的事。试想,能写入《夷坚志》、狐鬼史的"新闻",不是子虚乌有的狐鬼怪异故事,又能是什么呢?所以,蒲松龄所说的"新闻",并非人世的新闻,而是关于狐鬼世界的新见闻。蒲松龄用的是"新闻"的古义。

"新闻总入《夷坚志》,斗酒难消磊块愁。"蒲松龄是要用谈狐说鬼这种志怪传奇形式,来抒发他内心的种种愤懑和不平。同样的心绪,他在《聊斋自志》中也表示过:"集腋为裘,妄续幽冥之录;浮白载笔,仅成孤愤之书。"南朝宋文学家刘义庆曾著《幽冥录》,也是记鬼怪故事的书,蒲松龄自谓"妄续",意思是《聊斋志异》继承了《幽冥录》的写法,这与"新闻总入《夷坚志》"的含义相同。"浮白载笔",即边喝酒边做文,与"斗酒难消磊块愁"的意思也是相同的。

近代著名的报纸《申报》,早期常登些妖异鬼怪故事,自谓旨趣是"如古之《夷坚志》《太平广记》所载者,篝灯读之,举为谈助"。有论者批评《申报》这样做是"将新闻与鬼怪故事混为一谈"。我总觉得,《申报》的报人不可能连新闻与鬼怪故事都分不清,他们所做的实际也是"新闻总入《夷坚志》"的事。但做得看来不够高明,让人觉得趣味不高,而不像蒲松龄的《聊斋志异》那样,寓含着积极的思想意义。

由于在古代,"新闻"一词有时是和《夷坚志》一类鬼怪故事连在一起的,加之《申报》之类的"新闻纸"上也登载过鬼怪故事,遂使得近世一些人曾把"新闻"一词理解为奇闻异事,这是"新闻"一词的理解史上的早期现象。现在人们已不再做这种理解了,而是把真实性、新鲜性作为新闻最重要的因素。这是社会进步、科学昌明的结果,也是现代新闻事业发展的结果。

《红楼梦》里的"新闻"
——故纸堆里觅"新闻"之二

在当今信息社会里,"新闻"一词是个高频率出现的词汇。但在往古的封闭社会中,"新闻"一词却很少用,即使用,有时词义与今天也不尽相同。所以,如能在古书里见到"新闻"二字,就很让人觉得新鲜和有趣。

《红楼梦》是一部古书,红学家已经把它研究个透了,但不知是否有人留意过,《红楼梦》里有好几处地方使用了"新闻"一词。我至少可以举出五回书中的六处。我好像感觉到,在曹雪芹的脑海里,时常涌现出"新闻"这个词。

《红楼梦》开篇第一回,就有两处提到了"新闻"。第一处是贾雨村出场。书中写道,甄士隐与疯癫僧道说话后正在痴想,贾雨村从隔壁葫芦庙中向他走来,当下雨村见了士隐,忙施礼陪笑道:

老先生倚门伫望,敢是街市上有甚新闻否?

贾雨村所说的"新闻",是新的见闻、新鲜事儿的意思,与我们今天新闻行业中所说的"新闻是新近发生的事实的报道"含义不同，但在"新发生的事实"这一点上，却又是相同的。按我们今天对新闻的分类，贾雨村所说的"新闻"，属于社会新闻，用老话讲，又叫作"市井新闻"。

第一回中第二次提到"新闻"，是在甄士隐为疯跛道士唱的《好了歌》加注解以后。甄士隐的注解是——"陋室空堂……甚荒唐，到头来都是为他人作嫁衣裳！"解完以后，甄士隐便随疯道人飘然而去——

当下烘动街坊，众人当作一件新闻传说。

这里的"新闻"，也是指新见闻、新鲜事儿。但"当作"二字，颇值得玩味。从这二字，可以掂出"新闻"一词是比"新鲜事儿"或"新近发生的事"更抽象的词，也可以掂出，一说"新闻"，便是指比较重要的，比较有价值的，值得一说、一记的新鲜事。所以才说，"当作"新闻。"传说"二字，也值得寻味。"传说"，就是在搞新闻传播。那时没有现代的新闻纸，众人只能以口"传说"。"传说"表明了传播媒体是口耳。甄士隐注解《好了歌》这件事，确实是很有新闻价值的，所以众人才争相传说。说句玩笑话，若是当时有小报，那一定是会采撷登出来的，而且肯定会叫座。

"当作新闻"这句话，在《红楼梦》第八十回中又出现过一次。薛蟠的老婆金桂装病时，有人在金桂的枕头里放了个纸人，写上金桂的名字，上面扎了五根针，即所谓魇魔法，事发时——

> 众人反乱起来，当作新闻，先报与薛姨妈。

这可真是个大新闻，结果酿成了一场大风波。从"当作新闻"一语里，可以掂出事件的分量。

"新闻"一词有时指新奇的异事，这以蒲松龄的名句"新闻总入《夷坚志》"之"新闻"最为典型，这一点，笔者已在《新闻总入〈夷坚志〉》中谈及。在《红楼梦》中，也有一处提到的"新闻"指的是新奇的异事，也很典型。第二回，贾雨村与冷子兴见面后——

> 雨村因问："近日都中可有新闻没有？"子兴道："倒没有什么新闻，倒是老先生你贵同宗家，出了一件小小的异事。"

这里的"新闻"二字虽与"异事"有别，但所言"出了异事"，即出了新鲜事，已有"新闻"的意思了。再往下读：冷子兴讲述了贾宝玉衔玉而生以后，问贾雨村道："你道是新奇异事不是？"这是庚辰本所记。程乙本则作："你道是新闻不是？"将两种本子的异文加以比较，可明显地看出，这里的所谓"新闻"，就是新奇异事的意思。说贾宝玉是衔玉而生的，无疑是神话式的描写，这种类如神话的"新闻"与蒲松龄的"《聊斋》新闻"属于同一种类型。

《红楼梦》第四十八回,平儿和宝钗有过一段关于"新闻"的对话。

> 平儿见香菱去了,便拉宝钗忙说道:"姑娘可听见我们的新闻了?"宝钗道:"我没听见新闻。因连日打发我哥哥出门,所以你们这里的事,一概也不知道……"

从这段对话中我们似乎能感觉到,"新闻"一词常挂在清朝人嘴边,连自己身边发生的一点儿新鲜事,也冠以"新闻"一词,而一称为"新闻",那事便好像庄重起来。在有的《红楼梦》版本中,平儿和宝钗对话中的"新闻"又写作"新文"。"新文"在这里与"新闻"是同义的。在古汉语里,"新文"虽然有时与"新闻"同义,但人们在应用时还是多用"新闻"而少用"新文",这大概是因为"新闻"的"闻"(听)字很能体现新闻传播的初始形式和大众传播的特点。

《红楼梦》第五十七回,紫鹃称宝玉念佛是"新闻"。书中写道:宝玉去看黛玉,正遇到紫鹃在回廊上做针黹——

> 便来问他:"昨日夜里咳嗽可好了?"紫鹃道:"好些了。"宝玉笑道:"阿弥陀佛!宁可好了罢。"紫鹃笑道:"你也念起佛来,真是新闻!"

宝玉本不念佛,所以一说阿弥陀佛,便被紫鹃说成是新闻。紫鹃的话,本意是"真是新鲜!"却说"真是新闻!"可见"新闻"一词使用的普遍。不说"新鲜",而说"新闻",给人一种雅化感。

《红楼梦》里多次出现"新闻"一词,大概不能归因于曹雪芹个人用词的癖好,而实际是当时社会中正流行"新闻"一词的反映,而社会中流行"新闻"一词,又是当时社会信息传播加剧,人们普遍关注新闻的表现。这就是《红楼梦》里的"新闻"透露给我们的信息。

"冰弦玉轸播新闻"
——故纸堆里觅"新闻"之三

一、名为"新闻"的旧闻

明代大文学家杨升庵写过一部《历代史略词话》,又叫《二十一史弹词》,曾是一部家弦户诵、流传极广的书。卷上第二段《说三代》开篇有一首长诗,其中有这样几句:

> 美酒要逢知己饮,好诗须向会家吟。
> 长篇阔赋休闲说,往古来今要讨论。
> 断简残篇藏故典,冰弦玉轸播新闻。
> 高人满座垂清听,始信书生用意深。

第六句用了"新闻"一词。这个"新闻",与前句的"故典"正成相反对仗,这是否意味着此"新闻"就是我们今天所说的新闻呢?非也。此处的"新闻",从字面讲,意思是"新的见闻"——对弹词听众来说,也确实是新见闻,但实际上指的却是旧闻,是历史,是古事。"新闻"与"故典",在这里本质上是一样的。《二十一史弹词》,是可以弹唱的文字,"冰弦玉轸播新闻",就是弹着弦子说唱古事。轸,指弦乐器上转动弦线的轴。"高人满座垂清听",听什么呢?就是听那些让人觉得颇为新鲜、新奇的古代见闻,亦即所谓"新闻"。

名为"新闻"实则旧闻,这是"新闻"一词应用史上的有趣现象。

二、一位关注新闻的清朝和尚

清朝人,特别是清朝都市人,关注社会新闻已成时尚。但佛门中人一心修行,远避尘嚣,关注新闻的毕竟不多,若有,倒真是成了新闻。清代文学家沈三白在名著《浮生六记》里记下了一位关注新闻的和尚。沈氏在此书"浪游记快"一章中写道,他与好友吴云客、毛忆香同游范仲淹墓时,就便去了墓旁的白云精舍。

> 入门就坐,一僧徐步出,向云客拱手曰:"违教两月,城中有何新闻?抚军在辕否?"忆香忽起,曰:"秃!"拂袖径出。

抚军就是巡抚,是清代一省的最高行政长官;辕是行辕,巡抚的办公之所。这里所说的"新闻",与我们今天所说的新闻——"新近发生的事"同义。这位和尚远在郊野,不了解城中情况,但凡心极重,又喜听新闻,所以向沈三白等人打听。从他打听巡抚的办公情况这一点看,他关心的新闻,大概主要是政治新闻。沈三白的朋友毛忆香大概觉得这位和尚不安分,竟关心政治新闻,竟打听巡抚这种政界要人的办公情况,所以便骂这位和尚为"秃子"。看来在当时,和尚关注新闻,关心政治,还不大被人接受,而是被视为越界行为。但毕竟是有和尚关注新闻了,这实际是清朝人关注新闻的风尚的一个重要征象。

三、日本的"新闻"

清朝外交官黄遵宪在任驻日本使馆参赞时,写了一组记录日本历史和现状的诗,名为《日本杂事诗》,其中一首咏"新闻纸"云:

> 一纸新闻出帝城,传来令甲更文明。
> 曝檐父老私相与,未敢雌黄信口评。

诗后有作者小注云:"新闻纸山陬海澨无所不至,以识时务,以公是非,善矣。"

诗中的"新闻"二字,实际是日语词汇,意思是报纸。本来,"新闻"是汉语词汇,但日语又借用它来表示报纸。黄遵宪把日语中的"新闻"拿来写入诗中。此处的"新闻"二字已不是汉语固有的意思了。"一纸新闻",就是一张报纸的意思。黄遵宪的这两句诗是在称赞日本的近代化报纸,意思说,报纸从都城中印出后传向四面八方，使人们都知道了国家的政令法规，真是文明的东西。小注中的"新闻纸"也是指报纸。小注的内容也是在称赞报纸的优越性。日语的报纸一词，至今仍用汉字"新闻"表示，但要写成繁体字。

四、诌出的"新闻"

清末光绪年间，北京坊间出版过一本北京旅行指南性质的书，叫《朝市丛载》，作者是李虹若。因为书的功用是旅行指南，所以所记比较翔实，从中可以窥知光绪年间京城里的许多真实情况。

乞丐胡诌"新闻"，就是实况之一。此书卷七《都门吟咏》有一首咏"数来宝"的诗，道是：

> 近日人情总好奇，新闻诌出解人颐。
> 一群人聚如蜂拥，围着狂呼一乞儿。

旧京乞丐行乞，多用两块牛骨边敲击边说数来宝，以引人注意。诗中所写，就是一群行人围着说数来宝的乞丐听他说"新闻"。说的什么"新闻"呢？不知道。只知是"诌出"的，即信口胡编的。"诌出"的"新闻"能是什么正经新闻呢？不是捕风捉影，就是瞎编故事，总之是伪新闻。"近日人情总好奇"，大概因为晚清是多事之秋，人们对各种信息极敏感，所以连乞丐诌出的所谓"新闻"也上赶着倾听。"解人颐"就是惹人大笑，这种逗乐的"新闻"乃是乞丐招徕施主之术，哪里还说得上什么真实性！

一个"贩卖新闻"的人物
——故纸堆里觅"新闻"之四

明代是个民间报业颇为发达的朝代。隆庆、万历年间的大学士于慎行在《谷山笔麈》卷十一"筹边"条里曾记下"报房贾儿博锱铢之利"的情形。万历间一位叫张学颜的户部尚书又在一份题奏中记下了民间百业之一"抄报行"这个名称。报业的发达源于经济发展和信息交流的需要,明代被认为是资本主义萌芽产生的时代,有这些需要,故而报业空前发达。明代小说也反映出民间报业的发达,诸如"小报""新闻""消息""信息""报房""报子"之类与报业有关的词汇,在小说中屡见不鲜。

有几本新闻史著作都提到了明代小说家华阳散人所著《鸳鸯针》第一回里的一段描写:

> 其时学内又有一个秀才,姓周,名德,绰号白日鬼。这人虽是秀才,全不事举子业,今日张家,明日李家,串些白酒肉吃。别人着棋,他在旁边算子斗彩;别人打牌,他插身加一的拈头。终日醉熏熏,吃不厌饱。家里那只锅灶儿,也是多支了的。到那有财势的人家,又会凑趣奉承,

贩卖新闻，又专一拴通书童、俊仆，打听事体，撺掇是非，赚那些没脊骨的银钱。是以秀才家，凡有大小事，俱丢不得他的。

在这段描写中，最能引起今人兴趣的当是"贩卖新闻"四字。此所谓"新闻"，大体相当今天所说的"新近发生的事"的意思，但也不排除含有"奇闻异事"之意。因为那时的"新闻"并非像今天界定得那么清晰，况且那时的"新闻"若无奇闻异事，谁还看呐！这个绰号白日鬼的周德大概是个"新闻能人"（不可与今之"新闻人才"划等号），擅长打听新闻，善于结交掌握新闻来源的书童仆人，因而颇能赚些"贩卖新闻"的银钱。

有的新闻史家在分析《鸳鸯针》这段材料时，认为周德的社会身份仅仅是一个民间报人，职业就是"贩卖新闻"。我觉得这个认定是不够准确的。实际上，"贩卖新闻"只是周德的行为之一。虽然这很重要，但周德做的其他许多事，诸如凑趣奉承，算子斗彩，骗吃骗喝之类，都说明周德又是一个兼有清客、闲汉身份的人物。关于清客，清人梁章钜《归田琐记》卷七这样记述："都下清客最多，然亦须才品稍兼者方能自立。有编为十字令者曰：'一笔好字，二等才情，三斤酒量，四季衣服，五子围棋，六出昆曲，七字歪诗，八张马吊，九品头衔，十分和气。'"若将这段材料与《鸳鸯针》的描写对比着看一看，就可知道周德像不像清客，是不是清客。清客必须有文化，有才情，多由科场和官场失意者充任；周德是秀才出身，文化不浅，又会喝酒下棋,所以正好当清客。他又当清客,又能传播新闻,所以"秀才家凡有大小事,俱丢不得(离不开)他的"。

像周德这样一个报人兼清客又兼闲汉的人物,贩卖的新闻,质量会如何呢?有没有卖过事实不清、夸大其辞的新闻,甚至是假新闻呢?小说里没有明确说,但我猜测肯定是有的。小说里写到周德"贩卖新闻"时,说他"揎掇是非,赚那些没脊骨的银钱",已透露出了这个白日鬼所贩新闻作品的质量很成问题。这个周德,成天骗吃骗喝,喝得醉醺醺,一门心思捞钱,怎么能指望他贩卖的新闻都是清清爽爽、准确可靠的呢?

在周德的时代,民间报人出于赚钱等目的,制造夸大其辞的新闻乃至假新闻,当是很普遍的现象。徐光启就在一封家信中告诫家人:"外边多有假报传来,不知家中曾妄报否?若来要报者,不可轻易信也,与他赏赐也。"(《徐光启集》卷十一)徐光启不愧是个头脑清醒的政治家、科学家,对于假新闻,他是格外提防的,他谆谆告诫家人不要轻信假新闻,不要上假新闻的当。

明代有假新闻,但假新闻决不自明代始。从方汉奇教授主编的《中国新闻事业编年史》所录有关史料看,至晚在宋代就已有假新闻流行了,如宋人周麟之谓有人将官场消息"以小纸书之,飞报远近,谓之小报。如今日某人召,某人罢去,某人迁除,往往以虚为实,以无为有"(周麟之《海陵集》卷三)。这种以虚为实、以无为有的消息,不就是弄虚作假、无中生有的假新闻吗？对这种假新闻，宋朝孝宗皇帝曾严令禁止，下诏说："近闻不逞之徒，撰造无根之语，名曰小报，转播中外，骇惑听闻；今后……如有似此之人，当重决配。"（《宋会要辑稿·刑法二》）宋孝宗把假新闻称作"无根之语"，是很准确的，"根"就是事实，就是确已发生的新闻事件，"无根之语"不正是无事实根据的假新闻吗？对于假新闻的制造者，宋孝宗的处理办法很严厉，即从重处罚，判处流放之刑（"当重决配"），这反映出宋孝宗对假新闻"转播中外，骇惑听闻"的恼火，反映出他对假新闻的深恶痛绝。

周德式的"新闻能人"在明代中国新闻业尚处在萌芽状态时，还算是个有一定进步性的人物，因为他毕竟在信息一向闭塞的封建传统社会中起到了传播新闻、沟通信息的作用。但这种"赚没脊骨的银钱"的"新闻能人"若是在新闻业已很发达的今天，就是很值得鄙视的人物了。遗憾的是，我们还常能在新闻界，在社会上见到这类人的身影。假新闻古已有之，今天仍绵绵不绝，有时竟似有"于今为烈"之势。对此，我们是否也应该像宋孝宗诏书里说的那样，来个从重处罚呢？

（以上四篇《故纸堆里觅"新闻"》，曾刊于《今古咫尺间》，人民出版社2011年版。收入本书时有所修改。）

从庙宇的分布看历史

庙宇，恐怕是历史变迁中最容易保留下来的建筑物了。因为庙里的人与世无争，庙里的神能"消灾降福"，所以，庙宇一般不会被轻易毁坏，庙宇的寿命便很长久。对于今人，这些久存下来的庙宇，便成了可以提供大量历史信息的源泉。"从庙宇的分布看历史"，是我在看了陈正祥和谭其骧两位历史地理学家关于庙宇的一些记述后，领会到的一种学史方法。

二十年前，我有过一段"不问苍生问鬼神"的日子，就是白日黑夜写《行业神崇拜》。写到农民敬蝗神的时候，我请教过历史学家姜纬堂先生，先生说，可以看看陈正祥的《中国文化地理》，那里有一张蝗神庙图，做得真好。正巧，我刚买了这本书。书的《八蜡庙之例》一节附有一张"蝗神庙之分布图"，这张图该是姜先生所说的那张图了。这是一张中国地图，上面以中原地区为主向外扩散，密密麻麻地标着许多黑点，这些黑点就是蝗神庙。从图中可以看出，建有蝗神庙最多的省份是河北、山东、山西、陕西，其次是江苏、浙江、安徽、湖南、湖北、云南，再次是东北、甘肃、青海。陈正祥是通过一地一地查地方志，见有蝗神庙的记载，就把它标在地图上，一共花了8个月的时间才制出了这张图。通过这张蝗神庙鸟瞰图，一眼就能看出蝗神庙的分布情况，而蝗神庙的分布，正反映了蝗灾的分布情况和各地的受灾程度。因为只有闹蝗灾的地方，才供蝗神，才建蝗神庙，蝗神庙建得越多越密，越反映出蝗灾的严重，也反映出该地农民迷信程度的严重。所以，这张图既是一张灾荒史的图示，也是一张反映民间信仰的图示。这张图，对于我写《行业神崇拜》的农业神崇拜部分，当然是有帮助的，但更重要的，是这张图教给了我一个观察历史的具体方法，就是从庙宇的分布看相关的历史。

后来，我又读了谭其骧先生的《长水集》，更加深了我对这种观察历史的方法的认识。《长水集》里有一篇重要的文章《湖南人由来考》，是研究湖南人的来源的，这是一篇移民史的研究论文。谭先生在文中作了一个结论："湖南人之祖先既太半皆系江西人。"由江西人移民湖南，他又谈到一个许真君庙的问题。谭先生说，江西人好祀许真君，所以许真君庙遍布湖南。谭先生征引了许多地方志证明这一点，如康熙《浏阳县志》记湖南浏阳建有许祖行宫，同治《平阳县志》记湖南平江建有许真君庙，光绪《龙山县志》记湖南龙山建有万寿宫（即许真君庙），等等。又如江西人的会馆多有万寿宫之称，这表明许真君庙已成为江西会馆的代称。许真君何许人也？江西人何以奉之为神？据康熙《浏阳县志》引《拾遗志》载，这个许真君名叫许逊，汝南人，弃官修道，"后逐蛇在南昌水晶宫"，"飞升仙去"，故民"大建宫观祀之"。许逊本是河南汝南人，因被认为在南昌有逐蛇之善举，故被江西人奉为地方保护神。迁入湖南的江西人以南昌人为主（据谭先生考证，迁湘之赣人什九为庐陵一道，南昌一府之人），而许逊逐蛇之举又发生在南昌，故这些迁湘江西人特别是南昌人奉祀许真君尤为虔诚。由此，我认识到，湖南分布着众多的许真君庙这一事实，可以作为江西人大举移民湖南的一大证据。

按照"从庙宇的分布看历史"的思路，我对古都北京的庙宇做了一番考察。我手边有两本北京庙宇的资料集，一是民国年间编纂的《北平庙宇通检》，一是近年北京市档案馆编的《北京庙宇历史资料》。从这两本书中可以看出许多宗教史和风俗史的历史信息。

清代以来，北京的关帝庙数量极多，大约有230多座，分布在北京各街区坊巷中，若画出示意图来，肯定是密密麻麻一大片，覆盖了整个北京城。关帝庙本不稀奇，明清以来各地皆有，但像清代北京这样的密度，在清代前后，在京外地区却见不到。这是什么原因？包含了怎样的历史信息？原来，这关帝庙密布的背后，是满清统治者和八旗兵民崇拜关公的风俗史。梁启超在《中国历史研究法补编·文物的专史·宗教史》中有这样一段话："关羽的运气行得很迟，到明末才有许多地方祭他为神，到满人入关，才极通行。满州人翻译汉文成满文的，最初一部是《三国演义》。……后来迭次打胜仗，都以为靠关羽的神帮助。所以八旗兵民所到的地方，没有不立关帝庙祭关羽的。"满州人认为他们的胜利是靠关公保佑才取得的，所以便极崇拜关公，到处建庙宇，立塑像，香火旺盛。清代以来北京这230多座关帝庙大都是这么建起来的。《红楼梦》里曾说到关夫子坟多，其中的原因，实际上与北京城里的关帝庙多是一回事。第五十一回李纨道："那年上京的时节，单是关夫子的坟，倒见了三四处。关夫子一生事业，皆是有据的，如何又有许多的坟？自然是后来人敬爱他生前为人，只怕从这敬爱上穿凿出来，也是有的。"从历史事实上看，关羽只能葬在一处，只能有一处坟，而他的坟却建了那么多，显然都如李纨所说，是"从这敬爱上穿凿出来"的。北京城里的关帝庙多，实际也如同李纨所说，是八旗兵民从"敬爱"（崇拜）上建立起来的。清代北京有这么多的关帝庙，既反映出当时北京是一座以满族人为主导的城市，也反映出八旗兵民的宗教信仰在北京居民的精神生活中占主导地位。

除关帝庙外，北京还有几种庙宇数量较多，分布较广，如财神庙、火神庙、龙王庙等。这种情况，隐含着北京市民特有的生活史。古都北京作为一座庞大的消费型都市，聚集着大量本地和外地的商贾，他们特别企盼发财，于是便有了遍布京城的财神庙。北京屋宇毗连，人烟稠密，极易失火，又多有以火生财的饭铺、茶馆，为求消灾降福，故多建有火神庙。北京人口众多，用水量极大，自来水发明之前都是用井水，加之民众都盼望风调雨顺，故北京许多街巷都建有龙王庙。北京还有一座在全国独一无二的历代帝王庙，这座庙是专供皇家祭祀用的。皇家认为只有自己才有权祭祀历代帝王，所以，只在北京建了一座历代帝王庙。这种孤单独处的庙宇似乎说不上"分布"，但这其实恰恰正是一种分布状况，这种分布，实际反映出北京的帝都性质，也反映了皇家祭祀的垄断性。

按照"从庙宇的分布看历史"的思路，我又对各地的鲁班庙、妈祖庙和孔庙、佛寺的一些分布状况做了一些考察。

在全国各地建筑业、匠作业发达的城镇，如北京、苏州、广州、上海、淮安等地，建有很多鲁班庙。从鲁班庙的分布地点，可以看出许多历史信息。如北京作为首都，建筑业最为发达，宫殿、王府、庙宇、商铺、民居等建筑数不胜数，因而工匠们供奉建筑业祖师爷鲁班的庙宇便最多。又如，设在道观中的鲁班殿所供的鲁班，都有仙人的身份；设在行业会馆中的鲁班庙所供的鲁班，主要是行业创业人和发明家的身份。又如，设在道观里的鲁班庙一多，便可知道道教在民间的势力有所扩大；全国各地的鲁班庙若大增，便知道建筑业有了较大发展，经济生活更趋活跃。

妈祖是渔民和海上行商崇拜的保护神，由妈祖庙的分布，可以看到渔民和海商的足迹，特别是福建商人的足迹。妈祖信仰起源于福建，后传至台湾、江浙，再往北传至天津，整个东部沿海都有妈祖之祀。妈祖庙的分布呈现一种从南到北、由密渐稀的趋势，这反映出妈祖信仰的传播路线和态势，反映了妈祖崇拜由一地的信仰而渐趋"通祀化"的过程，同时也反映了福建商人从南到北的行踪。在远离海水的经济区，如西北、西南各省基本是没有妈祖庙的，因为妈祖是海神，主要通行在沿海地区。但福建商人若到了远离沿海的腹地，便会将妈祖信仰带去，在那里建起妈祖庙或妈祖殿。上述这些妈祖庙分布的状况，若是用地图标识出来，便是沿海地区密密麻麻，内陆地区星星点点，福建商人的行踪从图上可以看得一清二楚。

儒佛道三教在一个时代、一个地方的势力究竟如何，影响有多大，从庙宇的分布中可以明显地看出来。孔庙全国皆有，省、府、县皆建之，这说明儒教覆盖全国，孔夫子人皆敬之。但在某一时期，某一地区，佛寺所建之多，有时远过于孔庙，这反映了佛教势力在与儒教争雄，并呈现压倒后者之势。鲁迅说过，佛教自东来以后，释迦牟尼在中国社会所取得的广大崇高地位，是孔圣人所不能企及的。这种情况见之于佛寺的分布，是看得很清楚的。作家曹聚仁曾感叹："南京城中，有那么一处夫子庙，却有着四百八十处佛寺呢！"若将这种分布情况标在地图上，就是孤零零的一处夫子庙被佛寺密匝匝地包围着。北魏佛教发达，洛阳城里佛寺遍布。杨衒之的《洛阳伽蓝记》详记了这些佛寺的分布情况。我藏的一本中华书局版的《洛阳伽蓝记校释》，附有一张"北魏洛阳伽蓝图"，上边标注了白马寺、大觉寺、宝光寺、景林寺等几十处佛寺的名称和地点，佛寺都用红颜色的佛教标志"万"字标识着。看了这张图，可以领略到佛寺在洛阳城中占有多么重要的地位，感受到佛教在当时社会诸意识形态中的巨大优势和在民众中的巨大影响力。看着这张图，我仿佛感觉到一千多年前洛阳的佛教气息扑面而来。

（刊于《寻根》，2007年第1期）

做"中国人",不做"乡曲人"

"夸饰乡土,非大雅所尚",这是鲁迅先生在《会稽郡故书杂集》序文里说的话,我曾援引作为一篇文章的标题,以批评那种囿于偏狭的乡曲之心而为故乡争虚荣,争名人归属权的习气。最近,在《中国史研究》杂志上看到社会史家陈支平先生写的一篇论文,批评了史学研究中那种囿于乡曲之心,而"把好人归为自家,把坏人推给别人"的做法,深感切中时弊。文章举了个例子:福建兴化出了两个姓蔡的名人,一个蔡襄,是大书法家;一个蔡京,是大奸臣。有的同乡研究者便只对蔡襄津津乐道,而对蔡京则遮遮掩掩。陈支平说的这种现象,其实是很普遍的,不仅是福建一地的事。但是,这种现象又很自然:露巧藏拙,夸美掩丑,不仅使乡土荣光,自己脸上也有光彩,似乎是合乎一般人情的。但是,如果用这种态度来做学术研究,那就根本无科学性可言,而与庸陋浮浅的书场说史差不多了。

不受狭隘的乡曲之心的局限,才能以平正的态度评论一地人物的优劣、一地风俗的淳薄。自然,这种态度,人们在评论他乡时最容易做到。但理性、大度的人,不论是评论本乡,或是外乡，都是能够做到持平公论的。这种人是胸怀着大中国的"中国人"，而不是只怀着乡曲的"乡曲人"。这样的人，历代有不少。明末思想家顾亭林是江苏昆山人，属南方人，但他并不避忌对南方人的缺点的批评。他在《日知录》卷十三《南北学者之病》条中，对南方学者和北方学者的学风这样评论："'饱食终日，无所用心，难矣哉'，今日北方之学者是也。'群居终日，言不及义，好行小慧，难矣哉'，今日南方之学者是也。"顾氏评论中所引的话，出自《论语》。在顾氏眼里，南方和北方的学者都有自己的毛病，南方学者并不比北方学者高明。顾氏说的这些话，是没有乡曲之见的。他是地道的胸怀中国的"中国人"。鲁迅先生也是这样的"中国人"。他在《北人与南人》一文中说："据我所见，北人的优点是厚重，南人的优点是机灵。但厚重之弊也愚，机灵之弊也狡。"他把北方人和南方人的优点、缺点都说了。鲁迅自己是南方人，但他并不回避说南方人的机灵也有狡猾的一面。

实际上，任何一个地方，都有自己的长处和短处，都是既出过好人，也出过坏人，风俗民性往往是美丑并存。这就是生活本身的辩证法。许多古人是很尊重这一生活的辩证法的，他们在谈到某一地方时，常能做如同今人那样的一分为二的分析。比如论风俗民性——

《管子》云：燕地"民愚戆而好贞"。这是说，燕地之民愚笨不聪明，但刚直，重操守。

《汉书·地理志》云："燕俗愚悍少虑，轻薄无威，亦有所长，敢于急人，燕丹遗风也。"班固也认为燕地之民不聪明，而且轻佻浮薄无威仪，但他又认为燕民有一大长处，就是敢于急人所难，乐于助人。他认为，这是与荆轲共谋刺秦的燕太子丹留下的遗风。

清孙承泽《天府广记》卷一引《隋志》云："冀州……人性多敦厚，务在农桑，好尚儒学，而伤于迟重。"这是说，冀州之民虽然为人厚道，恪守本业（不务商贾末业），还崇尚儒学，但不敏捷、不聪慧。

上面这些古人对燕冀之民即古代北京人、河北人的评述，都是一分为二的，既言其优长，又言其短处；尽管说得不一定很准确，但仍显出一种公允平正的态度。我是北京人，父祖辈是河北人，我有地道的燕冀之民的血统。我知道，上面古人所说的，都是距今已千百年的古代的燕冀之民的民性，但衡之今日，从我的观察和感觉看，他们说的是颇有些道理的，说我燕冀之民有燕丹荆轲刚劲助人之风，我承认，说我燕冀之民有愚戆迟重之气，我也承认。

一部旧《浙江通志》这样写浙东和浙西的民性："浙东多山，故刚劲而邻于亢，浙西近泽，故文秀而失之靡。"这当中说到的浙东和浙西的民性的成因是否准确，姑且不去管它，单看对两地民性的评述，可知方志的编纂者是持有一种两分法的分析眼光的。"刚劲而邻于亢"，是说浙东人有刚劲的优点，但往往流于高傲;"文秀而失之靡",是说浙西人文雅秀气,有时却过于华丽细腻。这种评论不知浙江人是否认可。但我想是与实际情况差不多的。因为编纂某一地方志的人士,一般主要是该地方的学者贤达,他们对本地最熟悉,如果不是有意夸饰或回避什么,一般来说,所记是可靠的。上引这部旧《浙江通志》的编纂者,肯定是浙江人为多,他们能对本乡人做两面的分析,而不是一味夸赞,是很可贵的。他们行文的语言,也有些像鲁迅。鲁迅说:"厚重之弊也愚","机灵之弊也狡"。《通志》说:"刚劲而邻于亢","文秀而失之靡。"内容、语言都相近,思想方法也相似,都是一种辩证求实的思想方法。

学者兼作家、报人曹聚仁先生在他的游记性质的书《万里行记》卷七《闽学》中,评论过福建的近现代人物,也是采取的尊重生活辩证法的态度。他写道:在我的意识中,晚清译介欧西自然科学、社会科学的严复(几道),译介欧西文学的林纾(琴南)以及中体西用的辜鸿铭,再加上海军,这都属于新闽学圈子中事。不过,一般人对于福州人的民族观念颇有微词。那几位有名的诗人,如郑孝胥、梁鸿志、黄秋岳都是汉字号头儿脑儿,自不免一棒打死一船人。我呢,曾经举了林孟工先生为例,因为八·一三战役,在黄浦江上,用自制水雷去袭击出云舰的便是他,而他正是林则徐的曾孙。我在福建到处找寻林文忠公的遗迹,瞻拜林氏的祠庙。林氏毕竟是有关近百年间国家最高政略与战略的决策人。(生活·读书·新知三联书店2000年版)

一般人在谈到福建的乡土人物时,有些人出于夸赞福建的动机,多是爱举出严复、林纾、辜鸿铭这些著名的福建籍文化人,以图壮大福建的声望,也有些非福建籍人士因为郑孝胥、梁鸿志、黄秋岳这几个大汉奸都是福建人,便怀疑整个福建人的民族意识。曹聚仁先生则站得高,用全面的、一分为二的眼光来看福建人物,他赞赏福建出过严复等大文化人,也明白地谈到福建出过郑孝胥等大汉奸,同时他也提醒人们福建还出过林则徐这样的大民族英雄,林则徐的曾孙林孟工也是抵抗外侮的英勇战士。他把两方面的情况都说到了。正面人物,反面人物,英雄,汉奸,都是福建人,所以谈到福建时都要说。曹聚仁这种评论一地事物之优良的辩证态度和方法,颇值得那些只讲一方面、一边儿倒的人们师法。

对于某一地方的看法不全面,或是持有乡曲之见,其成因,并不都是由于乡曲私心所致,也有眼界局限的问题。清朝《日下旧闻考》的编纂者(于敏中等)说了一段话,很有道理,文云:"燕俗自古言者不一,或以为愚戆而贞,或以为勇义而慭,或以为轻薄无威,或以为沈鸷多材,其说各不相同。然皆往昔方隅之见,而非宅中揆教之定论也。"(《日下旧闻考》卷146《风俗》)方隅之见,就是眼界受到了局限特别是受到了地理局限而发表的意见。眼界受到局限,不仅在交通、信息闭塞的古代是不可避免的,就是在现代也不能完全避免。但即使眼界受到了局限,只要无乡曲私心,又尊重生活的辩证法,就自然会做出一分为二的观察和分析，不会只言一面，不言另一面的。就说《管子》所说的燕民"愚戆而好贞"吧，虽然此说没有概括出燕冀之民的民性的全部，可谓只是一种"方隅之见"，但这种说法却有着两分法的因素。总之，要想持公允平正的看法，最关键的是无乡曲私心。若有，则即使在交通便利、信息畅达，眼界并不受到多少局限的今天，也还是会有夸饰乡土或贬低他乡的庸陋的乡曲之见的。不做"乡曲人"，要做"中国人"，这不仅是学者在做学术研究时所应具备的态度，就是做一个讲究科学理性、大气大度的普通人，也应该如此。

（刊于《光明日报》，2006年4月11日）

"日寇给狼牙山五壮士鞠躬"之说可信

狼牙山五壮士悲壮地跳崖了。但崖上的故事并没有完。棋盘坨上有一处道观,老道长名叫李圆忠(又名李元忠、李圆通,有些文章写作李海忠),当时,他正躲在棋盘坨的仙人洞(一说先人洞)里往崖顶上看(一说隐蔽在山上的杂树丛中远望)。他看到了什么?

他看到——攻上棋盘坨顶的日寇,目睹了五壮士跳下悬崖的壮举,不禁惊呆了,他们肃然起敬,随着一个日寇头目一声号令,整齐地排成几列,看着五壮士跳崖的地方,恭恭敬敬地鞠了三个躬。

这一幕情景,后来李道长告诉了别人。起初,人们都相信这一幕是真实的,但解放以后,李道长的话却被当成了"为日寇涂脂抹粉的反动谣言"加以批判。李道长从此缄口不语了,人们也不敢再传播了,于是,棋盘坨上发生过的那一幕,就好像从未发生过一样。

最近,在媒体上看到有人在讨论此事的真伪,我的看法是:此事必真,乃确凿之史也。应当作为狼牙山五壮士抗击日寇史事的一个片断加以记述，以此让世人更深切地感受到狼牙山五壮士的壮举，是怎样地惊天地，泣鬼神。而那种对李道长的所谓批判，不过是"左"腔"左"调的谰言。

李圆忠道长的话何以是可信的？首先，我觉得，李道长根本不可能也完全没有必要编造谎话。你说李道长给日寇"涂脂抹粉"，要知道，日寇蹂躏了他的家乡，据载，还焚毁了他出家和居住的道观，杀害了观内的道士、道姑，只是因李道长外出才幸免于难，他为什么要给日本鬼子涂脂抹粉？退一步说，他若真是不识好歹，竟在八路军活动的区域里散布什么"为日寇涂脂抹粉的谣言"，就不怕被当作汉奸惩办了吗？再者说，假使要为日军说好话，也不能说"大日本皇军"给中国军人弯腰鞠躬呀！这不是寒碜"皇军"吗？这是我信李道长的话为真的理由之一。

理由之二，棋盘坨上发生的日寇敬畏我军英雄的事，并不是孤例，而是有其他类似的事例可以作为旁证。

例如，杨靖宇将军生前死后都受到日寇的极大敬畏。杨靖宇是在濛江县保安村三道崴子，与日本警佐西谷和日军头目岸谷隆一郎率领的百余名日伪军激战中壮烈殉国的。据有关资料载，杨靖宇中弹牺牲后许久，西谷才敢向他靠近，但又不敢相信死者就是大名鼎鼎的杨靖宇，后经汉奸指认，西谷才确信不疑。当时的他，"一点也没感到快乐"，反而"呜呜地哭起来"。（伪《协和》杂志记者报道语）随后，岸谷隆一郎让汉奸再次验证，又确认无疑后，才将杨靖宇的遗首割掉，送往伪满首都新京（长春）。

岸谷隆一郎实在弄不懂杨靖宇是什么样的人，如此重兵围剿，冰天雪地，他究竟靠什么活着？他怀着敬畏之心，让人解剖了杨靖宇的尸体，见到的只有草根和棉絮。此时，这个屠杀中国人的屠夫，"默然无语，一天之内，苍老了许多"。（朱秀海《东北抗联征战纪实》，解放军出版社2002年版）又有资料记载，有个日本军官看到杨靖宇的肠胃里全是草根、树皮和棉絮，大受震动，叹道："杨靖宇，中国人的英雄！"还有一篇题为《审判杀害杨靖宇将军的首犯》的文章说，日本军官下令把杨靖宇的头颅割掉后，"同时又在烈士殉难处破例举行了一个祭奠仪式和葬礼，以杨靖宇的顽强为例训诫部属"。（《人民政协报·春秋周刊》2006年9月28日）西安电影制片厂曾拍摄过一部表现杨靖宇将军抗日史迹的影片《步入辉煌》，有个镜头是两个日本军官向杨靖宇的遗体鞠躬，这应是历史事实的再现。

再如，著名抗日将领张自忠将军阵亡后，日军曾为将军举行了军祭，设立了灵牌。李萱华、陈嘉祥《梅花上将——张自忠传奇》一书记述了当时的情况：1940年5月16日下午，日军在杏仁山一带清扫战场，一个军官看到一具盖着大衣的尸体，他从死者左胸兜掏出一支派克金笔，一看，上面镌刻着"张自忠"三个字！这个军官不禁倒退几步，"啪"地立正，恭恭敬敬地向遗体行了一个军礼，又忙叫人找来担架，将遗体抬往20里外陈家集日军第39师团所在地。日军被张自忠将军的忠勇所震撼，于是，盛殓遗尸，举行军祭，并制作了一块灵牌，上书：

"支那大将张自忠"。这本《张自忠传奇》，是重庆出版社为纪念抗战胜利60周年于2005年出版的，作者使用的笔法，是司马迁式的记实笔法，虽在细节描述上有若干文学元素，但对基本史实的记述却是求真求实的，因而是可靠的。上面所引的这段日军为张自忠将军举行军祭的记述，其主要的情节，应当说不是虚构的，是可信的。

还有一个例子：国民党抗日英雄仵德厚等17名中国军人曾受到日寇的行礼致敬。仵德厚参加过卢沟桥和河北平北县的惨烈战斗，又曾在台儿庄战役中担任敢死队队长。仵德厚现仍健在，他口述了这样一件事：他的部队在山西娘子关南峪车站一带与日寇激战中陷入重围，一场恶仗下来，112人只剩下17人。这时，一个会汉语的关东军教官向他们喊话："你们弹尽粮绝，又无援兵，消灭你们轻而易举。如果放了你们，你们还敢和皇军打吗？"仵德厚回敬道："我们决不投降，军人只有战死沙场！我们一定要打败你们！"谁知，那个教官回去了一会儿后又向仵德厚喊话说："你们不是还要和皇军打吗？可以开路了！"这时，日军吹响了军号，日军士兵都从掩体里站起来了，持枪站好，有数百人。仵德厚说："我从军几十年，从没见过这样的场面，战士们也都呆住了。相信鬼子兵吗？大家都看着我。我迟疑了一下说：'军人就要有军人的样子。'我命令大家：'站起来，走出去，再打！'我们17人互相搀扶着往外走。这时，所有的日军都向我们行注目礼。这是我们的顽强战胜了他们！"（方军《1931—

1945亲历日本侵华战争的最后一批人》，陕西人民出版社2005年版）

杨靖宇、张自忠和仵德厚这三个例子，都是真实可信的史实，可以作为狼牙山棋盘坨上那一幕的旁证。我相信，类似的例子还会有，只是我一时没见到有关材料而已。这就自然形成了一个推定：既然杨靖宇等几个例子为真，那么为什么棋盘坨上同样的事为假呢？此为我相信李道长的话为真的理由之二。

理由之三是，日寇向跳崖的五壮士行礼，是他们以武士道的军人标准，以武士道的武德范式律己衡人的一种表现，是他们崇奉武德、敬重英雄的武士道价值观的一种另类形式的反映。

日本武士道是日本武士和军人的道德体系，是日本神道教的天皇崇拜和中国儒教相结合的产物，其信条包括忠君、爱国、尚武、牺牲、信义、廉耻、重名誉等等。二战前，几乎每个日本人都读过一些关于武士道的书，日本军人就更是把崇尚武力，崇尚勇敢，忠君爱国，不怕死等信条奉为圭臬。他们对于顽强勇敢不怕死的人，是极为推崇和钦敬的。如研究日本武士道的经典著作《武士道》（新渡户稻造著）这样写道："面对危险和死亡的威胁也不失去沉着的人，在大难临头时吟诵诗句，在面临死亡时吟唱和歌的人，我们赞叹他是真正伟大的人物。"在武士道的诸信条中，忠君、守节、不怕死是最突出的几条。如明治维新时的圣典《军人敕谕》这样写道："务求保持忠节，牢记义重于山，死轻于鸿毛（按：视死如归之意）。"上面这种种武士道的信条，被视为作为一个合格的日本军人的标准。

日本军人不但以这些标准要求自己,有时也转而用以评价敌军。于是,那些忠诚、守节、不怕死的敌军中的英雄,便可能成为他们尊敬的对象。狼牙山五壮士、杨靖宇、张自忠、仵德厚就是这样的人。武士道经典里所说的那种"面对危险和死亡的威胁,也不失去沉着的人",那种"牢记义重于山,死轻于鸿毛"的人,日寇在狼牙山遇到了,在濛江县遇到了,在杏仁山遇到了,在娘子关也遇到了。他们的心被震撼了。但这些日本鬼子并不懂得,中国军人的忠节和日军的忠节,性质是完全不同的,也不懂得他们自己的勇武是侵略之勇,而中国军人的勇敢才是正义之勇,更不懂得中国军人若战死,是重于泰山,而他们若是战死,则轻如鸿毛。他们满脑子是武士道的标准,不仅用来衡量自己,也用以衡量敌军,他们只知道对方是军人,既然是军人,就要用武士道的军人标准去衡量。于是,他们便认定杨靖宇、张自忠、仵德厚和跳崖的五壮士是"中国人的英雄",便向他们鞠躬,行礼。这一现象实际上一点也不奇怪,相反,倒是应当视作一种文化意识上的逻辑使然。

实际上,敬重敌方之坚贞者,蔑视敌方之叛徒,是古来世界上许多国家的军队和国家政治文化中的一个习惯性的意识。中国古代的政治文化中有"不事二主"之义,因此,中国的史书里便有褒扬忠贞的"忠义传"和贬斥叛徒的"贰臣传"。诚如史家张荫麟在《跋〈梁任公别录〉》一文中所说:"昔之创业帝王,于胜朝守节之士,固戮之辱之,及其修胜朝之正史,则必入之'忠义传';于舍旧谋新之俊杰,固笼之荣之,及其修史,则必入之'贰臣传'。"(张荫麟《素痴集》)张氏所说的"俊杰",实指那种所谓"识时务"的失节、迎降者,亦即所谓"贰臣"。他所说的"创业帝王"对待义士和贰臣的态度,以清王朝最为典型。史可法在扬州抗清死节后,清军统帅多铎"即令建史可法祠,优恤其家"。乾隆皇帝更是做诗赞扬史可法的忠义精神。他在诗中还道出了自己赞扬史可法的目的:"凡此无非励臣节,监兹可不慎君纲。"也就是希望臣下都能像史可法那样,忠君守节,效忠自己。对于明朝遗民,清廷的态度是,既重视防范,又加以尊重;而对降清的明朝大吏,则是既欢迎归降,又加以鄙视,将其写入《贰臣传》。由此可见,敌对和敬重并不一定是矛盾的。那些守节之士,虽是敌人,却可能受到敬畏、尊崇,那些叛徒贰臣,虽一时荣宠得意,实际上却受到轻蔑、贬斥。

这不仅是中国的政治文化观念,其实也是日本的政治文化观念。中国的儒家讲忠节,不事二主,而渊源于神道教天皇崇拜和中国儒家忠君思想的日本武士道更是讲这种观念。贯穿于武士道之中的最主要的道德标准,就是"忠节"二字。由此可见,日寇向"中国人的英雄"致敬的行为,并非偶然,而是有着深厚的政治文化观念上的原因的,是完全不奇怪的。而他们这样做,实际上也是为了借此教育和鞭策士兵,使之忠君守节,为天皇而拼死作战。

由上述三个理由，完全可以推断，老道长李圆忠讲述的事，肯定是真实的。李道长的讲述，不但不是给日寇涂脂抹粉，反之，却是弘扬了狼牙山五壮士的伟大。狼牙山五壮士之伟大，不仅在于他们敢与日寇殊死搏战，"威武能不屈"，更在于他们能让骄横狂傲的日本法西斯屈节，令日寇在精神和气势上受挫、服输，这才是真正的惊天地，泣鬼神啊！

（刊于《北京日报·理论周刊》，2014年1月23日）

补　记

这篇文章发表后，又见到一些有关材料，可以作为补充证据，选录两条如下。

其一，2010年5月18日《中国国防报》载有萨苏先生写的一文，是记新四军女特工舒赛同志的抗日事迹的。文中写道："据我方记载，1943年底日军因兵力不足，将资福寺据点交给伪军驻守，舒赛利用懂得日语的特长冒充日酋进入该据点，缴了两个班伪军的枪！"接着这段话，萨苏又写了一段附记，披露了一段重要史实。文云："写完这篇文章之后，我才知道，在舒赛镇定地走进资福寺据点的前一年，她曾在战斗中落入日军之手，受尽酷刑。但她的坚贞与勇气甚至征服了日军审判官松尾。松尾在调往南洋作战前，请舒赛为他题字。舒赛慨然写道：'醉卧沙场君莫笑,古来征战几人回。'署名'抗日青年'。松尾大受刺激,为此喝到酩酊大醉,对空狂啸,举刀自伤其臂,日军皆惊。"萨苏以上文字,我是在《作家文摘》上看到的。固然,报章文字不是史书,不一定十分严谨,但我相信萨苏所记的基本事实是真实的。这又是一个日本军人赞佩中国抗日英豪的例子。松尾,虽然握有屠刀,但他在心理上却完全失败了。他面对的是一个看似柔弱实则刚烈坚强的抗日女杰,他不得不敬服,不得不自愧不如。

其二,《北京日报》2011年6月29日《名将包森让日本天皇胆寒》(房山区档案馆、平谷区档案馆撰文)一文记:冀东军分区副司令员兼13团团长包森,曾智擒天皇表弟、宪兵大佐赤本,令日寇胆寒。日伪军听说包森的部队到了,便会摸着脑袋:"死了死了的";伪军们口角,常以"出门打仗碰上老包"为咒语。连冈村宁次也哀叹:"到冀东如入苦海。"包森在1942年一次反日军围剿战斗中牺牲后,日军一反常态,在所有报纸的宣传报导上,都去掉了污蔑攻击之词,作了"包森司令长官战死"的郑重报导。这是包森的英雄气概令日军折服的结果。

后　记

1978年，我考入中国人民大学历史系，原想毕业后搞史学专业，没想到进入北京日报社，成了编辑理论版的报人。因我对新闻和历史皆有兴趣，又深爱鲁迅先生文史一体的精妙文章，遂走上弄杂文随笔兼治杂史的野路子。史学的大题目、热题目，我一向敬而远之，因自料学力不逮，怕写不出像样文章。但治史之心却一直未泯，故时有史论杂考文章发表，于是就有了这本书。此书除了未收入党史论文，其他重要的论史文章基本都收入了。

古人云，"一名之立，旬月踌躇"，给这本文集取名便颇费力。最后想了一个文坛常用的老法子，就是选择书中一篇文章的标题作为书名，于是就有了《历史的人证》这个书名。书里那篇文章是谈政协所编"文史资料"的价值的，其中说到"文史资料"皆源于三亲（亲历亲见亲闻）者之手，故可信可靠——这些三亲者的回忆，便正是"历史的人证"。这个文章标题，实际对书里许多篇文章的内容都有一点概括性，故用作书名是可以的。人创造了历史，又为历史作证，书写和考证历史离不开人证。那些史家和文人笔下的各种文献史料，实际都是历史的人证。

编选这本文集的过程中,不时想起我的父亲。他是我最初的历史启蒙老师。我最早读到的历史文献是诸葛亮的《出师表》,那是我父亲逐字逐句地讲给我听的。那时,正是文化一片荒漠的动乱年代。《出师表》在我心里种下了爱好历史的种子。感谢我的父亲,现在我把这本小书献给他。

感谢中央编译出版社出版我这本论史文集。特别感谢刘明清总编辑的信任,感谢对编辑这本书高度负责的王媛媛女士。希望这本书能得到文史爱好者的喜欢,对史学研究者也有一点参考作用。

李乔
2016 年 5 月 12 日写于仄斋